한경MOOK 한경MOOK는 빠르게 변화하는 사회 흐름에 발맞춰 시시각각 현상을 분석하고 새로운 대안과 인사이트를 제시하기 위한 무크 형태 단행본을 발행하는 한국경제신문사의 새 브랜드입니다.

한경 MOOK

CES 2022

BEYOND THE EVERYDAY

PROLOGUE

미래 기술의 장, CES 2022를
한경이 조목조목 분석했습니다

: 베테랑 기자들과 KAIST 교수진, 애널리스트들이 필진 참여…미래기술 트렌드와 투자 포인트 총정리

한국경제신문사가 세계 최대 IT·가전 전시회인 'CES 2022'의 모든 것을 낱낱이 파헤치는 간행물인 무크를 발간했습니다. CES는 매년 초 미국 라스베이거스에서 열리는 세계 최대 첨단제품 전시회로 참가 기업만 4000여 개에 달합니다. 지난 2년은 CES의 시련기였습니다. 코로나19 여파로 지난해 행사가 온라인으로 전환됐고, 올해도 온·오프라인 하이브리드 형태로 전시회가 열렸습니다. 이 영향으로 참가 업체가 줄었습니다만 내실은 예년 못지않았다는 것이 전문가들의 중론입니다. 이번 CES에 참여한 기업은 2200여 곳입니다. 여전히 많은 기업이 CES를 신제품과 신기술을 선보이는 장으로 활용하고 있다는 얘기입니다.

한국경제신문사가 CES 무크를 발간한 것은 지난해부터입니다. 매년 신문과 온라인을 통해 CES 소식을 전했지만 지면과 인력의 제약이 뚜렷했습니다. 특히 CES를 다각도에서 깊이 있게 분석한 콘텐츠가 부족하다는 지적을 많이 받았습니다. 한경은 콘텐츠의 '양'과 '질'을 끌어올리기 위해 대규모 기자단을 꾸렸습니다. 첨단기술 연구를 선도하는 KAIST 교수진과 한경 베테랑 기자 30여 명이 특별취재팀으로 참여했고 주요 증권사 전자·자동차 업종 애널리스트들도 필자로 나섰습니다.

올해 CES 무크도 마찬가지입니다. 무크 제작에 참여한 '필진 연합군'은 50여 명으로 지난해보다 더 많습니다. 무크의 품질을 한 단계 끌어올리기 위한 조치였습니다. 발간 시기 역시 지난해보다 앞당겼습니다. CES 2022 종료 후 사흘 만인 1월 10일 무크를 내놨습니다. 코로나19 오미크론 변이 바이러스 확산으로 CES 2022가 열린 미국 라스베이거스를 찾지 못한 독자들에게 따끈따끈한 정보를 조금이라도 빠르게 전달했으면 좋겠다는 게 필진의 마음이었습니다.

'한경 무크 CES 2022'는 예약 판매 공지가 나간 직후부터 뜨거운 관심을 받았습니다. 지난해 초 발간한 'CES 2021'의 명맥을 잇는 무크여서입니다. 'CES 2021'은 2만 부 이상 판매된 베스트셀러입니다. 기업과 대학, 연구소, 스타트업 등에서 폭발적인 인기를 끌었습니다. 온라인 서점 댓글을 통해서도 "딱딱한 지식 전달보다 잡지 형식이라 편하게 책장을 넘길 수 있었다"(RAIK****), "책에 다양한 내용이 포함돼서 좋다. 2022년에도 구매하겠다"(SUNS****), "CES 궁금하면 이 책 한 권 사면 끝난다, 최고!"(REDE****) 등의 호평이 쏟아졌습니다.

올해도 독자들의 기대에 부응하기 위해 성실히 행사를 취재했습니다. 이번 무크는 4개 섹션으로 CES 2022를 해부했습니다.

by_ **한국경제신문** 송형석 취재팀장

섹션 1   주요 기업 최고위급 경영자를 대상으로 한 현장 인터뷰입니다. CES 2022에서 가장 인상 깊었던 장면을 소개하고 향후 기술이 어떻게 진화할지를 전달합니다. 주요 기업 CEO들이 귀띔한 미래 전략도 함께 담았습니다.

섹션 2   글로벌 기업의 신기술 트렌드입니다. CES 2022에 참가한 글로벌 기업들을 10개 업종으로 분류해 주요 전시 내용과 시사점 등을 정리했습니다. 가전과 모빌리티 같은 전통적인 산업군뿐 아니라 우주기술, 메타버스, 대체불가능토큰(NFT) 등 최근 급부상한 신산업도 다뤘습니다.

섹션 3   세 번째 섹션에선 CES 2022에 참여한 국내 기업의 신기술들을 집중 분석했습니다. 삼성전자와 현대자동차, LG전자 같은 대기업뿐 아니라 첨단기술로 무장한 스타트업들도 소개했습니다. 기업의 기술만 들여다본 게 아닙니다. 시장 전문가들의 인터뷰를 통해 투자자들이 유의해야 할 포인트도 상세히 짚었습니다. 스마트폰으로 페이지 곳곳에 나와 있는 QR코드를 촬영하면 해당 기업의 CES 현장 영상을 볼 수 있습니다.

섹션 4   네 번째 섹션에선 기조연설 등 CES 2022의 주요 프로그램을 소개합니다. 한종희 삼성전자 부회장, 메리 배라 GM 회장, 로버트 포드 애보트 회장 등 글로벌 기술 트렌드를 이끌어가는 각 분야 리더들의 생생한 아이디어를 살펴볼 수 있습니다. 마지막으론 총결산 섹션을 준비했습니다. CES 2022에서 눈여겨봐야 할 기술 변화의 흐름을 테마별로 조목조목 짚은 섹션입니다. 주요 증권사 애널리스트들이 참여한 CES 2022 분석 좌담회의 내용도 함께 다뤘습니다.

한경이 야심 차게 준비한 무크가 CES 2022에 대한 독자 여러분의 이해를 돕는 데 보탬이 됐으면 하는 바람입니다. 여러분의 가정과 회사에 행운이 깃들기를 기원합니다.

CONTENTS

CES 2022

004
PROLOGUE
미래 기술의 장 'CES 2022'를
한경이 조목조목 분석했습니다

012
INTRO SCENE
미래를 바꿀 CES 명장면

024
INTRO HISTORY
신기술 데뷔무대 CES 55년…
미래로 영역 확장

012

SECTION 1

: INSIGHT

028
CES 2022 5대 포인트

032
누구도 알려주지 않는
CES를 즐기는 7가지 기술

036
정의선 현대자동차그룹 회장
"융합기술·친환경·메타버스 주목한다"

038
정기선 현대중공업지주 대표이사 사장
"십 빌더를 넘어 퓨처 빌더로 거듭날 것"

040
유영상 SK텔레콤 사장
"CES는 포스트 모바일 기기 각축장"

042
김상철 한글과컴퓨터그룹 회장
"글로벌 M&A통해 아바타 사업 키우겠다"

044
노준형 롯데정보통신 사장
"이젠 '메타 롯데'로 불러주세요"

046
성민석 한온시스템 사장
"줄어든 기술 격차, 미래차 2차전 시작"

048
김동수 LG테크놀로지벤처스 대표
"5년 후면 일상이 모두 메타버스로"

SECTION 2

: STAGE

052
새로운 가전 기술로 만드는
더 나은 일상

056
모터쇼 방불케 한 CES 현장

060
AI·IoT·5G
모든 제품과 서비스에 스며들다

056

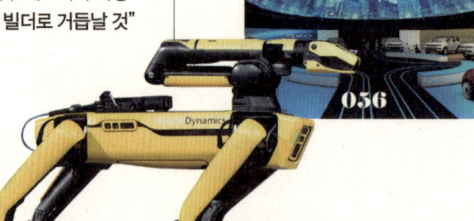
026

CONTENTS

CES 2022

064
TV 속으로, 액자 속으로…
NFT 예술품이 들어온다

068
대세가 된 헬스케어
존재감 커진 푸드테크

072
ESG와 만난 스마트팩토리
이제 환경까지 챙긴다

076
우주 비즈니스
1+1은 2가 아닌 11

080
코로나 이겨낸 피트니스 산업
커넥티드에서 정답 찾았다

084
글로벌 스타트업 새 목표는
'집콕 생활' 업그레이드

088
XR 타고 팽창하는
메타버스

116

104
현대차 새 성장동력은
'메타 모빌리티'

110
더 나은 일상을 향한
LG전자의 발걸음

116
탄소 없는 삶,
그 길을 함께 걸어갈 동반자 SK

122
CES 첫 참가한 현대중공업그룹
AI·로보틱스로 미래 선점

126
수소드론부터 협동로봇까지
두산그룹 첨단기술 총출동

130
바디프랜드

132
아모레퍼시픽

134
KOTRA

136
롯데정보통신

138
코웨이

140
한글과컴퓨터

142
서울반도체

144
웅진씽크빅

146
도트힐

SECTION 3

: K-COMPANY

094
2년 만에 활기 되찾은
'CES의 도시' 라스베이거스

098
개인의 취향 담은 제품으로
최고의 경험 선사하는 삼성전자

144
104
110

CONTENTS

CES 2022

147
레티널

148
매크로액트

149
버시스

150
브리즘

151
비주얼캠프

152
수퍼톤

153
쓰리디준

154
에바

155
클레온

SECTION 4
: KEYNOTE

158
한종희 삼성전자 DX부문장(부회장)
"친환경 기술로 지속 가능한 일상 만들 것"

160
메리 배라 GM 회장
"HW·SW 플랫폼 혁신 기업으로 변신"

162
로버트 포드 애보트 회장
"'탈중앙화'된 헬스케어 미래 제시하겠다"

174

162

164
에릭 캘더론 아트블록스 CEO
"블록체인 기반의 NFT로 신세계 보여줄 것"

TREND

166
연결·융합·확장이 CES 대세
AI·로봇·메타버스 뒤섞여 기술 빅뱅

170
오미크론에도 여전한 영향력
'V마이스'로 더 강해진 CES

174
제품 없는 디지털 부스 체험해보니

176
가상공간 뛰어넘은 카멜레온 메타버스

178
도심서도 운전대 놓는 시대 왔다

180
운전자 없이 시속 270km 질주

180

182
〈CES 2022〉를 만든 스페셜리스트

184
판권

Global Value-Creative Leading University

인류의 행복과 번영을 위한 과학기술 혁신대학

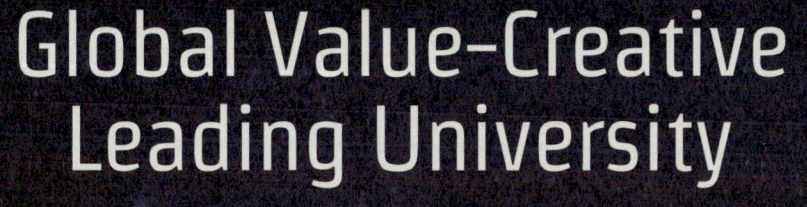

INTRO *scene*

미래를 바꿀 CES 명장면

또 다른 내가 화성에 있다고?

미래엔 내 차가 우주선이 된다. 자율주행으로 움직이는 차의 뒷좌석에 앉으면 주변 환경이 화성을 구현한 3차원 가상공간으로 변한다. 직접 가지 않지만 화성의 공기까지 느낄 수 있다. 메타버스를 통해 멀리 떨어져 있는 로봇을 '제2의 나'로 만들면 이동성의 한계를 극복할 수 있어서다. 화성에 보낸 '로봇 아바타'를 통해 그곳의 바람과 온도를 파악하고 암석을 집어들 수 있다. 사용자가 가상과 현실의 세계를 자유롭게 넘나들며 궁극의 이동 경험을 할 수 있는 세상을 만들겠다는 게 현대자동차의 계획이다. 현대차는 CES 2022에서 이 기술을 '메타 모빌리티'로 이름 붙이고 차세대 성장동력으로 삼겠다고 발표했다.

소니의 변신…어제는 전자회사, 오늘은 자동차 회사

1월 4일 미국 라스베이거스 컨벤션센터 센트럴홀에서 박수가 쏟아졌다. 요시다 겐이치로 소니 최고경영자(CEO)가 기자 대상 콘퍼런스에서 "올봄 '소니 모빌리티'라는 새 회사를 설립하고 판매 목적의 전기차 시장에 진출할 것"을 선언한 직후였다. 소니는 이날 전기 스포츠유틸리티차량(SUV) 콘셉트카 '비전-S 02'를 공개했다. 가전 명가 소니의 전기차 시장 진출. '연결', '융합', '확장' 이렇게 세 단어로 설명되는 글로벌 산업의 트렌드를 가장 잘 반영한 사례라는 분석이 나온다. 우리는 언제부터 '소니카'를 탈 수 있을까. 안타깝지만 요시다 CEO는 구체적인 시기와 전략은 밝히지 않았다.

메타버스 속 아바타가 우리집 '집사'

삼성전자가 CES 2022에서 보여준 '미래 가정'의 집사는 인공지능(AI) 아바타다. 아바타는 나에게 오늘 할 일을 안내하고 저녁 식사 레시피를 설명한다. 가전제품을 켜고 꺼달라는 주문도 처리한다. 현실세계에서 아바타의 주문을 처리하는 것은 로봇이다. '눈' 역할을 하는 '삼성봇 아이', '팔' 역할을 하는 '삼성봇 핸디'가 냉장고 문을 여닫고 오븐 온도를 조절한다. 삼성전자는 메타버스와 로봇 플랫폼을 통해 집 전체를 하나의 제품처럼 관리하는 기술을 '사용자 맞춤형 미래 홈'이라고 이름 붙였다. 메타버스는 먼 데 있지 않다. 가전이 있는 내 집이 곧 메타버스 공간이 된 것이다.

비건의 시대에 떠오른 대체육

미국 라스베이거스 컨벤션센터 야외전시장에 푸드트럭 한 대가 들어섰다. 푸드트럭에선 평범해 보이는 핫도그와 너깃 등을 관람객들에게 나눠줬다. 맛을 본 관람객들은 "담백하다", "진짜 고기와 똑같다"는 반응을 쏟아냈다. 관람객들이 푸드테크를 체험해볼 수 있도록 SK㈜가 마련한 푸드트럭이었다. 식물성 밀 단백질로 만든 대체육은 SK㈜가 80억원을 투자한 미트리스팜의 제품이다. 고기와 같은 식감과 맛을 구현하는 대체육은 탄소감축과 식량안보가 전 지구적 과제로 떠오르면서 시장 규모가 급속히 커지고 있다.

징그러울 정도로 사람 같은…

사람과 정말 비슷해서 사람의 피부색을 갖지 못한 로봇이 있다. 영국 로봇기업 엔지니어드아트의 휴머노이드 로봇 '아메카'다. 놀람 슬픔 등 인간의 표정을 그대로 따라 하는 아메카에 대해 외신들은 "오싹하다"는 표현을 썼다. 사람과 너무 비슷하면 불쾌함을 줄 수도 있다는 판단에 따라 피부색을 회색으로 표현했다. 로봇 머리에는 17개의 개별 모터가 있어 로봇의 움직임과 표정을 제어한다. 사람이 코를 만지려고 하면 얼굴을 찡그리며 손길을 피하거나, 자신의 손으로 내치기도 한다. 까칠한 친구 같은 로봇이 등장할 날이 머지않았다.

사람이 농사를 짓는 시대는 끝났다

사람마다 성격과 체질이 다르듯, 논과 밭도 토질이 천차만별이다. 세계적인 농기구 업체 존 디어는 스스로 토양 상태 등을 파악해 작업하는 트랙터를 CES 2022에서 공개했다. 작업자가 작업 구역과 경로를 설정하면 스스로 토양 상태 등을 파악해 작업한다. 존 디어가 개발한 자율 트랙터에는 인공지능(AI) 프로세서, 그래픽처리장치(GPU), 위성항법시스템(GPS) 등 첨단 전자 기술이 집약됐다. 24시간 작업이 가능해 농업 생산량을 배 이상 높일 수 있다. 존 디어의 자율주행 트랙터는 식량 수요가 증가하고 있지만 사용 가능한 토지와 노동력은 줄어드는 암울한 식량 조달 상황의 해결책이 될 것으로 전망된다.

출근할 땐 하얀 차, 퇴근할 땐 검은 차

차 색깔을 자유자재로 바꿀 수 있다면? 푹푹 찌는 여름엔 빛을 잘 반사하는 흰색, 겨울에는 멋진 검은색으로…. 이게 현실이 된다면 차 한 대로도 여러 대를 소유한 기분을 만끽할 수 있다. BMW가 공개한 순수 전기 스포츠유틸리티차량(SUV) 'iX 플로우'는 버튼을 누를 때마다 색깔이 흰색에서 회색, 그리고 검은색으로 변하는 게 특징이다. 앞으론 군용 차량도 작전 중엔 녹색, 평상시엔 빨간색으로 상황에 맞게 변신할지 모른다. 색이 바뀌는 비결은 뭘까. BMW는 전자잉크를 활용했다. 특수 안료를 함유한 수백만 개의 마이크로 캡슐을 차량 외관에 발라 전자기 자극에 따라 색상이 바뀌도록 했다.

날아서 출근하는 미래

도요타가 투자한 일본 스타트업 스카이드라이브(SkyDrive)는 '날아서 출퇴근하는 꿈같은 미래'에 도전하는 기업이다. eVTOL(전기 수직이착륙기)가 이 회사의 주력 제품이다. 스카이드라이브의 eVTOL은 2020년 5분간의 시험 비행을 완료했으며 일본 정부로부터 형식 인증을 받기도 했다. 이번 CES 2022에 전시된 SD-03는 400kg의 무게를 싣고 시속 40~50km로 날 수 있다. 이 회사의 다음 목표는 2인승 eVTOL이다. 2023년 2인승 버전을 공개하고 2025년 일본 오사카만 지역에서 택시 서비스를 시작하는 게 목표다.

라스베이거스 지하에 뚫린 터널

CES 2022에 새로운 명물이 등장했다. 일론 머스크 테슬라 최고경영자(CEO)가 설립한 보링컴퍼니가 미래형 대중교통 시스템을 표방하며 선보인 '베이거스 루프(loop)'다. CES가 열린 미국 라스베이거스 컨벤션센터(LVCC)의 주요 장소를 지하터널로 연결해 전기차로 이동한다. 터널 지름은 차량 한 대가 겨우 빠져나갈 정도인 3.5m 안팎이다. 보링컴퍼니는 LVCC를 시작으로 라스베이거스 전역에 46km 길이의 루프를 까는 공사를 하고 있다. 보링컴퍼니는 베이거스 루프에 테슬라의 자율주행 기술인 '오토파일럿'을 적용하고 싶어 하지만 교통당국의 답은 여전히 '노(No)'다.

메타버스 세계에서 쇼핑을

롯데정보통신은 자회사 칼리버스와 함께 실사형 콘텐츠를 기반으로 온·오프라인을 융합하는 메타버스 플랫폼을 선보였다. 이용자가 HMD(헤드 마운트 디스플레이) 기기를 착용하면 현실과 같은 체험을 할 수 있다. 고객은 HMD 기기 착용 후 '나만의 집'을 볼 수 있다. 마당과 테라스, 넓은 거실, 복층 공간 등을 갖춘 가상현실 속 집이다. 거실의 가전과 가구 등을 클릭하면 버추얼 스토어, 피팅룸, 영화관 등 다른 메타버스 세계로 연결된다. 이용자는 버추얼 스토어에서 실제 가전제품을 둘러볼 수 있고, 쇼핑 어드바이저의 제품 설명도 들을 수 있다.

디지털 미술 작품은 얼마?

대체불가능토큰(NFT)의 시대가 왔다. CES 주최기관인 미국 소비자 기술협회(CTA)은 올해부터 NFT를 전시 카테고리에 포함시켰다. NFT는 디지털 상에 존재하는 예술품이나 게임 아이템 등 가상자산에 블록체인 기술을 활용한 고유값을 넣는 기술이다. 디지털 자산의 복제를 원천적으로 막을 수 있다. 한글과컴퓨터그룹은 메타버스를 활용한 NFT 갤러리를 내놨다. 오프라인 갤러리에서 온라인으로 무대를 옮긴 예술 작품이 얼마만큼의 가치를 인정받을 수 있을지 관심이다.

라스베이거스에 착륙한 우주왕복선

미국 라스베이거스 컨벤션센터 앞 센트럴 플라자. 거대한 격납고에 집채만 한 우주선 한 대가 착륙해 있다. 스페이스 테크기업 '시에라 스페이스'의 우주왕복선 '드림체이서'다. CES 55년 역사 이래 우주선이 전시된 것은 올해가 처음이다. 드림체이서는 높이 2m, 길이 9m, 넓이 7m로 3㎞ 정도 활주로만 있으면 어디든 이착륙이 가능하다. 주된 임무는 우주정거장(ISS)에 화물과 사람을 실어 나르는 일이다. 드림체이서는 기존 우주왕복선 크기의 25% 수준에 불과하고 화물을 5.5t 가까이 탑재할 수 있다. 최대 30회까지 재활용도 가능하다. 더 놀라운 점은 자율주행 기술을 채택했다는 것이다. 우주왕복선에 조종사가 필요 없다.

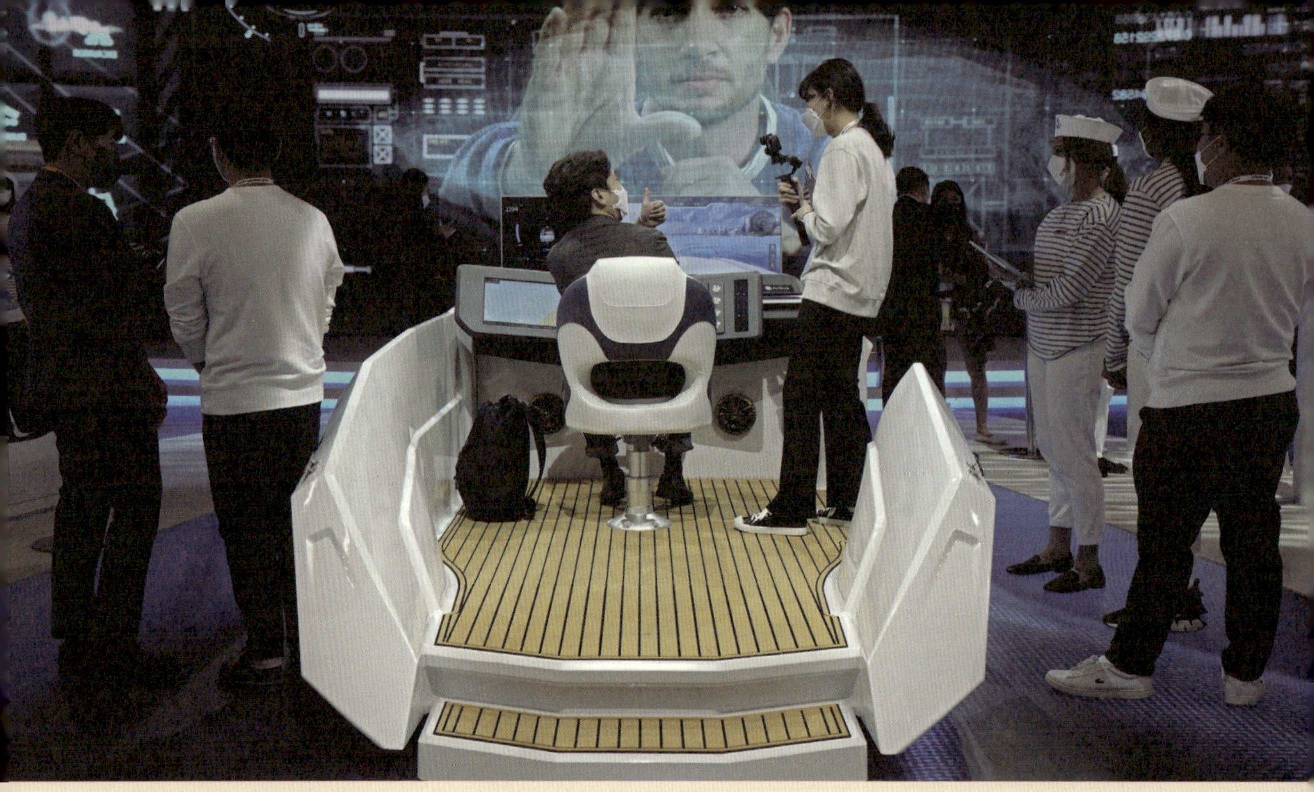

성큼 다가온 자율운항 선박

자율주행 자동차와 자율운항 선박. 어느 것이 먼저 상용화될까. 전문가들은 "자율운항 선박"이라고 입을 모은다. 복잡한 도로와 달리 바다는 돌발 장애물이 거의 없고 사고 위험도 매우 낮다. 이런저런 고민 없이 자율운항 기술을 마음껏 활용할 수 있다는 얘기다. 현대중공업그룹이 작년 1월 설립한 자율운항 시스템 전문기업 아비커스는 이번 CES 2022에 6m 크기의 완전 자율운항 레저보트 모형을 설치하고 LED(발광다이오드)를 활용해 대양을 항해하는 등의 모습을 연출했다. 관람객들은 레저보트 안에서 가상현실 기술이 적용된 운항 시뮬레이션을 체험할 수 있었다.

미래의 디스플레이는 몇 번까지 접힐까

삼성디스플레이는 중소형 OLED 패널의 폼팩터(형태)가 어디까지 다채로워질 수 있는지를 증명했다. 접는 것뿐 아니라 돌돌 말아서 활용할 수 있는 패널까지 내놨다. S자 형태로 안팎으로 접는 '플렉스 S'는 두 번 접을 수 있어 휴대성이 뛰어나다는 평가를 받았다. 스마트폰과 태블릿PC 등에 쓰일 수 있다. '플렉스 G'는 'G'자 형태로 안쪽으로 두 번 접는 멀티폴더블 제품이다. 외부 충격에 상대적으로 강한 것이 특징. AI 스피커를 겸한 12.4인치 플렉시블 디스플레이도 등장했다. 스피커로 사용하다가 버튼을 누르면 디스플레이로 모습을 바꾼다.

이젠 로봇이 사과도 딴다

미국 네바다주 라스베이거스 컨벤션센터에 스마트팜의 사과를 수확하고 포장하는 로봇이 등장했다. 주인공은 두산그룹 계열사인 두산로보틱스가 선보인 협동로봇. 사과 생산에서 배송까지 모든 과정을 수행할 수 있는 기능을 갖췄다. 협동로봇은 일반 산업용 로봇과 달리 공간을 적게 차지하면서도 사람과 안전하게 협업해 노동을 수행하는 것이 특징이다. 단순히 인간의 삶을 도와주는 존재를 넘어 동반자이자, 사람들의 삶을 '유쾌한 일상(Delightful Life)'으로 만들어줄 로봇의 시대가 다가오고 있다.

유리창에서 프레젠테이션을

사무실에서 프레젠테이션을 하기 위해선 갖춰야 할 장비가 적지 않다. 가장 많은 공간을 차지하는 것 중 하나가 모니터다. 한쪽 벽면은 온전히 모니터 설치에 할애해야 한다. LG디스플레이의 투명 OLED는 외부 창문을 화상회의, 프레젠테이션, 엔터테인먼트 등의 용도로 활용할 수 있다. 평소엔 탁 트인 전경을 보다가도 필요할 땐 스크린 혹은 모니터로 변신한다. 가정에서도 유용하다. 아트 갤러리나 올웨이즈 온 디스플레이(화면을 켜지 않아도 시계 등을 항상 표시해주는 기능) 모드로 활용할 수 있다. 고급스러운 인테리어 효과를 내는 것은 덤이다.

INTRO *History*

신기술 데뷔무대 CES 55년…미래로 영역 확장

: VCR에서 닌텐도까지. 인류의 정보통신 기술 발전사를 보여준 CES가 첨단과 우주를 아우르는 미래 신기술을 선보이는 장으로 거듭나고 있다.

CES는 인류의 정보통신기술(ICT) 발전사와 함께 해왔다. 기업들이 갈고닦은 혁신을 소개하는 전쟁터이자 한자리에 모이기 힘든 기업들이 교류하며 새로운 비즈니스 기회를 모색하는 비즈니스의 장이기도 하다.

영역을 확장하는 CES

과거 가전제품 중심 행사였던 CES는 이젠 첨단 정보기술(IT) 기기와 모빌리티 등으로 영역이 확장됐다. 인공지능(AI), 사물인터넷(IoT), 로보틱스 등 첨단 기술들이 자동차를 비롯해 대형 선박, 공장 자체에까지 광범위하게 적용되면서다. 올해는 푸드테크, 대체불가능토큰(NFT), 우주 기술로까지 범위가 확장되는 등 미래 신기술을 아우르는 전시회로 거듭나고 있다. CES는 1967년 6월 24일 미국 뉴욕에서 처음 열렸다. 당시 전시회는 '시카고 라디오 쇼'라는 전시회에서 떨어져 나온 소규모 가전 행사였다. 참가한 가전업체는 117개, 방문객 수는 1만7500명에 불과했다. 초창기 CES는 매년 1월엔 라스베이거스에서, 6월에는 시카고에서 두 차례 개최됐다. 그러나 여름 CES가 인기를 끌지 못하자

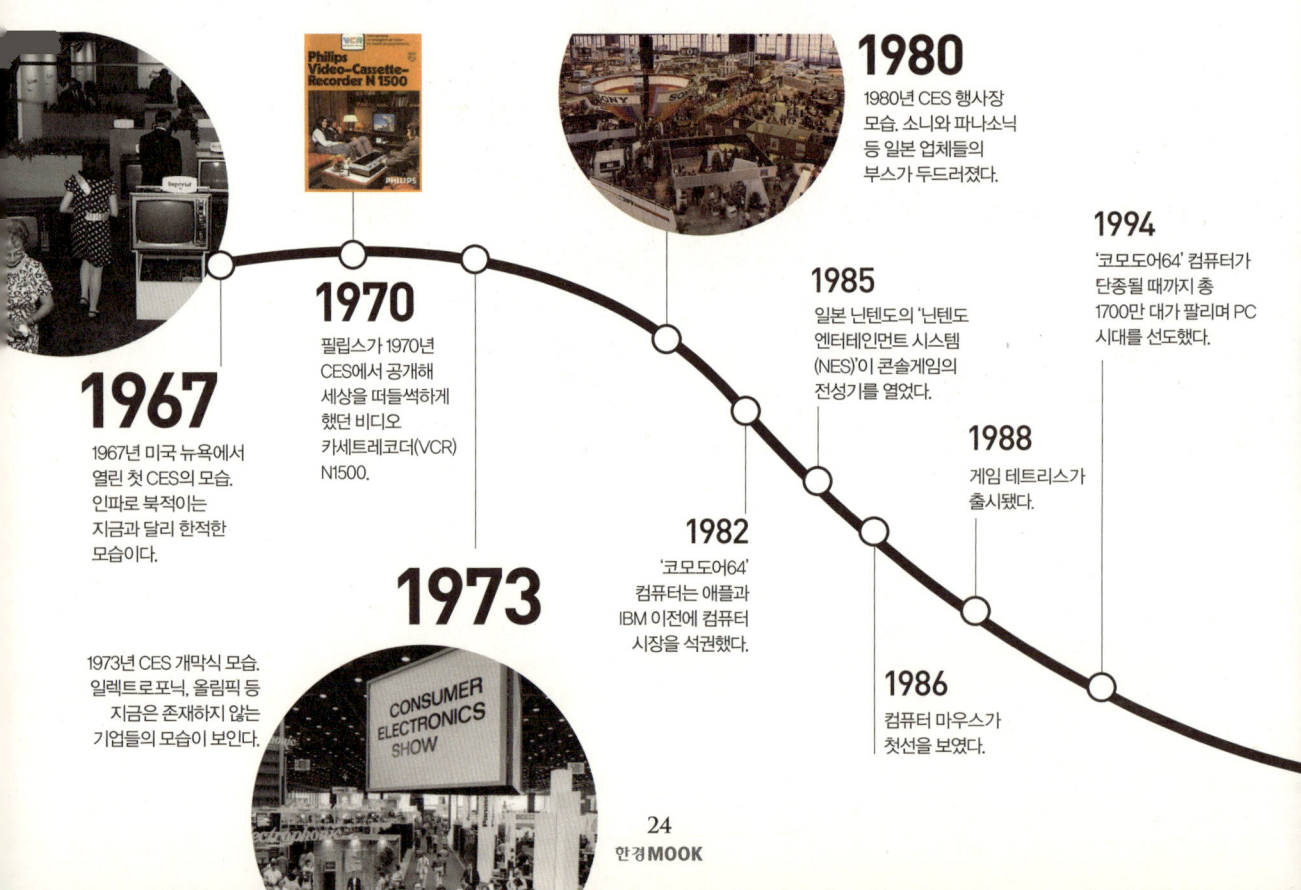

1967
1967년 미국 뉴욕에서 열린 첫 CES의 모습. 인파로 북적이는 지금과 달리 한적한 모습이다.

1970
필립스가 1970년 CES에서 공개해 세상을 떠들썩하게 했던 비디오 카세트레코더(VCR) N1500.

1973
1973년 CES 개막식 모습. 일렉트로포닉, 올림픽 등 지금은 존재하지 않는 기업들의 모습이 보인다.

1980
1980년 CES 행사장 모습. 소니와 파나소닉 등 일본 업체들의 부스가 두드러졌다.

1982
'코모도어64' 컴퓨터는 애플과 IBM 이전에 컴퓨터 시장을 석권했다.

1985
일본 닌텐도의 '닌텐도 엔터테인먼트 시스템(NES)'이 콘솔게임의 전성기를 열었다.

1986
컴퓨터 마우스가 첫선을 보였다.

1988
게임 테트리스가 출시됐다.

1994
'코모도어64' 컴퓨터가 단종될 때까지 총 1700만 대가 팔리며 PC 시대를 선도했다.

1998년부터 연초 라스베이거스에서 한 차례 열리는 행사로 전환됐다. 이후 CES는 해마다 몸집을 불려 코로나19 대유행 이전까지 전 세계 160개국 4000여 개 업체가 참가하는 초대형 전시회로 성장했다.

CES에 소개된 기술들은 당대의 혁신을 상징했다. 1970년 필립스가 CES에서 선보인 비디오카세트녹화기(VCR) 'N1500'은 이후 수십 년간 이어진 비디오 시대의 서막을 알렸다. 필립스는 VCR 크기를 가정용 수준으로 줄이고 가격도 대당 2000달러(기존 VCR은 7만달러)로 낮췄다. 필립스가 2년 뒤 이 제품을 출시하면서 가정에서 마음껏 영상을 녹화하고 언제든지 볼 수 있는 시대가 열렸다.

아날로그식 VCR을 대체한 CD플레이어(1981년)와 DVD(1996년) 역시 CES를 통해 공식적으로 데뷔했다. 1990년대까지 소니, 파나소닉, 도시바 등 일본 전자업체들은 CES에 자신들의 신기술을 선보이며 필립스 등과 경쟁을 펼쳤다. 지금은 삼성과 LG 등 한국 업체들이 가전시장을 주도하고 있지만 당시만 해도 CES는 유럽과 미국, 일본 업체들의 무대였다.

CES에는 PC와 TV의 발전사도 담겨 있다. 1982년 CES에서 전시된 '코모도어64' 컴퓨터는 애플과 IBM 이전에 컴퓨터 시장을 석권했다. 8비트 가정용 컴퓨터로 그해 출시 이후 1986년까지 PC시장 점유율 40%를 차지했다. 1994년 단종될 때까지 총 1700만 대가 팔리며 PC 시대를 열었다. 그 이전인 1986년엔 컴퓨터 마우스가 첫선을 보였다. 1990년대 이후 마이크로소프트(MS)가 PC 운영체제 윈도를 내놓은 이후 CES는 차세대 윈도의 실마리가 소개되는 장이 됐다. 고화질(HD) TV(1998년)도 CES를 통해 세상에 등장했다. 인터넷프로토콜(IP) TV(2005년), 유기발광다이오드(OLED) TV(2008년), 3차원(3D) TV(2009년), 플렉시블 OLED TV(2013년) 등 디스플레이의 발전사가 CES에 고스란히 담겼다. 드론(2010년), 자율운행기술(2013년), 가상현실(2015년) 등 지금은 하나의 산업이 된 기술들도 CES에서 데뷔했다. 태블릿(2010년)과 스마트워치(2012년) 등 스마트 기기들도 CES 무대를 빛냈다.

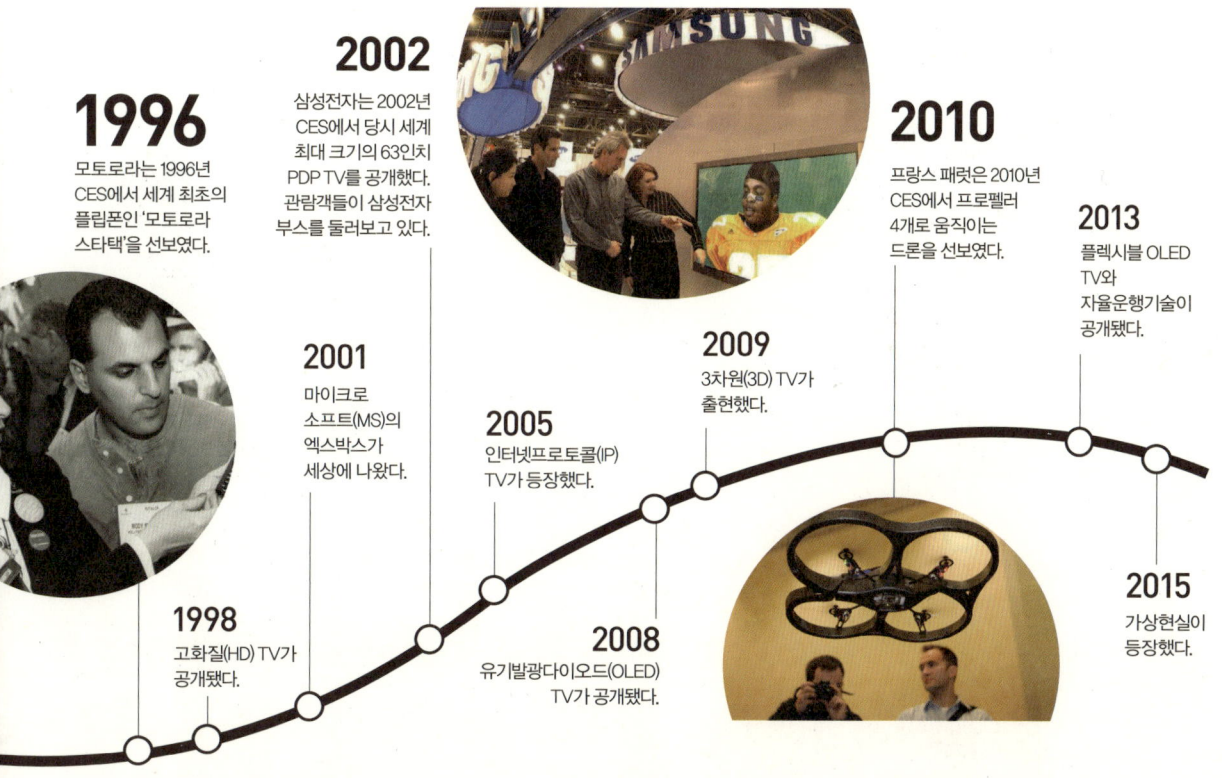

1996 모토로라는 1996년 CES에서 세계 최초의 플립폰인 '모토로라 스타택'을 선보였다.

1998 고화질(HD) TV가 공개됐다.

2001 마이크로소프트(MS)의 엑스박스가 세상에 나왔다.

2002 삼성전자는 2002년 CES에서 당시 세계 최대 크기의 63인치 PDP TV를 공개했다. 관람객들이 삼성전자 부스를 둘러보고 있다.

2005 인터넷프로토콜(IP) TV가 등장했다.

2008 유기발광다이오드(OLED) TV가 공개됐다.

2009 3차원(3D) TV가 출현했다.

2010 프랑스 패럿은 2010년 CES에서 프로펠러 4개로 움직이는 드론을 선보였다.

2013 플렉시블 OLED TV와 자율운행기술이 공개됐다.

2015 가상현실이 등장했다.

SECTION 1
INSIGHT

CES

210개
포천지 선정
글로벌 500대 기업 참여

FORTUNE
GLOBAL
500

2200개
이상의 참가 업체

2400명
이상의 언론인 참가

502개
한국 기업 및
기관 참여

CES 2022
SPECIAL

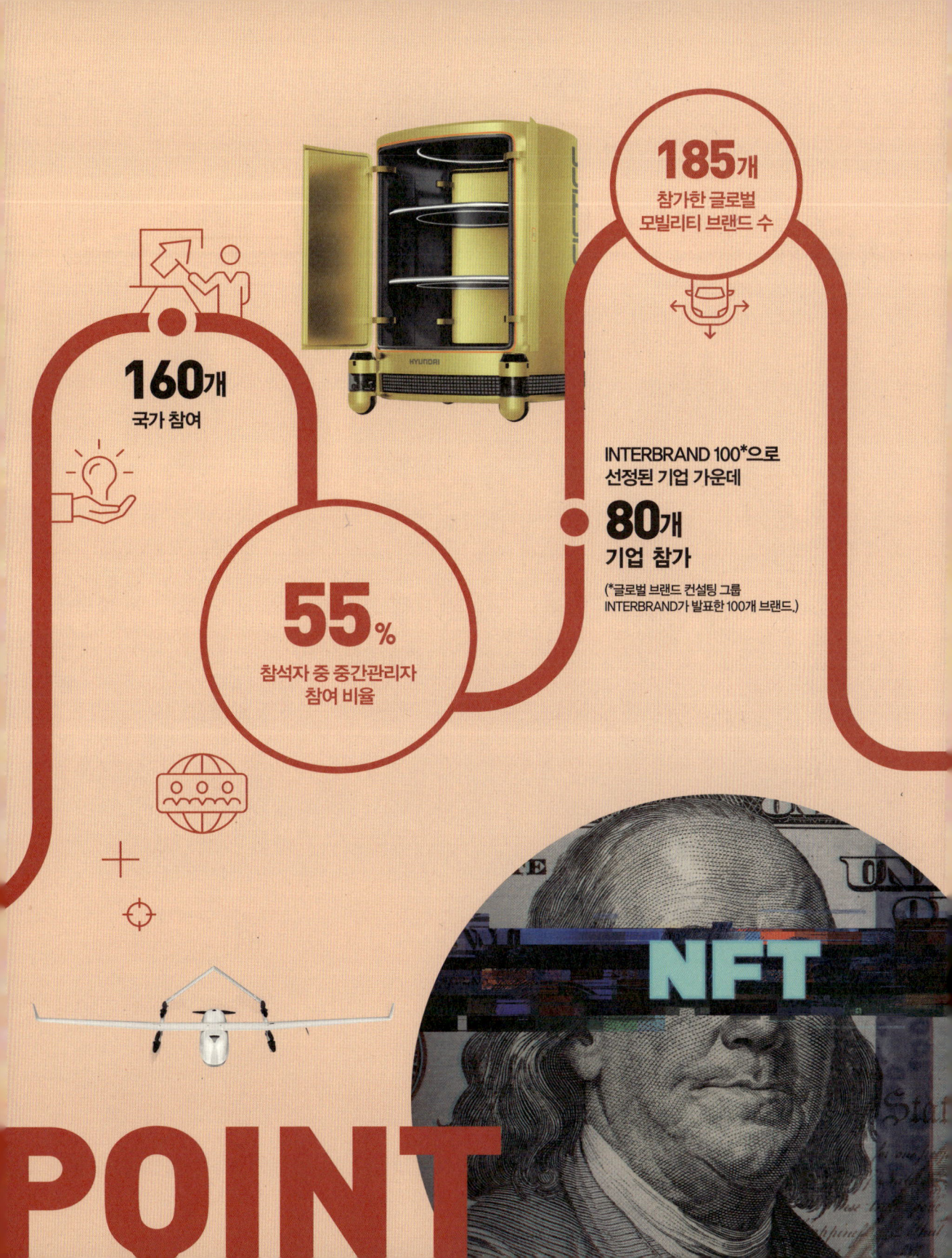

160개 국가 참여

185개 참가한 글로벌 모빌리티 브랜드 수

INTERBRAND 100*으로 선정된 기업 가운데 **80개** 기업 참가

(*글로벌 브랜드 컨설팅 그룹 INTERBRAND가 발표한 100개 브랜드.)

55% 참석자 중 중간관리자 참여 비율

POINT NFT

SECTION 1 *Key point*

CES 2022 5대 포인트
메타버스가 이끄는 포스트 모바일 시대

1월 5일부터 7일까지 미국 라스베이거스에서 온&오프 하이브리드 형태로 열린 CES 2022는
증강·가상현실을 넘어 메타버스가 미래 트렌드로 자리 잡고 있음을 보여줬다.

*by_* **안현실** 한국경제신문 AI경제연구소장·논설위원

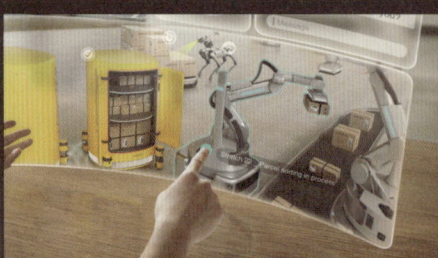

"나는 작품 속에서 가상현실이 다시 현실로 돌아가는 일종의 거울현실이 되는 상황을 창조하길 원한다." 뉴미디어 아트의 선구자로 가상과 현실이 교차하는 지점, 인터페이스를 탐구해온 제프리 쇼(Jeffrey Show)의 말이다. 관람객으로 하여금 모니터를 통해 실제 공간에 황금 송아지가 있는 것처럼 느끼게 하는 그의 1994년 작품 '황금 송아지(The Golden Calf)'는 증강현실 개념을 활용한 것이었다. 이번 CES 2022 역시 AR·VR을 활용한 메타버스 신기술의 향연이 펼쳐졌다.

"코로나19 팬데믹(세계적 대유행)은 굴곡의(nonsmooth) 과정을 거치며 결국 엔데믹(풍토병)으로 갈 것이다. 그러나 이후 펼쳐지는 글로벌 경제는 '과거의 균형'으로 복귀하는 게 아니라 '새로운 균형'으로 이동할 것이다." 국내외 경제 전문기관들이 내놓은 2022년 글로벌 경제 지형도 전망에서 가장 눈길을 끄는 대목이다. 코로나가 종식되더라도 세계 경제는 2020년대 중반까지 연평균 2%대 저성장이 불가피하다는 우울한 전망이 나온다. 그러나 기술 혁신이 전환점을 만들어 낼 가능성이 높다. 코로나가 앞당긴 생존을 위한 비대면·친환경 기술이 그것이다. 신기술 경쟁으로 혁신이 가속화하고 신산업이 예상보다 빨리 주류로 등장하면 구조적 반등이 빠르게 찾아올 수 있을 것이다. 그 반등은 신기술에 우위를 가진 국가, 창조적 파괴를 이끄는 산업, 혁신 역량이 뛰어난 기업, 변화를 먼저 알아보는 투자자, 새로운 일자리에 준비된 개인이 주도할 것이 분명하다.

CES 주최 기관인 미국소비자기술협회(CTA, Consumer Technology Association)가 미디어에 공개한 CES 2022 테크 트렌드, 혁신상 발표와 전시회, 주요 CEO 기조연설과 콘퍼런스 프로그램 등은 포스트 코로나 시대 새로운 균형의 방향성을 던져줬다. △인공지능(AI)·로봇·메타버스가 이끄는 포스트 모바일 혁신 경쟁 △르네상스를 맞이한 헬스케어의 질주 △불붙은 탈탄소·ESG(환경·사회·지배구조) 경영 △'스페이스 테크'로의 초대 △'테크노내셔널리즘'의 경연장 스타트업이 그것이다. 5대 관전 포인트는 지난 2년간 코로나 팬데믹의 임팩트가 낳은 거역할 수 없는 흐름이자, 미래 사회의 새로운 질서다.

POINT ①
AI·로봇·메타버스…포스트 모바일 혁신 경쟁

PC 인터넷에 이어 출현한 지금의 모바일 인터넷 다음은 무엇일까. 코로나 이전부터 나왔던 질문이다. 인터넷 이용자 수와 SNS 이용 시간, 네트워크 확장세 등 모바일 인터넷이 언제까지 성장을 지속할지 의문이 제기돼온 것이다. 코로나 2년이 경과한 지금 CES 2022가 그 해답을 제시했다. 디지털 업종은 물론 다른 업종으로 급속히 확산되는 가운데 비즈니스 프로세스와 의사결정 전반에 깊숙이 스며들고 있는 AI, 팬데믹으로 인한 사회적 거리두기 필요성이 딜리버리 로봇 등 새로운 실험과 발전의 기회를 촉진한 로보틱스, 그리고 메가트렌드 속으로 들어온 메타버스가 포스트 모바일 혁신을 선도할 유력한 후보로 꼽힌다.

MARs(Mobility·AI·Robotics)는 하나의 복합 트렌드로 자리 잡고 있다. 메타로 사명을 바꾼 페이스북, 마이크로소프트(MS), 애플 등 빅테크는 저마다의 강점을 바탕으로 메타버스 선점에 뛰어들고 있다. CTA가 2022년 가장 주목해야 할 미래 트렌드 기술로 지능형 자동화(AI+로봇)와 메타버스의 진화를 꼽은 이유일 것이다. CES 2022 콘퍼런스 프로그램에서도 AI와 로봇, 메타버스가 키워드로 빈번하게 등장했다. 생산가능인구 감소와 획기적인 비용 절감 필요성, 비대면에 기반한 고객 경험의 시공간 확장 수요 등 비즈니스 환경이 급변한 데 따른 것으로 보인다. 변화를 재빨리 눈치챈 투자자들이 대규모 자금을 디지털 전환과 스타트업에 집중하면서 포스트 모바일 혁신 경쟁이 CES 2022 현장을 더욱 뜨겁게 달궜다는 평가다.

> CES 2022 콘퍼런스 세션에서도 AI와 로봇, 메타버스가 키워드로 빈번하게 등장했다.

SECTION 1 Key point

> 코로나 솔루션, 디지털 치료, 웨어러블, 원격 의료 등 100개가 넘는 헬스케어 기업들이 오미크론 확산에도 불구하고 CES 2022 무대를 장식했다.

POINT ② 르네상스 맞이한 헬스케어

"팬데믹은 헬스케어의 빠른 혁신에 박차를 가하는 계기가 됐다." 게리 샤피로(Gary Shapiro) CTA 회장 겸 CEO의 말이다. 애보트(Abbot)의 로버트 B. 포드(Robert B. Ford) 회장이 헬스기업으로서는 처음으로 CES 기조연설 무대에 섰다. CES 2022 혁신상도 헬스케어가 조연에서 주연으로 전면에 등장했음을 보여줬다. CES 2022는 '헬스케어 쇼'라는 말까지 나올 정도였다.

팬데믹은 헬스케어 기술과 서비스의 사회적 수용을 가속화했다. CTA에 따르면 미국 가정의 20%가 2020년 3월 이후 온라인 건강 서비스를 처음 사용했고, 올해도 계속 사용할 것으로 나타났다. 데이터스트림(Datastream) 조사도 헬스케어의 눈부신 성장을 전망하고 있다. 2022년 코로나 직전 대비 미국 업종별 매출 전망 순위에서 헬스케어(124%)는 디지털 기술(130%)과 1, 2위를 다투고 있다. 규제산업 헬스케어가 혁신을 앞장서 이끌어가는 선도산업으로 그 위상이 크게 바뀌고 있다. 코로나 솔루션, 디지털 치료, 웨어러블, 원격 의료 등 100개가 넘는 헬스케어 기업들이 오미크론 확산에도 불구하고 CES 2022 무대를 장식했다. 3M, 애보트, AT&T 비즈니스, 필립스, 콜게이트-팜올리브, 다쏘시스템즈, 옴론 헬스케어, 배리오웰, 옵티브, 브리딩스 등이 이름을 올렸다. '헬스테크는 헬스 공정성을 높이는가' '헬스케어의 AI 활용과 편향 이슈' '가상케어를 통한 정신건강 혁신 성공 사례와 기회' 등 콘퍼런스 주제들도 눈길을 끌었다.

POINT ③ 불붙은 ESG 경영

'파국이냐, 존속이냐.' 미국 예일대 저널 논문 '성장의 한계 업데이트 2020'은 기술 진보와 인식 전환이 없을 경우 2050년대 이후 경제 성장이 불가능할 것으로 내다봤다. 화석연료 기반 경제 성장 모델은 기후변화로 붕괴할 수밖에 없을 것이란 시나리오다. 유엔 기후변화 대응 정부 간 협의체(UN IPCC)도 같은 맥락에서 경고를 내놨다. 변화는 이미 시작됐다. 구글 트렌드(trends.goole.com)에 따르면 쇼핑할 때 '친환경' 검색이 코로나 이후 20% 증가했다.

주기화되고 있는 팬데믹 출현이 환경 균형 붕괴와 관련 있다는 인식이 확산되고 있음을 보여준다. 생존을 위한 친환경 경영은 한종희 삼성전자 부회장 등 CES 2022 주요 CEO들의 기조연설에서도 키워드였다. 환경 파괴에 따른 경제사회적 비용이 급증하면서 저탄소로의 전환을 위한 사회적 압박이 혁신으로 이어지는 흐름이다.

특히 미국과 유럽연합(EU)의 탈탄소 국제 공조는 글로벌 차원에서 기업의 탈탄소 경영을 앞당기고 있다. 코로나 이전에는 회피할 대상인 비용 요소로 인식되던 탈탄소가 코로나 이후 미래 수요와 경쟁력을 결정하는 가치 요소로 전환되고 있는 것이다. CES 2022 혁신상은 ESG가 헬스케어, AI, 로봇, 자율주행과 함께 주목받은 분야임을 보여줬다. 콘퍼런스 세션 '스마트시티는 기후변화에 대비한다'에서는 도시 차원의 ESG 트렌드가 강조됐다.

> 미국과 유럽연합(EU)의 탈탄소 국제 공조는 글로벌 차원에서 기업의 탈탄소 경영을 앞당기고 있다.

POINT ④
'스페이스 테크'로의 초대

가전 중심 전시에 드론, 자율주행차 등이 더해지면서 '자동차 쇼'라는 말까지는 나오던 CES가 우주테크·푸드테크·대체불가능토큰(NFT) 등으로 다시 외연을 넓혔다. 푸드테크는 헬스의 확장이고, 블록체인 기술을 기반으로 한 NFT는 메타버스 확산과 관련이 있다는 분석이다. 이를 제외하면 가장 주목되는 신규 테마는 우주테크다. 우주 탐험을 가능하게 한 기술이 지구에 엄청난 영향을 준다는 것인데 실제로 우주를 향한 인류의 도전은 지금의 정보기술(IT) 혁명, AI 혁명의 기술적 기반을 제공했다. CTA는 CES 2022에서 처음으로 달과 화성, 기후 예측, 위성 시스템과 원거리 통신 등 우주 관련 최첨단 기술 진보를 선보였다. 특히 눈길을 끄는 것은 시에라스페이스의 다목적 우주비행선 '드림체이서(Dream Chaser)' 전시였다. 시에라 스페이스(Sierra Space)를 계열사로 거느린 우주항공 기업 시에라네바다코퍼레이션 오너들이 이야기보따리를 풀어놓은 '우주탐험의 미래' 세션도 많은 주목을 받았다. 우주는 국가 영역의 임무 지향 프로젝트를 벗어나 시장 영역의 확산 지향 비즈니스로 빠르게 전환 중이다. 선진국을 중심으로 우주 스타트업의 증가가 이를 말해준다. CES가 가전→테크→우주로 확장된다는 것은 기술 혁신이 창출해내는 신시장이 지리적 공간에서 사이버 공간으로, 그리고 결국엔 우주 공간으로 확대될 것이란 미래학자들의 전망과도 일치한다. 향후 우주 산업의 성장세가 빨라지면 CES가 '우주 쇼'로 불리는 날이 곧 올지 모른다.

> CES가 가전→테크→우주로 확장된다는 것은 기술 혁신이 창출해내는 신시장이 지리적 공간에서 사이버 공간으로, 그리고 결국엔 우주 공간으로 확대될 것이란 미래학자들의 전망과도 일치한다.

> 코로나 2년 기간 동안 유니콘 반열에 오른 스타트업이 빠른 속도로 증가했다. 2020년 110개, 2021년 480개 유니콘 기업이 새로 생겨났다.

POINT ⑤
'테크노내셔널리즘'의 경연장

CES는 세계적으로 가장 영향력 있는 스타트업 경연장임을 다시 한번 과시했다. 내일을 주도할 신제품이 데뷔했고, 파트너십이 형성됐고, 투자가 일어났다. 이런 기회를 놓치고 싶은 스타트업은 없을 것이다. 코로나로 인한 불평등 심화, 풍부한 유동성, 누구나 활용할 수 있게 진입장벽이 확 낮아진 AI 기술이 세계적인 스타트업 창업 붐으로 이어지면서 유니콘 기업(기업가치 10억달러 이상인 비상장사)이 곳곳에서 탄생하고 있다. 특히 코로나 2년 기간 동안 유니콘 반열에 오른 스타트업이 빠른 속도로 증가했다. 2020년 110개, 2021년 480개 유니콘 기업이 새로 생겨났다. 미국 시장조사업체 CB인사이츠에 따르면 2021년 10월 8일 기준 유니콘 기업은 936개사다. 분야로는 핀테크(20.4%), 인터넷 소프트웨어 및 서비스(17.8%), 전자상거래(10.9%), AI(7.8%) 등이다. 국가로는 미국(51%), 중국(18.1%), 인도(5.4%), 영국(4%) 순이다. 미·중 충돌의 여파가 이어지면서 CES 2022에서도 '중국의 실종'이 재연됐지만, '테크노내셔널리즘(기술민족주의)'이 국가 간 유니콘 기업 경쟁으로 표출되고 있다는 분석이다. CB인사이츠는 올해 초 유니콘 기업이 1000개를 돌파할 것으로 전망한다. CES 2022 참가 스타트업 가운데 '넥스트 유니콘'이 나올 가능성이 높다.

SECTION 1 *Actual CES*

누구도 알려주지 않는 CES를 즐기는 7가지 기술

: CES 2022 현장을 참관한 민경중 한국외국어대 초빙교수가 기술 분석 보고서만으로는 짐작할 수 없는 CES 2022의 진짜 의미와 CES를 제대로 활용할 몇 가지 아이디어를 소개한다.

*by*_ **민경중** 전 방송통신심의위원회 사무총장(현 법무법인 제이피 고문 & 한국외국어대학교 초빙교수)

1967년 시작된 CES가 지금은 전 세계 전시회 중 최고라는 평가를 받지만 처음부터 그런 것은 아니다. 1980년대부터 2000년 중반까지 정보기술(IT)에 관한 절대 강자는 단연 매년 봄, 가을 두 차례 열리던 컴덱스(Computer Dealers Exposition) 쇼였다. 필자가 1988년 언론사 입사 후 서울올림픽을 취재할 당시는 데스크 컴퓨터조차도 매우 귀했다. 한국 기자들이 수기로 기사를 써서 전화기 너머 소위 '캐처'라고 불리는 수습기자들에게 내용을 불러줘 기사 마감을 할 때 외신 기자들은 '소형타자기' 같은 것으로 기사를 작성해 기기 옆에 달린 조그만 구멍에 전화선을 꽂고 어딘가로 기사를 송고했다. 필자는 어릴 적 오른손 엄지 일부를 잃어 글자 쓰기가 쉽지 않다. 그래서 청와대 기자실 출입할 때 한 달 월급을 털어 '대우 르모2'라는 워드프로세서기를 들고 다녔다. 그때부터 노트북을 비롯한 IT 기기에 관심을 가지고 최신 노트북을 파는 곳이라면 국내외를 막론하고 찾아다녔고 정보통신 분야를 취재하며 '언론계의 얼리어답터'라는 귀한 별명을 얻었다. 오미크론 변수로 주요 글로벌 기업과 중국의 불참이 이어진 가운데 한국은 올해 참가 규모 2위 국가로 부상했다. 덕분에 'K테크'는 전 세계 바이어와 미디어를 상대로 빛났고 이는 라스베이거스 도시 전역에 자주 울려 퍼진 BTS 노래만큼이나 감동적이었다. 그런 측면에서 CES를 새로 찾을 분들을 위해 지극히 개인적인 노하우를 방출한다.

POINT ① 직접 관람하라

매년 초 언론사들은 'CES'에 관한 기사를 폭포수처럼 쏟아낸다. 행사의 명성에 끌려 라스베이거스에 오면 처음에는 '내가 이 돈 주고 여기 왜 왔지?'라는 후회가 밀려든다. CES는 우리나라 코엑스 전시관과는 방식부터 다르다. 월드컵 경기장 20개 면적에 해당하는 전시장은 라스베이거스 도처에 분산돼 있다. LVCC 센트럴홀, 노스홀, 사우스홀, 웨스트홀, 베네치안 엑스포, 유레카파크, 테크이스트, 테크웨스트, 샌즈엑스포 등 이름도 낯설다. 이뿐만이 아니다. 만일 당신이 기업인으로 참석해 바이어 미팅이나 각종 호스트 초청 행사, 키노트 발표장이 있는 수십 개 호텔을 모두 방문하는 것은 슈퍼맨이 아닌 이상 불가능하다. 대기업 임원이야 수행원이 있지만 중소기업 사장님이라면 도무지 이 많은 일정을 소화하기가 힘들다. 그래도 CES는 '내돈내관'(내가 돈 내고 내가 관람한다)이 최고다.

CES 2022에서 관람객이 AR·VR 체험에 참여하고 있는 모습.

POINT ② 유레카관 스타트업을 주목하라!

CES에 관한 언론 보도는 대부분 삼성전자, LG전자, 현대자동차그룹 같은 우리나라 대기업 기사가 독차지한다. 특히 미국 소비자기술협회(CTA)의 최대 스폰서인 삼성전자의 광고 사인보드는 전시장 곳곳에서 만날 수 있다. 메인 홀의 삼성전자 전시관은 코로나19 감염을 우려해 입장객을 일정한 수로 유지하는 바람에 입장 등록 후 무려 2시간 가까이 기다려야 했을 정도다. 대기업 전시관은 일단 패스하고 두 가지 코스를 가장 먼저 봐야 한다. 하나는 그해 최고의 테크 전문 심사진 83명이 뽑은 27개 카테고리 베스트 혁신 제품만을 모아 놓은 '이노베이션 어워드(Innovation Awards)' 전시장이다. 시간 절약하며 신속하게 기술 트렌드와 전체 흐름을 파악할 수 있다. 또 하나는 '유레카파크(EUREKA PARK)'다. 스타트업과 중소기업, 대학관, 국가관이 있는 유레카파크는 CES에 활력을 불어넣는 신생아의 뜨거운 심장 같은 곳이다.

유레카파크에 자리를 확보하려면 시제품이나 양산 제품으로 주최 측 심사를 통과해야 하고 참가 횟수도 최대 두 번으로 제한된다.

2017년, 유레카파크에서 우연히 뉴스에서 본 낯익은 백발의 중년 신사가 양손에 비닐봉지를 들고 이곳저곳을 세심하게 둘러보는 모습을 본 적이 있다. GIS 지리정보업계의 '빌 게이츠'로 불리는 에스리(Esri) 창시자 잭 데인저먼드(Jack Dangermond)였다. 재산만 수조원인 그에게 유레카관을 찾은 이유를 물었다. "CES에서 가장 좋아하고 관심 있는 곳이 바로 유레카관이다. 젊은 사람에게 참신한 얘기를 듣고 내가 창업할 때의 기억을 되살려주는 에너지도 얻는다." 스타트업 젊은이들과 소통하며 그들의 기를 살려줄 방안을 찾는 그의 모습은 '거장' 그 자체였다. 내 기억으로 불과 5년 전만 해도 유레카관을 찾는 한국인은 찾아보기 어려웠다. 특히 대기업 임원은 그저 자사 전시관 테이프 커팅 행사에 참석하고 수행원을 앞세워 몇 개 전시관을 둘러본 뒤 현장을 떠난다. 그런데 언제부턴가 유레카관이 '핫'하다는 소문이 나면서 삼성전자의 사내외 벤처 프로그램인 'C랩'이 이곳에서 삼성이 육성하는 스타트업을 선보여 글로벌 시장 반응을 확인하기 시작했다. 2016년도 일이다.

CES에는 이런 말이 있다. 대기업은 '쇼'를 하고 중소기업은 '장사'를 하며 스타트업은 '꿈'을 얘기하라.

유레카파크에 전시된 하늘을 나는 자동차.

POINT ③ 처음 나온 부스를 주목하라!

CES 주관사인 CTA는 매년 본격적인 개막을 앞두고 이틀 전 전 세계에서 찾은 각국 미디어를 상대로 'CES 언베일드 라스베이거스(CES Unveiled Las Vegas)' 행사를 개최한다. 게리 샤피로 CTA 회장 겸 최고경영자(CEO)의 인사말에 이어 올해 CES에서 주목해야 할 기술 트렌드를 발표한 스티브 코니그 CTA 수석부사장은 수송, 우주 기술, 디지털 건강, 모빌리티(이동성) 등을 꼽았다.

필자가 올해 주목한 '원픽'은 우주 항공분야와 푸드테크, 농업 관련 산업이다. 시에라 스페이스의 이번 CES 우주항공 분야 첫 참석은 큰 주목을 받았다. 시에라 스페이스는 조종사 없이 최대 25번까지 자율주행 모드로 우주 정거장을 오가는 '드림체이서'를 실물 크기로 센트럴홀 앞 광장에 전시했다. 우주항공 산업이 세계 최대 가전 전시회에 나온 것이 한편으로는 이상하게 생각될 수도 있다. 2013년에도 CES 전시회에 자동차 회사가 처음 나왔을 때 혹자는 '자동차가 가전제품인가?'라며 비웃기조차 했다. 당시는 CES 전시회가 끝나고 2주 뒤에 열리는 북미 디트로이트 자동차 전시회가 오히려 더 큰 주목을 받았다. 그 후 어떻게 됐을까. 10년도 안 된 지금 자동차 메이커들은 CES 전시장을 찾고 디트로이트 자동차 전시회는 사실상 문을 닫았다. 자동차가 TV와 다름없는 가전 소비재로 인식된다는 의미다. 우주선은 어떻게 될까? 앞으로 10년 이내에 자동차 고르듯 개인용 우주선도 사고파는 시대가 도래하리라 짐작한다. 158년 된 세계 최대의 농기계 업체 존 디어의 무인 자율주행 트랙터 8R도 큰 주목을 받았다. 수년 전부터 사물인터넷(IoT)을 결합한 스마트팜과 함께 AI와 자율주행으로 무장한 농기계 분야는 꾸준히 CES의 관심사로 부각되면서 1차산업에 머무는 것이 아니라 테크가 결합한 첨단산업으로 부상 중이다.

푸드테크도 마찬가지다. 세계적으로 비건(채식주의자)이 늘면서 고기 대체 식품회사인 임파서블푸드가 꾸준히 CES에 모습을 드러내고 있다. 코로나19로 재택근무가 확산되면서 음식 만드는 것을 도와주는 로봇과 식당 내 무인 자율 음식 배달기, 배달 음식을 따뜻하게 임시 보장해주는 실외 보관기 등도 이번에 첫선을 보였다.

조종사 없이 최대 25번까지 자율주행 모드로 우주 정거장을 오가는 실물 크기의 시에라 스페이스 '드림체이서'가 센트럴홀 앞 광장에 전시됐다.

POINT ④
공유경제를 체험하라

CES에 참가하는 것도 결국 다 먹자고 하는 '짓'이다. 출장 때는 더욱 잘 먹고 잘 이동하고 잘 자는 것이 매우 중요하다. 라스베이거스를 오면서 잦은 실패와 성공을 통해 얻은 노하우는 지금도 소중한 자산이다.

이번에 오미크론이 미국 전역으로 급속히 확산되는 시기에 CES가 열려 대규모 모임은 상상하기 어려웠다. 출국과 입국 시 자가격리도 감수해야 했다. 이런 어려움을 단번에 해결해준 것이 바로 공유경제(sharing economy)의 산물인 음식 배달서비스 우버이츠(UberEats) 및 우버(Uber), 리프트(Lyft)와 같은 공유차량이다.

중간 기착지였던 하와이 공항에서 뜻밖에 추운 날씨로 외출을 포기하고 공항 호텔을 잡아 12시간 동안 쉴 때 방문을 두드리는 소리를 듣고 열어보니 우버이츠 딜리버가 한국식 도시락을 건넸다. 뜨끈한 미역국과 하얀 쌀밥, 두부와 볶은 숙주나물까지 완벽한 한식 정찬은 캐나다 캘거리에 사는 큰딸이 아버지를 위해 직접 배달앱으로 주문해준 덕분이다. 라스베이거스 도착 후 매일 한두 번씩 호텔로 음식을 시키면 호텔 정문 앞에 나가 받아왔는데 체류 기간에 다양한 공유 배달 딜리버를 만났다. 렉서스 SUV를 탄 백인 금발 여성부터 벤츠를 탄 지적인 50대 흑인 남성까지 음식을 배달해줬다. 예전에는 식사를 하기 위해 호텔에서 택시를 타고 음식점에 가야 했지만 이번에는 라스베이거스 전역의 맛집을 앉은 자리에서 경험했다. 7~8년 전 CES를 참관하러 라스베이거스에 왔을 때 낯선 우버를 처음 이용했는데 요금이 택시의 절반에 불과했다.

당시만 해도 미국 택시업체 저항이 심해 공항에서 마치 기사와 접선하듯 길 위에서 만나 호텔까지 갔지만 이듬해에는 공항과 호텔 안내판에 'Uber Sharing Ride'라는 안내판이 정식으로 등장했다.

도널드 트럼프 대통령이 당선됐던 해 CES를 찾아 오랜만에 택시를 이용하며 기사에게 "한국은 택시기사와 우버가 서로 영역을 놓고 싸우는데 여기는 어떤가?"라고 물었더니 "처음에는 승객 감소를 우려했으나 오히려 고급승객이나 우버가 익숙하지 않은 연령층은 여전히 택시를 선호해 손님이 더 늘었다"고 했다.

흔히 우리는 지금까지도, 전통적인 직업군은 새로운 서비스가 나오면 무조건 반대하고 기득권을 지키기 위해 격렬하게 저항부터 한다. 벤처기업 육성을 내세웠던 정부도 눈치 보며 중재자를 자처하다가 규제 방안부터 들고나와 혁신이 어려워지고 결국 선거가 다가오면 기득권을 보장해주며 목소리 큰 세력 손을 들어준다. 유니콘 기업들이 우리나라에서 많이 나오지 않는 이유이기도 하다. 냉정하게 말해 '대중창업 만중창신(大衆創業 萬衆創新: 누구든 창업하고 혁신하라)'을 강조하는 중국만도 못하다. CES와 라스베이거스를 진정으로 즐기고 싶다면 공유경제를 꼭 경험해 보라!

POINT ⑤
슬로건이 곧 트렌드다

CES에 자주 왔지만 개막 닷새 전부터 온 것은 이번이 처음이다. 덕분에 CES 2022 사전준비 현장을 목격할 수 있었다. 얼리버드 얼리워칭이다. 그리고 미디어 대상 언베일드 행사를 준비하던 사람들이 내건 플래카드를 보고 무릎을 탁 쳤다.
"Beyond the Everyday."(평범한 일상을 넘어)
"Welcome to Tomorrow."(내일의 현장에 오신 걸 환영합니다.)
1985년 영화 '백투더퓨처2'에서 타임머신 자동차를 타고 마티와 브라운 박사가 30년 뒤 미래사회로 왔던 2015년 10월 21일, 그해 CES에서 BMW가 내걸었던 구호는 다음과 같다.
'Some is Today.'(우리가 꿈꾸던 그날이 바로 오늘이다.)
올해 BMW의 슬로건은 'From Soul To Soul'이다. '영혼에서 영혼으로'. 구체적인 건 BMW 홈페이지 영상을 보고 알았다. 미래의 BMW iDrive는 자동차가 달리는 기능을 넘어서 직관, 상호작용, 감성의 기대로 작용하는 걸 의미했다. 자동차끼리 인공지능으로 서로 대화하고 움직이며 판단, 교감까지 하고 심지어 차량 색깔까지도 스스로 바꾼다. 자동차의 디지털 인텔리전스 적용이 과연 어디까지 진화할지, 우리가 알고 있는 모든 것을 바꾸는 시대를 예고하고 있었다.
CES에 오면 꼭 슬로건을 주목하라!

BMW의 슬로건 'From Soul To Soul'이 걸려있는 CES 2022 전시관.

유레카파크에서는 늘 새로운 장면이 눈길을 끈다. 한 참가자가 '겁 없는 소녀'상 NFT를 판매하는 장면도 참관객들 눈길을 끌었다.

POINT ⑥
경험은 공유하고 지갑은 풀어라

CES 현장은 전 세계 160여 개국 거대한 인파의 물결이다. 여기서 중요한 건 국가도, 인종도, 종교도, 사상도 아니고 오직 유니크한 기술, 비즈니스 마인드, 곧 경쟁력이다. 이곳에서 만난 사람은 누구나 쉽게 친해진다. 특히 국내에서도 단골로 오는 사람들은 소셜미디어로만 소통하다가 라스베이거스 현장에서 만나면 친형제처럼 반갑다.

미래 자동차 기술 트렌드 분석의 최고봉 정구민 국민대 교수, 테크트렌드 전문가 최형욱 퓨처디자이너스 대표, 미국 머헤리의과대 교수이자 커뮤니티 매핑 전문가 인완수 박사, CES 터줏대감이자 '한글과컴퓨터'를 만든 이찬진 대표(올해는 불참), 로봇 공학자 데니스 홍 박사 등이다. 올해는 코로나19로 불가능했지만 CES의 역사는 밤에 이뤄진다. 라스베이거스 곳곳에서는 매일 밤 전시가 끝난 후에 레스토랑, 술집, 호텔 로비, 공연장, 심지어 길거리에서도 엄청난 이벤트가 벌어진다. 예전에는 이찬진 대표가 소셜미디어에 소위 '번개팅'을 제안하면 순식간에 사람들이 모여들었다. 어느 해에는 이 만남이 소문나 국내 굴지 그룹의 임직원, 증권사 애널리스트, 정부 관계자까지 30명 가까이 참석한 적이 있다. 번개팅 식사비는 누가 낼까? 단 한 번도 돈을 걷거나 한 적이 없다. 누군가는 골든벨을 울린다. 다음에 CES를 참석한다면 꼭 모임에 참가해보라. 그리고 여력이 된다면 입은 닫고 지갑은 화끈하게 열어라! 돈으로 살 수 없는 비즈니스 기회가 찾아올 수 있다.

POINT ⑦
준비하는 만큼 보인다

CTA 측은 전시회 마지막 날 종료와 동시에 홈페이지 배너가 빛의 속도로 바뀐다. '2023년 1월 4~7일에 만납시다.'
1년 뒤 준비가 폐막과 동시에 시작된다. 개인도 마찬가지다. 항공편과 호텔 예약, 전시관 참여는 물론 산업 트렌드에 관한 정보와 준비가 CES 2023이 열리기 전 1년 내내 이뤄진다. 내년을 기약한다면 우선 과거 CES 관련 기사나 KOTRA가 발행하는 CES 관련 자료, CES 참관 증권사 애널리스트 분석 보고서 등을 챙겨서 과거 10년 정도의 트렌드를 파악하는 것이 좋다(한경무크 CES 시리즈도 참고하면 금상첨화다).
소개한 일곱 가지 노하우는 어디까지 주관적인 판단이다. 그러나 이거 하나만큼은 꼭 권하고 싶다. 한 살이라도 젊을 때 CES를 가보라!

CES 2022에 참가한 기업 수는 2200여 개. 예년의 절반 수준이다. 규모가 방대한 만큼 사전에 10년 치 트렌드를 익히고 오면 도움이 된다.

SECTION 1 Insight 1

정의선 현대자동차그룹 회장
"융합기술·친환경·메타버스 주목한다"

: 미국 라스베이거스 컨벤션센터 곳곳을 3시간 가량 누빈 정 회장,
"친환경·블록체인 업체들이 눈에 띄었다".

"미래 모빌리티는 역동적인 인간 중심의 미래도시 구현이 핵심"

정의선 현대자동차그룹 회장은 CES 2022 곳곳을 누비며 스텔란티스 등 자동차 기업 부스 외에도 블록체인 및 3D 기술 업체 부스도 찾아 새로운 기술 트렌드를 확인했다.

정의선 현대자동차그룹 회장은 CES 2022를 누구보다 열심히 살펴본 기업 최고경영자(CEO)다. 그는 1월 5일 CES 2022가 열리는 미국 라스베이거스 컨벤션센터를 3시간에 걸쳐 훑었다. 전날엔 직접 프레스 콘퍼런스에서 현대차의 미래 비전을 발표하기도 했다. 정 회장이 CES에 애착이 있는 것은 경제계에 널리 알려진 사실이다. 그는 CES 2020과 CES 2018, CES 2017 등에 참석했다.

정 회장은 이번 CES를 둘러본 소감에 대해 "아주 얇았던 삼성전자의 TV가 인상적이었고, 분야를 보면 친환경 업체와 블록체인 업체들이 눈에 띄었다"고 평가했다. 내년 CES에 참석할지에 대해서는 "계획을 세우고 있다"며 "다만 향후 상황이 어떻게 될지는 봐야 한다"고 말했다.

그는 코로나19 팬데믹이 우려되는 상황에서도 CES를 직접 방문한 몇 안 되는 CEO 중 한 명이다. 정 회장은 그 이유에 대해 "모르는 게 많아서 배우러 왔다"고 말했다. 이번 CES의 핵심 트렌드에 대해서는 융합기술과 친환경, 메타버스 등을 꼽았다. 정 회장의 실제 동선도 비슷했다. 그는 스텔란티스를 비롯한 자동차 업체부터 블록체인 관련 업체들의 부스까지 전시장 곳곳을 누볐다. 가장 먼저 찾은 곳은 현대중공업 부스였다. 사촌동생인 정기선 현대중공업지주 사장이 회사 비전을 발표한 직후였다. 정 회장은 정 사장과 함께 부스를 둘러보고, 전시 제품에 대한 설명도 들었다. 수소 선박에 대한 대화도 나눈 것으로 알려졌다. 일각에서는 국제 무대에 데뷔한 정 사장을 응원하기 위해서라는 분석이 나왔다.

조성환 현대모비스 사장 등으로부터 보고도 받았다. 많은 기업 총수가 CES 등 큰 행사에 참석하면 자사 부스에서 오랜 시간을 머문다. 제대로 전시가 이뤄지고 있는지를 점검하기 위해서다. 하지만 정 회장의 본격적인 일정은 현대모비스 부스를 나온 뒤 시작됐다. 정 회장은 지영조 현대차 이노베이션담당 사장 등 소수 인원과 함께 전시장 곳곳을 누볐다. 자동차 관련 기업의 총수답게 자동차, 특히 전기차 관련 전시물을 보면 발길을 멈췄다. 스텔란티스 전시장에서는 전기차 플랫폼과 경형 전기차 등을 유심히 살펴봤다. 피스커 부스에서는 전기 스포츠유틸리티차량(SUV) 플랫폼을, SLD레이저에서는 플라잉카 모형을 들여다봤다. 루

현대자동차·기아 연도별 매출
단위 억원

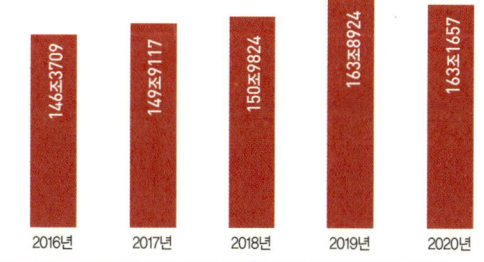

- 2016년: 146조3709
- 2017년: 149조9117
- 2018년: 150조9824
- 2019년: 163조8924
- 2020년: 163조1657

자료: 현대자동차·기아

미나 부스에도 들렀다. 이 회사는 볼보와 함께 자율주행 기술 '라이드 파일럿'을 개발했다. 정 회장은 이 부스에 전시된 볼보 자동차도 살폈다.

스마트글라스 등 자동차에 적용할 수 있는 부품을 생산하는 이스라엘 스타트업 가우지 등도 정 회장의 발길을 잡았다. 정 회장은 가우지 부스에서 부스 관리자의 설명을 듣고 여러 차례 질문하는 등 관심을 보였다. 가우지는 현대차가 투자한 회사이기도 하다. 일본 소니 부스도 찾았다. 소니는 이번 CES를 통해 전기차 시장에 도전장을 냈다. 소니 부스에는 전기 SUV 콘셉트카 '비전-S 02'가 전시돼 있었다. 정 회장은 소니의 콘셉트카를 유심히 들여다봤다.

친환경과 블록체인 업체 둘러본 정 회장

정 회장은 자동차와 직접적인 연관이 없어 보이는 전시물을 내놓은 곳에도 수시로 들어갔다. 블록체인 기반의 스마트시티 솔루션을 제공하는 '데브ESG'와 3D(3차원) 기술 업체 '다쏘시스템' 등이 대표적이다. 부스를 소개하는 현장 직원들에게 질문하고 직접 체험도 했다. 데브ESG 부스에서는 회사를 소개하는 QR코드가 담긴 명함을 챙기기도 했다. TCL 부스에서는 폴더블폰 등을 직접 만져보면서 관람했다. 삼성전자 부스에서는 30분 가까이 머물렀다. 한종희 부회장과 박학규 사장이 정 회장을 맞이했다. 그는 헤드셋을 쓰고 설명을 집중해서 들었다. 정 회장은 증강현실(AR)을 기반으로 한 삼성전자 미래 운전 기술이 장착된 차체에는 직접 앉아보기도 했다. 한국을 대표하는 자동차 기업의 수장이 다른 업체가 만든 미래차 관련 기술 전시물에

1.
정의선 회장이 삼성전자 부스를 방문해 한종희 삼성전자 부회장의 제품 설명을 듣고 있다.

2.
현대차 소형 모빌리티 플랫폼 '모베드'.

앉는 모습이 연출되자 주변에서는 카메라 플래시가 잇따라 터졌다. SK 부스에서도 20분 가까이 시간을 보냈다. 김무환 그린투자센터장이 정 회장에게 설명을 했다. 전기차 배터리 관련 전시물 등을 집중적으로 들여다봤다. SK그룹의 친환경 비전을 소개하는 영상은 끝날 때까지 지켜봤다. 두산 부스에서도 현지 담당자의 설명을 들으며 로봇 등의 전시물을 살폈다.

현대차는 CES에 꾸준히 참가하는 자동차 기업 중 하나다. 올해도 메르세데스벤츠와 제너럴모터스(GM), 도요타 등 주요 업체가 모두 오프라인 참여를 포기했지만 현대차는 부스를 열었다. 2년 전에는 도심항공모빌리티(UAM) 비전을 CES에서 발표했다. 당시에도 정 회장이 직접 발표를 맡았다. 2019년에는 험지에서는 로봇 다리로 움직일 수 있는 신개념 모빌리티 콘셉트 모델인 엘리베이트를 선보였다.

SECTION 1 *Insight 2*

정기선 현대중공업지주 대표이사 사장
"십 빌더를 넘어 퓨처 빌더로 거듭날 것"

: 정 사장은 이번 CES를 통해 이종산업에서 새로운 기회를 발굴하고
다른 글로벌 기업들과 협력 기회를 넓히려는 계획이다.

"세계적 환경 규제는 한국
조선업의 기회"

정 사장은 해양모빌리티의 핵심기술로 떠오른
'자율운항 기술'에 대해서도
철저한 준비를 하고 있다고 강조했다.

이번 CES는 정기선 현대중공업지주 사장이 지난해 현대중공업지주 대표이사 사장으로 승진한 이후 그룹을 대표해 처음으로 글로벌 무대에 나선 자리였다. 전 세계 바이어와 투자자들을 상대로 그룹의 미래 청사진을 발표하는 장소로 CES를 선택했다는 점도 눈여겨볼 대목이다. 현대중공업은 창사 50주년을 맞아 올해 처음으로 CES에 참가했다. 이번 CES에선 정 사장의 사촌형인 정의선 현대자동차그룹 회장도 현대중공업 부스에 직접 들러 본격적인 글로벌 인적 교류에 나선 정 사장을 응원했다.

정 사장은 올해가 현대중공업그룹에 각별하다는 말로 CES에 독립부스를 내게 된 이유를 설명했다. 그는 "현대중공업은 1972년 창립해 올해로 창사 50주년을 맞았다"며 "그동안 어려웠던 순간들도 있었다"고 말했다. 2014년부터 2년 동안은 주력사업인 조선업이 불황을 겪으며 현대중공업은 5조 원에 가까운 적자를 기록했다. 정 사장은 "원가를 어떻게 줄일지, 불필요한 낭비 요소는 없는지를 찾기 위해 절박하게 고민했던 기억이 생생하다"고 회상했다.

조선 불황을 극복하는 과정에서 현대중공업이 겪은 쓰라린 경험은 올해 CES에서 미래를 보여주는 원동력이 됐다. 정 사장은 "현대중공업그룹은 단순히 덩치만 큰 회사가 아니라 기술적으로 가장 앞서 있는 기업집단으로 진화하고 있다"고 자부했다. 현대중공업이 올해 선보인 자율운항 친환경 기술은 세계 최고 수준으로 시장을 선도하고 있다. 건설 현장과 일상생활에 폭넓게 적용되는 로봇화 자동화 기술도 마찬가지다.

현대중공업이 이번 CES에서 선보인 슬로건은 '퓨처 빌더(Future builder)'다. 정 사장은 "십 빌더(Ship builder·선박

자율운항선박시장 규모 단위 조원

연도	규모
2016년	66
2021년	95
2025년	180

자료 국제해사기구(IMO)

건조)를 넘어 미래를 설계하는 퓨처 빌더로 거듭나겠다는 강한 의지의 표현"이라고 강조했다.
전 세계 1위 선박건조 회사로서 시장 리더십을 확고히 다지겠다는 의지도 내비쳤다. 그는 "2021년 대규모 수주로 상당한 미래까지 일감을 채워 놨다"며 "세계적으로 환경 규제 강화, 친환경 선박 수요 증가 등이 한국 조선업계에 기회가 될 것"이라고 전망했다. 이어 "지난해 한국조선해양이 수주 목표를 초과 달성한 것도 마찬가지다. 친환경 선박 중심으로 발주가 이어질 것으로 예상한다"고 했다. 전문가들은 올해 한국 조선업의 수주 물량이 지난해와 비교해 다소 줄어들 수도 있겠지만, 선주들은 여전히 견고한 발주세를 이어갈 것으로 보고 있다. 현대중공업은 1월 첫째 주에만 2조원 가까운 물량을 수주했다.
해양모빌리티의 핵심기술로 떠오른 '자율운항 기술'에 대해서도 철저한 준비를 하고 있다고 강조했다. 그는 "세계 최고 조선회사로서 현대중공업은 산업을 이끌어가야 하는 위치에 있다"며 "자율운항도 마찬가지"라고 했다. 정 사장은 "바다를 단순히 목적지로 향하는 통로가 아니라 그 자체로 새로운 가능성을 가진 공간으로 바라보는, 바다에 대한 근본적인 인식 변화를 가져올 것"이라고 의미를 부여했다.
현대중공업은 자율운항 기술 확보를 위해 전 세계 유명 스타트업을 만나봤지만 결론은 '우리보다 잘하는 데가 없다'는 것이었다. 무엇보다 선박의 자율운항은 자동차의 자율운행과 근본적으로 다른 기술이기 때문이다. 차에 있는 브레이크가 배에는 없다. 선박은 엔진을 꺼도 계속 나아간다. 자동차는 핸들을 꺾으면 곧바로 좌우로 움직이지만 선박은 방향타를 왼쪽으로 꺾어도, 운항 방향이 바뀌는 데 오래 걸린다. 일종의 시차가 발생한다. 파도와 바람, 조류 영향을 많이 받아 유체역학적인 작용이 발생하기 때문이다. 한쪽에 벽이 있으면 그 사이에서 유체가 밀어내는 힘을 갖기도 한다. 자율운행 자동차보다 고려할 변수가 훨씬 많다.

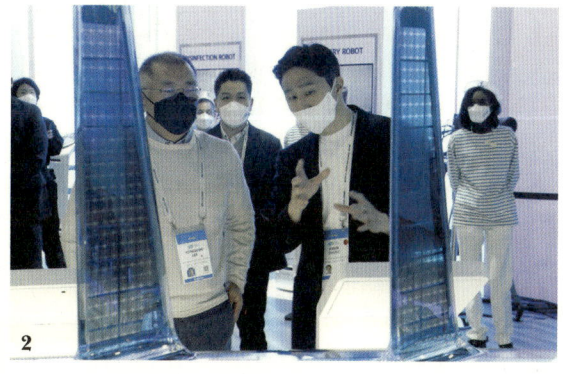

1. 정기선 사장이 CES 2022 언론 발표회에서 현대중공업이 조선사를 넘어 최고 수준의 기술력을 보유한 '퓨처 빌더'로 거듭날 것이라는 비전을 발표했다.
2. 정기선 사장(오른쪽)이 CES 2022 현대중공업그룹 부스를 찾은 정의선 현대자동차그룹 회장에게 아비커스를 설명하고 있다.

그중 하나가 '휴먼 에러(Human error)'다. 세계 7위 해운사인 대만 에버그린해운 소속 컨테이너선인 '에버기븐'호가 지난해 3월 글로벌 물류 대동맥인 수에즈 운하에서 좌초해 글로벌 공급망을 마비시킨 사건이 대표적이다. 사람의 감각에 의존하는 한계를 넘어서는 자율운항 기술의 과제다.
정 사장 그룹의 신사업 등을 담당하는 미래위원회의 역할도 강조했다. 전기차와 수소차가 현실화될 경우 정유사업은 어떤 도전과 위기를 맞게 될 것인지, 조선 부문에서도 친환경 연료가 대세로 자리 잡고 석유 물동량이 줄어들 경우 원유운반선 발주 감소 등으로 어떤 변화에 직면할 것인지 등 고민할 요소가 많다는 것이다.
차세대 에너지로 불리는 수소 사업과 관련한 계획도 밝혔다. 정 사장은 "해상풍력을 통해 생산한 전기로 만든 그린 수소와 이를 소비처로 운반할 선박이 필요하다"며 "2025년 수소를 만드는 설비, 수소를 운반할 수 있는 친환경 선박을 단계적으로 상용화해 나갈 것"이라고 말했다. 건설 현장의 무인화를 달성하기 위해 스마트건설 로봇과 관련 플랫폼 서비스를 2025년까지 상용화한다는 일정도 발표했다. 서빙 로봇 같은 다양한 분야의 서비스 로봇 개발에서도 성과를 내겠다고 밝혔다.

SECTION 1 *Insight 3*

유영상 SK텔레콤 사장
"CES는 포스트 모바일 기기 각축장"

: 유 사장은 5G 통신 서비스가
다가올 메타버스 패러다임에 큰 역할을 할 수 있을 것이라고 전했다.

> "차세대 디바이스가 부상하면 메타버스가 새로운 패러다임이 될 것"
>
> "이제 정보통신기술(ICT) 시장의 화두는 모바일 단말 뒤를 이어 주류가 될 디바이스를 찾는 것입니다. 각 기업이 'CES 2022'에 들고나온 다양한 디바이스가 인상 깊었습니다."

SK텔레콤에서 20년 넘게 근무한 유영상 사장이 회사 수장으로서 CES에 참석한 것은 올해가 처음이다. 유 사장은 SK텔레콤 이동통신(MNO)사업부문 대표를 거쳐 SK텔레콤이 인적분할 후 새로 출발한 작년 11월 사장으로 취임했다.

이번 CES에서 유 사장의 이목을 끈 기술은 메타버스 디바이스다. 퀄컴은 마이크로소프트와 AR(증강현실) 글라스 개발에 협력하는 방안을 발표했다. 초경량 AR 글라스를 위한 맞춤형 AR칩을 개발한다는 내용이다. 삼성전자는 차체에 적용되는 AR 디스플레이를 선보였다. 주행 정보를 비롯해 내비게이션, 주변 지역 정보 등을 보여주는 디스플레이다.

유 사장은 "퀄컴과 삼성전자의 전시를 보며 '새로운 디바이스가 새로운 수요를 만들 것'이라는 생각이 들었다"고 말했

다. 이 수요가 메타버스 산업 활성화 기폭제로도 작용할 것이라는 게 그의 생각이다. 스마트폰 확산에 따라 2010년대 온라인 전환이 가속화한 것처럼 AR·가상현실(VR) 기기 발전이 이용자들을 메타버스 생태계로 빨아들일 수 있을 것이라는 설명이다.

그는 "메타버스는 통신 사업자의 사업성을 확장시킬 것"이라고 내다봤다. 스마트폰 기반 영상 수요가 LTE 통신을 확산시킨 만큼 메타버스 사용자가 증가하면 더 고도화된 통신 수요도 늘어나기 때문이다. 유 사장은 "5G 사업을 3년간 해왔지만 스마트폰 디바이스 생태계 안에선 5G에 대한 큰 수요를 찾기가 쉽지 않았다"며 "메타버스가 5G의 새로운 수요를 창출할 것으로 보고 있다"고 말했다.

작년 7월 내놓은 자체 메타버스 플랫폼 '이프랜드'를 통해 메타버스 서비스 측면 사업도 키울 수 있다는 구상이다. 서로 다른 플랫폼과의 협업 가능성도 시사했다. 유 사장은

SK텔레콤의 'SKT 2.0' 구상

배경	2021년 11월 인적분할
핵심사업	유무선통신, AI 서비스, 디지털인프라
추진내용	통신 기반 융복합 서비스 강화 AI반도체·UAM·메타버스·구독서비스 등 신사업 확장 SK스퀘어를 비롯해 SK 관계사, 삼성전자 등과 협업 확대
목표	2025년 매출 22조원 달성

자료 SK텔레콤

"메타버스 플랫폼 간 연계가 일어나야 한다"며 "이렇게 생태계가 확장돼야 산업 전체가 커질 수 있다"고 했다. 그는 "이번 CES 행사를 돌아보며 메타버스 열기를 느꼈다"며 "메타버스 산업 확장기가 기존 예상보다 빠르게 올 것이란 생각이 들었다"고 덧붙였다.

"사업별 융합 방안 구체화할 계획"

유 사장은 CES 2022에서 산업·기업 간 협업 방안 찾기에도 주목했다. 5G 이동통신을 비롯해 ICT 각 분야에서 기존엔 없던 시너지 효과를 키운다는 구상이다. 유 사장은 'SK텔레콤 2.0' 시대를 열 3대 핵심 사업으로 유·무선 통신, 인공지능(AI) 서비스, 디지털 인프라 서비스를 꼽는다. 모두 특정 분야에 한정되지 않아 융·복합 서비스 잠재력이 크다.

유 사장이 CES 2022 공식 개막일인 1월 5일 오전 10시부터 곧바로 삼성전자 부스 방문을 택한 것도 이 같은 이유에서다. 노태문 삼성전자 무선사업부장(사장)과 만나 약 30분간 함께 삼성전자 전시를 돌아봤다. SK텔레콤과 삼성전자는 2021년 10월 말부터 AI 기반 사물인터넷(IoT) 협업을 키우고 있다. SK텔레콤의 AI 플랫폼 누구(NUGU)를 삼성전자의 IoT 플랫폼 스마트싱스(Smarts Things)와 연동했다. 누구 스피커, T맵, T전화를 통한 음성 명령으로 그랑데 세탁기와 비스포크 에어드레서를 원격 제어할 수 있는 식이다.

이날 자리에선 SK텔레콤과 삼성전자가 발맞춰 모바일 사용자 경험을 개선하자는 이야기가 오갔다. 갤럭시 태블릿

1.
SK 전시관에 설치된 전기차 충전기.
2.
삼성전자 부스를 찾은 유영상 사장(왼쪽)이 노태문 삼성전자 무선사업부장(사장)과 이야기하고 있다.

시리즈와 워치 등을 전시한 '갤럭시 에코시스템(생태계)' 코너에서다. 노 사장은 제품군을 소개하며 "갤럭시S22를 출시할 즈음엔 갤럭시 에코시스템 기능이 한 단계 더 올라갈 것"이라며 "'원UI 4.0' 운영체제가 스마트폰부터 태블릿, PC까지 연결해준다"고 말했다. 노 사장이 "이전까지는 기기 간 연결 자체만을 중시했는데, 이제는 소비자 경험을 중심으로 기능을 높이겠다"고 하자 유 사장은 "우리도 같이 (기능을) 강화해야 할 것 같다"고 화답했다.

유 사장은 "전시를 보며 많은 생각이 들었다"며 "지금은 모바일 중심인 SK텔레콤 사업이 앞으로 유선통신·인터넷 TV(IPTV)·로봇 서비스 등 다양한 영역을 아우를 수 있게 할 것"이라고 밝혔다. 사업별 융합 방안을 구체화하겠다는 얘기다. 그는 "삼성이 로봇 사업팀을 구성한 것은 의미가 있어 보인다"며 "로봇을 비롯해 이전엔 상상만 했던 것들이 이젠 현실로 일어나고 있다"고 말했다. 유 사장은 "삼성전자는 제조 관점에서, SK텔레콤은 서비스 관점에서 로봇을 보고 있다"며 "로봇 관련 사업을 구상하고 있다"고 덧붙였다.

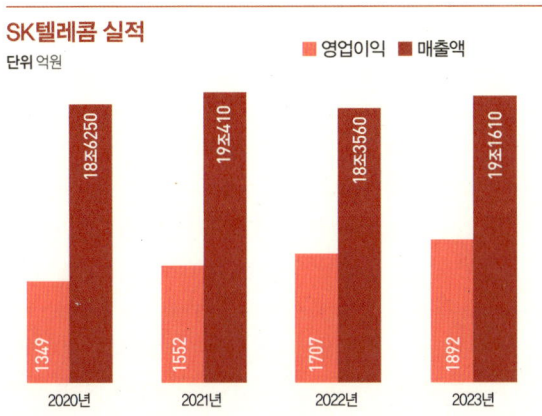

SK텔레콤 실적
단위: 억원
■ 영업이익 ■ 매출액

연도	영업이익	매출액
2020년	1349	18조6250
2021년	1552	19조410
2022년	1707	18조3560
2023년	1892	19조1610

자료: NH투자증권 리서치본부 ※2021년부터는 예상치

SECTION 1 *Insight 4*

김상철 한글과컴퓨터그룹 회장
"글로벌 M&A 통해 아바타 사업 키우겠다"

: "이제 CES는 단순한 가전 행사가 아니라 사업 비전과 미래 먹거리를 제시하는 장소다."

> "CES는 우리의 방향을 수정해야 할지를 고민할 수 있는 곳"

한글과컴퓨터그룹(이하 한컴그룹)은 2018년부터 올해까지 5년 연속으로 CES에 참가했다. 올해는 한컴그룹에서 100여 명이 CES를 방문했다. 한컴그룹의 지속적인 참여를 주도한 김상철 회장은 미국 라스베이거스 CES 전시관에서 열린 기자간담회에서 "전 세계 기업들이 제시하는 미래 산업의 방향을 눈으로 보고 확인하기 위해 직접 CES 2022에 방문했다"고 덧붙였다.

한컴그룹은 창의와 혁신으로 미래를 뛰어넘어 새로운 세상을 만든다는 의미를 담은 'Beyond the future'를 전시 콘셉트로 해 메타버스, NFT, 인공위성, 드론 등 다양한 제품과 서비스를 선보였다.

메타버스 확장 준비

CES가 열린 라스베이거스 컨벤션센터(LVCC)에 마련된 혼합현실(XR)·게이밍관에는 일본, 체코, 대만, 인도, 중국 등 세계 각국에서 참여한 기업들이 가상현실(VR)·증강현실(AR) 기술을 활용한 메타버스 세계를 선보였다. 체코의 VR 지니어스는 파일럿 훈련 전용 혼합현실 헤드셋 엑스텔(Xtal) 3와 시뮬레이션 기기를 공개했다. 대만 업체 쿨소는 손목에 착용한 뒤 손가락을 활용한 10가지 동작을 통해 가상세계의 사물을 잡거나 밀고 끌어당길 수 있는 손목밴드를 선보였다.

김 회장이 CES 2022에서 가장 주목한 것은 메타버스 아바타 시장이다. 그는 "올해는 메타버스 중에서도 아바타 시장이 굉장히 활성화될 것이라는 생각을 했다"고 강조했다. 한컴그룹도 메타버스 시장에 대한 준비를 차근차근 하고 있다. 한컴그룹의 메타버스 전문기업 한컴프론티스는 가상공간에서 회의할 수 있는 3D 기반의 메타버스 플랫폼 'XR판도라'를 CES 2022에서 공개했다. XR판도라는 한컴오피스와 연동해 PDF를 비롯해 워드, 엑셀 등 다양한 문서를 공유 및 편집할 수 있다. 인터넷 검색, 음성 대화 등으로 회의에서도 활용할 수 있다. 김 회장은 "메타버스 아바타 서비스와 관련된 기업 인수를 준비하고 있다"며 "우리가 준비하는 것에 다양한 외부 기술을 접목해 소비자의 관심을 유도할 만큼 재미있는 것을 만들어야 한다"고 강조했다.

CES 2022에서 인수 대상이 될 만한 기업들과의 접촉도 이뤄졌다. 김 회장은 "이번에는 미국 메타버스 스타트업을 집중적으로 만났다"며 "메타버스를 구성하는 증강현실 아바타 서비스를 운영할 수 있는 인공지능(AI) 회사와 대체불가능토큰(NFT) 기업 3~4곳을 만나 인수, 기술 제휴, 기술 획

1.
한컴그룹 자회사 한컴MDS는 자체 개발한 IoT 디바이스 관리 플랫폼 '네오IDM'을 선보였다.

2.
한컴그룹 부스에서 관람객이 증강현실(AR) 기기를 작동시켜보고 있다.

등을 염두에 두고 논의했다"고 밝혔다. 업계에서는 한컴그룹의 메타버스 관련 기업 인수가 조만간 이뤄질 것으로 보고 있다. 한컴그룹이 지금까지 빠르게 성장할 수 있었던 것도 적극적인 인수합병(M&A)을 추진한 게 주효했다는 평가다. 한컴그룹이 2020년에 인수한 아로와나금거래소는 연매출 규모가 1200억원에서 지난해 8300억원으로 1년 만에 약 일곱 배 성장했다.

아바타 기업 대거 등장

김 회장이 메타버스 아바타 시장에서 미래를 찾고 있는 이유는 아바타의 확장성 때문이다. 아바타를 활용한 다양한 서비스와 상품 등을 내놓을 수 있다는 것이다. 그는 "독신자가 아바타로 결혼도 하고 취미 생활도 할 수 있다고 본다"며 "아바타의 확장성을 기반으로 기술을 적용하기 위해 인수를 진행하고 있다"고 말했다.

이미 업계엔 아바타 관련 기업들이 등장하고 있다. AI 기업 솔트룩스, 마인즈랩, 클레온 등이 아바타 관련 기술을 선보였다. 아바타가 스스로 동작을 만들어내려면 AI 기술이 반드시 필요하기 때문이다. LG전자는 가상인간 '김래아'를 선보이기도 했다. 최근 네이버웹툰은 약 200억원을 들여 가상인간 '로지'를 제작한 로커스를 인수했다. 문재인 대통령을 아바타로 만든 것으로 유명한 딥브레인은 시리즈B에서 500억원을 투자받으며 관심을 끌었다.

한컴그룹은 지난달 메타버스 플랫폼인 '싸이월드 한컴타운'의 베타 서비스를 시작했다. 개인 취향에 따라 설정한 아바타를 활용해 가상 오피스에 출근할 수 있으며 동료들과 음성 대화, 화상 회의 등도 가능하다. 기업이나 개인이 가상에서 특정 고객을 대상으로 세미나, 광고 등을 진행할 수도 있다. 한컴은 내년 상반기 내 한컴타운과 오피스 프로그램인 한컴오피스를 연계해 워드, 엑셀, 프레젠테이션 등 여러 형식의 문서를 공유하거나 편집할 수 있도록 지원한다는 방침이다. NFT도 적극 활용할 계획이다. NFT의 보안성을 바탕으로 제안서, 기획서, 논문 등 문서 콘텐츠를 서로 거래할 수 있도록 할 방침이다. 아바타를 꾸미거나 공간을 구성할 수 있는 아이템 거래도 할 수 있다.

"중동 등 해외 시장 진출"

김 회장은 "CES 같은 행사에 지속적으로 참여해 해외 시장에 한컴그룹을 알릴 수 있는 기회로 활용할 계획"이라고 말했다. 한컴그룹이 향후 해외 진출을 가장 중요한 사업 목표로 삼고 있다는 말도 덧붙였다. 그는 "세계에서 유일하게 MS와 오피스 시장을 양분하고 있는 곳이 한국"이라며 "이런 노하우를 바탕으로 중동과 같은 지역에 진출하려고 한다"고 말했다.

김 회장은 문자와 언어가 앞으로 AI 관련 시장에서 가장 중요한 요소가 될 것이라고 강조했다. 그는 "한컴오피스의 글로벌 진출을 위해 아마존의 클라우드 서비스인 아마존웹서비스(AWS)와 3년째 협업하고 있다"고 설명했다.

SECTION 1 *Insight 5*

노준형 롯데정보통신 사장
"이젠 '메타 롯데'로 불러주세요"

> 노 사장은 "롯데 계열사 대표들 전부 CES에 와봐야 할 것 같다"며
> "많은 기업이 우리의 클라이언트가 될 수 있겠다는 느낌을 받았다"고 전했다.

"CES 2023년 때는 훨씬 더 큰 규모의 부스 계획 중"

노준형 롯데정보통신 사장은 "CES에 참가하는 게 효과적이란 것을 깨달았다"며 "내년에는 훨씬 더 큰 규모의 부스를 차리기로 하고, 계약까지 마쳤다"고 설명했다. 이어 "내년 CES는 롯데그룹 계열사들이 서로 융합할 수 있는 비즈니스 모델을 시도하려고 한다"고 덧붙였다.

롯데정보통신은 'CES 2022'의 숨은 승자로 꼽힌다. 올해 CES를 관통하는 주제인 메타버스에 걸맞은 신기술을 들고나오면서 첫 CES 참가가 무색할 정도로 관람객들의 인기를 끌었다. 메타버스 라이프를 미리 체험하려는 관람객으로 행사 기간 내내 부스가 북적였다. 실사형 콘텐츠와 헤드마운트디스플레이(HMD) 등의 가상현실(VR) 기기를 앞세워 온라인과 오프라인을 융합한 '초실감형 메타버스 라이프 플랫폼'을 구축하겠다는 게 롯데정보통신이 CES 2022에서 내세운 목표다.

노 사장은 롯데그룹의 '디지털 전환'을 책임지고 있는 인물이다. CES에 나온 것도 다른 그룹에 비해 디지털 전환 속도가 느리다는 선입견을 깨기 위해서다. 노 사장은 "CES 성공에 대한 부담이 없었느냐"는 질문에 "두려운 맘이 드는 것도 사실이지만 경영이란 원래 난제와 리스크들을 넘는 것"이라며 "이미 일부 난제는 극복했으며 아직 해결 못한 문제들도 김동규 칼리버스(롯데정보통신 자회사) 대표와 힘을 모아 해결해 보겠다"고 말했다.

신동빈 롯데그룹 회장이 '디지털 전환'에 어느 정도 관심을 두고 있느냐는 질문엔 "메타버스 스타트업인 칼리버스를 인수할 때 보고서를 다 읽지도 않은 채 프로젝트를 진행하라는 지시를 내린 분"이라며 과거 일화를 소개했다. 칼리버스 인수를 준비하던 노 사장이 보고서와 함께 오큘러스(VR 헤드셋 장비)를 들고 가서 앞으로 메타버스 사업에 대한 전망을 설명하려 하자, 신 회장은 "어? 이거 오큘러스 2네? 나 이거 자주 합니다"라고 말했다. 보고서를 3페이지 정도 훑어본 신 회장은 "인수 진행하십시오"라는 말로 'OK 사인'을 냈다. 그만큼 신 회장이 신기술에 해박하다는 얘기다. 노 사장은 "IT나 첨단 기기에 굉장히 친숙하며 동시에 미래 기술에 대한 갈망이 큰 분"이라고 설명했다.

메타버스 세계에 롯데월드, 하이마트도 넣을 것

메타버스를 활용한 사업 모델에 대해서도 상세히 설명했다. 노 사장은 "1차적으로 롯데그룹 내 모든 비즈니스에 메타버스를 적용할 계획"이라며 "롯데월드 놀이동산에도 들어가고 롯데마트나 하이마트 같은 상업시설에서도 이 기술을 활용할 수 있다"고 말했다. 이어 "롯데건설은 이미 메타

버스 기술을 쓰고 있다"며 "모델하우스에 가지 않고 헤드셋만 쓰면 마치 현장에 가 있는 듯 집 구경을 다 할 수 있다"고 덧붙였다. 글로벌 비즈니스도 준비 중이다. 노 사장은 "메타버스 하면 롯데를 떠올릴 수 있도록 하는 게 목표"라며 "그룹 내부의 실험을 통해 명성을 쌓은 후 글로벌 시장에 도전하겠다"고 강조했다.

이번 CES 2022에서 선보인 메타버스 플랫폼을 보면 향후 '메타버스 롯데'의 방향을 가늠할 수 있다. 이번 행사에서 롯데정보통신은 여러 가상 공간을 손짓 한 번으로 오갈 수 있는 신기술을 선보였다. 시작점은 마당과 테라스, 넓은 거실을 갖춘 집이다. 눈에 보이는 모든 물건을 정밀하게 구현해 마치 이용자가 집에 사는 것과 같은 현실감을 제공했다.

세상 놀라게 할 신기술 선보일 것

가상 공간에서 거실의 가전, 가구 등 집 안 물건들을 만지면 가상 가게, 피팅룸, 영화관 등 다른 메타버스 공간으로 연결된다. 거실의 가전제품을 만지면 층고가 높은 대형 가전매장으로 이동한다. 단순히 제품만 볼 수 있는 공간이 아니다. 제품의 기능이 궁금하면 오프라인 매장에서 안내 직원에게 설명을 듣는 등의 서비스도 받을 수 있다.

다른 기업 부스를 둘러봤냐는 질문엔 "메타버스와 관련해서든 아니든 롯데정보통신 신사업팀이 CES 기간 내내 부스를 계속 돌았다"고 답했다. 그는 "우리가 꿈꾸는 메타버스 비즈니스에 결합시킬 수 있는 것들을 찾는 것이 라스베이거스 출장팀의 목표"라며 "앞으로 많은 기업들이 우리의 클라이언트가 되겠다는 느낌을 받았다"고 했다. 개인적으로 흥미를 느낀 분야로는 모빌리티를 꼽았다.

인터뷰에 함께한 김동규 칼리버스 대표도 CES에 참여한 소회를 밝혔다. 그는 "미국에서 코로나19가 빠르게 확산되고 있는 상황임에도 정말 많은 관람객들이 롯데정보통신 부스를 방문해 우리의 메타버스를 경험했다"고 말했다. 이어 "반응을 물어보니 '리얼 메타버스'라는 답이 돌아왔다"며 "앞으로도 세상을 놀라게 만드는 신기술들을 꾸준히 선보이겠다"고 강조했다.

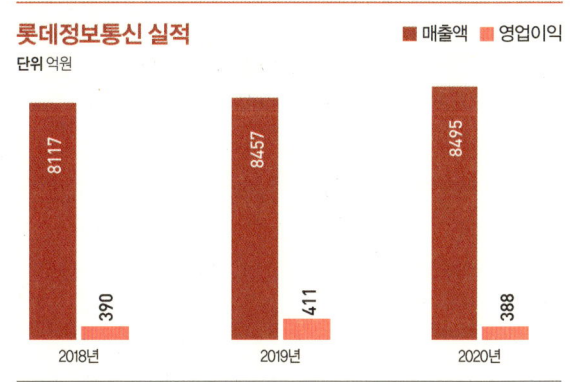

롯데정보통신 실적
단위 억원 ■ 매출액 ■ 영업이익

연도	매출액	영업이익
2018년	8117	390
2019년	8457	411
2020년	8495	388

자료 전자공시시스템

1.
롯데그룹은 그룹 쇼핑 계열사들을 메타버스 공간에 집어넣을 예정이다.
2.
롯데정보통신 부스의 이용자는 버추얼 스토어에서 실제 가전제품을 둘러볼 수 있고 쇼핑 어드바이저의 제품 설명도 들을 수 있다. 사진은 롯데정보통신 부스.

SECTION 1 *Insight 6*

성민석 한온시스템 사장
"줄어든 기술 격차, 미래차 2차전 시작"

: 성민석 사장은 글로벌 자동차 시장의 대격변이 이뤄질 가능성이 크다고 본다.
신흥 업체와 기성 업체의 지위가 하루아침에 뒤바뀔 수 있기 때문이다.

"이번 CES의 가장 큰 특징은 전기차 제조 기술을 놓고 보면 업체별로 큰 차이가 없다는 사실입니다. 이제 승부가 다른 데서 갈릴 것이라는 의미죠." 성민석 한온시스템 사장은 CES 2022가 열린 미국 라스베이거스에서 기자와 만나 이같이 말했다. 한국 부품 산업을 대표하는 인물 중 한 명인 성 사장은 이번 CES를 통해 자동차산업이 큰 전환점을 맞았음을 확인했다고 설명했다.

"누가 더 운전자를 편안하게 해주고 만족시키는지가 미래차 시장의 승패 가를것"

한온시스템은 세계 양대 자동차 열 관리 솔루션 업체다. 전기차용 열관리 시스템도 개발해 국내외 자동차업체와 거래하고 있다.

제조 기술 평준화와 자동차산업 전환점의 상관관계

전기차 제조 기술의 격차가 크지 않은 것과 자동차산업이 전환점을 맞았다는 것은 어떻게 연결될까. 성 사장은 "자동차업체의 전기차 제조 기술이 평준화됐다는 것은 이미 기술이 성숙됐다는 뜻"이라며 "언제 전기차가 대규모로 양산되고 자동차 시장의 주류가 돼도 이상하지 않다는 말"이

1

1. 한온시스템의 열관리 솔루션.
2. 한온시스템의 전동컴프레서.
3. 한온시스템의 포르투갈 공장.

라고 덧붙였다.

이번 CES에서 스텔란티스와 피스커 등 여러 업체가 전기차 플랫폼을 공개했다. 온라인으로 공개한 것을 더하면 GM, 메르세데스벤츠 등 업체 수가 더 늘어난다. 하지만 가장 주목받은 전기차는 소니의 콘셉트카였다. 소니는 아직 전기차를 양산하지도 못한 업체다. 그만큼 업체 간 격차가 없다는 뜻으로 해석할 수 있는 대목이다.

아울러 글로벌 자동차 시장의 대격변이 이뤄질 가능성이 크다는 의미다. 전기차 제조사 간 격차가 크지 않다면 신흥 업체와 기성 업체의 지위가 하루아침에 뒤바뀔 수 있기 때문이다.

성 사장은 "지금 전기차의 성능을 좌우하는 건 오히려 배터리 성능"이라며 "배터리를 관리하는 능력 등이 차이가 날 수 있지만 핵심은 아니다"고 말했다.

고객 편의를 위한 자동차 기술이 차별화의 핵심

그렇다면 전기차 업체들은 무엇으로 차별화할 수 있을까. 성 사장은 첨단운전 보조시스템(ADAS)을 비롯한 새로운 개념의 기술을 꼽았다. 누가 운전자를 더 편안하게 해주는 기술을 선보일 수 있는지, 누가 운전자에게 새로운 만족을 줄 수 있는지가 중요하다는 의미다.

BMW는 버튼을 누르면 차량 색상이 바뀌는 전자잉크 기술을 적용했다. 흰색에서 검은색, 검은색에서 흰색으로 바뀌는 차량을 전시했다. 캐딜락과 볼보는 자율주행 기술을 내세웠다. 볼보는 라이다 개발 업체인 루미나와 함께 개발한 자율주행 기술 '라이드 파일럿'을 공개했다. 현대자동차는 아예 자동차와 직접 관계가 없는 로보틱스 및 메타버스를 발표 주제로 정했다.

글로벌 대형 모터쇼의 반격 가능성

성 사장은 기존 모터쇼의 반격이 기대된다는 말도 남겼다. 최근 몇 년간 글로벌 대형 모터쇼는 과거의 명성을 잃었다는 평가를 받았다. 주요 자동차 업체들이 모터쇼보다 CES에 공을 들여왔기 때문이다. 특히 미국 디트로이트모터쇼는 CES에 밀려 개최 시점을 옮기기도 했다.

하지만 전기차 기술이 어느 정도 올라선 현 시점에서 자동차 제조사들이 눈에 띄는 혁신을 선보이는 게 어려워졌고, 이번 CES를 기점으로 이러한 현상이 눈에 띄게 드러났다는 게 성 사장의 분석이다. 또 그만큼 기존 모터쇼가 CES를 재역전할 가능성도 있다고 성 사장은 강조했다.

글로벌 열관리시스템 시장 점유율

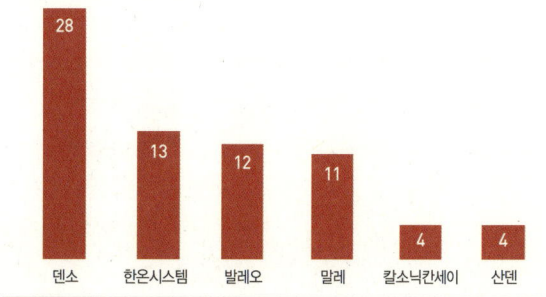

단위 %

덴소	한온시스템	발레오	말레	칼소닉칸세이	산덴
28	13	12	11	4	4

자료 한온시스템

SECTION 1 *Insight 7*

김동수 LG테크놀로지벤처스 대표
"5년 후면 일상이 모두 메타버스로"

> 김 대표는 "우리의 일상이 완전히 메타버스 세계화되기까지는 5~6년이 남았다"며 "현재의 플랫폼과 기술이 합쳐진 거대한 생태계가 조성돼야 한다"고 말했다.

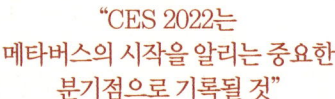

"CES 2022는 메타버스의 시작을 알리는 중요한 분기점으로 기록될 것"

김동수 LG테크놀로지벤처스 대표가 꼽은 CES 2022의 핵심 테마는 '메타버스'였다. 그는 "메타버스는 향후 10년을 좌우할 새로운 패러다임"이라며 "CES 2022는 그 흐름을 확인해 준 기회였다"고 말했다.

올해 CES 2022의 키워드 중 하나는 '메타버스'였다. 코로나19 이후 제페토, 포트나이트, 로블록스 등 엔터테인먼트 메타버스 플랫폼이 인기를 얻기 시작하면서 산업계에서도 메타버스에 대한 관심이 커지기 시작했다.

김 대표는 "게임, SNS 등 엔터테인먼트 영역에서 메타버스가 주목받으면서 가상세계라는 개념이 사람들에게 친숙하게 다가왔다"며 "여기서 그치는 것이 아니라 가상세계 '메타버스'가 사람들의 생활 깊숙이 들어올 수 있다는 것을 시사하고, 이는 산업계 전반으로 확산될 것으로 보인다"고 말했다. 이어 그는 "이런 트렌드가 올해 CES 2022에서 고스란히 나타났으며 기존 CES에서 보지 못했던 새로운 흐름"이라고 덧붙였다.

CES 2022에서 메타버스 트렌드를 주도한 주인공은 한국 대기업들이었다. 현대자동차는 '메타 모빌리티'라는 개념을 내세워 모빌리티 기기를 매개체로 가상세계를 경험할 수 있는 미래상을 제시했다. 삼성전자는 모빌리티 내 증강현실(AR) 프로그램을 가동하는 부스를 전시했다. LG전자는 부스 외관을 없애고 통째로 AR 전시장을 만드는 실험을 했다.

메타버스 트렌드를 이끌고 있는 메타, 애플, 구글 등이 참여했다면 CES는 더욱 메타버스 행사가 됐을 것이란 분석도 내놨다. 김 대표는 "현재 메타버스 트렌드에 가장 민감하게 반응하는 국가가 미국과 한국"이라며 "코로나19로 빅테크들이 참여했다면 메타버스가 향후 패러다임이 될 것이라는 분위기는 더 나타났을 것"이라고 말했다.

접속기기가 메타버스 이끈다

메타버스 관련 분야 중에서도 접속기기 부문에서 더 활발한 움직임이 감지됐다는 게 김 대표의 설명이다. 흔히 알려진 가상현실(VR) 기기, AR 기기는 코로나19 이후 시작된 메타버스 트렌드 이전에도 활발하게 연구되던 분야였다. 다만 모바일 기기 위주의 IT 생태계가 변하기엔 이른 시점이라 주목받지 못하고 있었다.

김 대표는 "메타버스가 주요하게 관심을 끌다 보니 AR 기기, VR 기기 등 메타버스로 접속하는 하드웨어 분야 기술들이 다시 주목받기 시작했다"며 "메타, 애플 등을 중심으

1.
LG전자 History of OLED Experience Zone에서 스마트폰을 통해 AR 올레드 조형물을 체험하고 있는 모습.

2.
기존 방식과 달리 머리 부분을 디스플레이가 감싸는 형태로 제작된 브릴리언의 VR 접속 기기.

로 글로벌 자본이 움직이는 시장이 됐기에 이 부문을 주목하는 것이 좋을 것"이라고 조언했다. 그는 이어 "메타버스의 핵심은 '현실과의 접속'이기에 현실과 같은 사용자 경험이 매우 중요하다. 이를 실현해줄 수 있는 것이 접속기기"라고 말했다.

김 대표는 이번 CES 2022에서도 접속기기 부문 유망 업체들이 다수 참가했다고 설명했다. 특히 미국 스타트업 브릴리언을 주목하고 있다고 말했다. 브릴리언은 VR 접속기기로, 기존 VR 기기의 문법과는 다른 접근을 하고 있다. HMD 형태로 제작되는 VR 기기들은 무거운 중량으로 원활한 사용자 경험을 제공하지 못했다.

브릴리언은 착용하는 HMD 형식이 아닌, 인접한 거리에서 머리 부분을 디스플레이가 감싸는 형태로 VR 기기를 제작했다. 브릴리언은 이번 행사에서 스타트업들이 밀집해 있는 유레카파크에서 전시를 진행했다.

"즉각적인 성과는 아직"

이번에 전시된 메타버스 관련 기술들이 아직까지 상용화에 도달한 수준은 아니라는 설명이다. 김 대표는 "CES 2022에선 각 기업이 자신들이 구상하고 있는 수준의 메타버스 플랫폼을 제시한 것일 뿐"이라며 "우리 일상이 완전히 메타버스에 빨려 들어가는 시점은 앞으로 5~6년은 남았을 것"이라고 말했다.

그는 "메타버스가 어느 정도 궤도에 올라서려면 파편화된 현재의 플랫폼과 기술이 하나로 합쳐지면서 거대 생태계가 조성돼야 한다"며 "조만간 이러한 흐름이 나타날 것이고, 2~3년 후 CES에서는 이런 흐름들을 목격할 수 있지 않을까 생각한다"고 말했다.

CES 최초로 이번 행사는 대체불가능토큰(NFT)과 관련된 기술도 선보였다. 아토믹폼, 인피니티오브젝트, 넷기어 등 NFT 관련 업체들이 다수 참여했다. 이에 대해 그는 "새로운 기술이 선보였다는 것에 의의가 있다"면서도 "다만 NFT는 메타버스 플랫폼이 들어서고 이 안에서 작동을 어떻게 할 수 있느냐가 핵심이다. CES 2022에 참여한 NFT 업체와 기술이 세상을 바꿀 것이라고 판단하기에는 아직 이르다"고 말했다.

SECTION 2
STAGE

TECH TREND

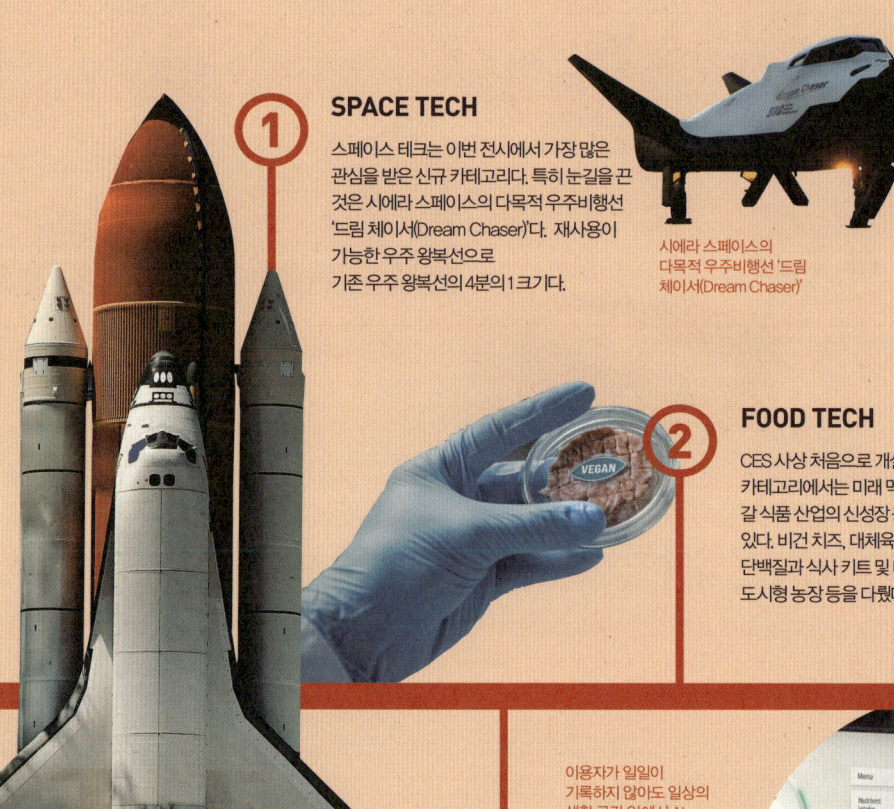

① SPACE TECH

스페이스 테크는 이번 전시에서 가장 많은 관심을 받은 신규 카테고리다. 특히 눈길을 끈 것은 시에라 스페이스의 다목적 우주비행선 '드림 체이서(Dream Chaser)'다. 재사용이 가능한 우주 왕복선으로 기존 우주 왕복선의 4분의 1 크기다.

시에라 스페이스의 다목적 우주비행선 '드림 체이서(Dream Chaser)'

② FOOD TECH

CES 사상 처음으로 개설된 푸드테크 카테고리에서는 미래 먹거리를 이끌어 갈 식품 산업의 신성장 동력을 확인할 수 있다. 비건 치즈, 대체육 등 식물 기반 단백질과 식사 키트 및 배달, 수직 농업, 도시형 농장 등을 다뤘다.

③ 이용자가 일일이 기록하지 않아도 일상의 생활 공간 안에서 AI 스캐너로 섭취한 음식 및 영양 성분을 자동으로 기록 및 분석하는 누비랩의 '오토 AI 푸드 다이어리 솔루션'.

HEALTH CARE

코로나19로 건강 관리에 대한 관심이 커진 가운데 100여 개 이상의 헬스케어 기업이 CES2022에 참가했다.

TOP 6

최신 IT·가전 제품과 트렌드를 한눈에 볼 수 있는 세계인의 축제 CES. 특히 이번 CES 2022에는 푸드테크, 스페이스테크, 블록체인, 헬스케어 등의 카테고리가 새롭게 추가돼 눈길을 끌었다.

⑥ NFT

올해 처음 마련된 카테고리로, 관련 콘퍼런스도 개최됐다. 삼성전자는 마이크로 LED, Neo QLED와 더 프레임 제품군에 NFT 플랫폼을 탑재해 집에서도 디지털 아트를 구매하거나 볼 수 있는 새로운 서비스를 도입했다.

④ MOBILITY

로봇과 모빌리티를 결합한 '로빌리티'(Robility · Robot+Mobility)'가 모빌리티 분야 기술 트렌드로 포착됐다. 현대차는 이번 CES에서 자동차보다 로봇을 전시 화두로 제시했으며, 로보틱스 기반의 모빌리티 플랫폼 '모베드'(MobED · Mobile Eccentric Droid)를 공개했다.

현대모비스의 e-코너 모듈이 탑재된 친환경 도심형 딜리버리 모빌리티 '엠비전 투고(M.Vision 2GO)'

⑤ METAVERSE

재택근무와 화상 수업 빈도가 잦아지면서 메타버스가 이번 전시의 주요 화두로 등장했다. LG전자는 VR·AR을 활용해 제품 체험과 볼거리를 제공하고 롯데정보통신은 가상 공간에서 실제와 같이 정밀하게 구현된 '나만의 집'을 선보였다.

SECTION 2 Stage 1

새로운 가전 기술로 만드는 더 나은 일상

: 글로벌 TV·가전 기업들은 CES 2022에서 예년과 다른 모습을 보여줬다. 과거에는 제품에 적용한 최첨단 기술의 수준을 보여주는 데 주력했다면, 올해는 소비자의 라이프스타일에 맞추기 위해 얼마나 노력했는지를 보여주는 데 집중했다.

TV와 가전은 더 이상 기능성 제품에 그치지 않고 예술과 취미를 즐길 수 있는 생활의 일부로 파고들었다. TV의 개념도 확장되고 있다. 소비자들은 방송사가 송출하는 콘텐츠를 보지 못하더라도 온라인동영상서비스(OTT)와 유튜브를 시청할 수 있다면 TV든 스크린이든 구분하지 않고 원하는 제품을 찾는 트렌드를 보여주고 있다. 오븐과 냉장고는 맞춤형 레시피 제시로 가족 건강을 책임지는 제품으로 거듭나는 중이다.

삼성전자 '더 프레임'으로 모나리자 감상
CES 2022 기간 동안 삼성전자 부스엔 예술 작품을 감상하려는 사람들로 북적였다. 삼성전자의 TV '더 프레임'으로 레오나르도 다 빈치의 '모나리자', 외젠 들라크루아의 '민중을 이끄는 자유의 여신' 등과 같은 명작뿐 아니라 루브르 피라미드, 튈르리 정원 등 박물관 건물과 풍경이 포함된 대표 작품을 감상할 수 있어서였다. 더 프레임은 TV를 시청하지 않을 때 미술 작품이나 사진을 스크린에 띄워 액자처럼 활용할 수 있는 TV다.
삼성전자는 꾸준히 더 프레임을 통해 볼 수 있는 예술 작품 수를 늘리고 있다. 지난해 말엔 리움미술관과 파트너십을 맺고 한국 고미술 작품

17점을 선보이기로 했다. 김홍도의 최고 걸작으로 꼽히는 '군선도'(국보), 고려 시대의 금속공예품 '청동 은입사 보상 당초 봉황문 합'(국보), 고려 시대의 '감지금은니 대방광불화엄경 권31'(국보), 조선 후기의 '경기감영도'(보물) 등 국보·보물 4점 등을 더 프레임으로 감상할 수 있게 됐다. 보존·안전상 이유로 유리 진열창 안에 설치해야 하는 고미술품의 특성상 관람객이 작품의 디테일을 살펴보기 어려운 경우가 많았다. 하지만 이번 파트너십으로 더 프레임의 화질과 큰 화면을 활용해 작품의 아름다움을 오랜 시간 감상할 수 있게 됐다. 소비자들은 더 프레임의 전용 아트 구독 플랫폼 '아트 스토어'를 통해 전 세계 40여 개의 유명 박물관·미술관이 제공하는 1600여 점의 예술 작품을 감상할 수 있다.

LG전자 이동형 스크린 'LG 스탠바이미'도 주목

LG전자의 이동식 스크린 'LG 스탠바이미'도 관심을 끌었다. TV에서 이용 가능한 다양한 콘텐츠를 간편하게 이용할 수 있고, 집 안 원하는 장소로 간편하게 이동해가며 시청할 수 있는 차별화된 콘셉트가 코로나19로 길어진 실내 생활에 익숙해진 소비자들의 취향과 맞아떨어졌다. LG 스탠바이미는 27형(대각선 길이 약 68㎝) 터치 디스플레이를 탑재했다. 화면 좌우를 앞뒤로 각각 65도까지 조정하는 스위블(Swivel), 위아래로 각각 25도까지 기울일 수 있는 틸트(Tilt), 시계 및 반시계 방향으로 각각 90도 회전하는 로테이팅(Rotating)을 지원한다. 높이도 최대 20㎝ 내에서 조정 가능해 시청 자세에 맞춰 화면

1.2. 삼성전자의 '더프레임'으로 1600여 점의 전 세계 유명 미술 작품과 사진을 감상할 수 있다.

3. LG전자는 원하는 장소에서 원하는 각도와 높이로 영상을 시청할 수 있는 이동식 스크린 '스탠바이미'를 선보였다.

3

'LG 스탠바이미' 특징

- **90도** 화면 회전 각도
- **27형** 터치스크린 크기
- **65도** 좌우 앞뒤로 조정할 수 있는 각도
- **3시간** 전원 연결 없이 사용 가능한 최장 시간
- **25도** 위아래로 기울일 수 있는 각도

위치를 자유롭게 조절할 수 있다. LG전자는 CES 2022를 기점으로 스탠바이미의 해외 출시도 확대한다. 홍콩, 싱가포르, 베트남 등 아시아 주요 국가에 순차적으로 출시한다. LG전자는 이미 최근 경북 구미에 있는 TV 생산 라인의 생산 능력을 끌어올렸다. 전량 구미 생산 라인에서 만드는 LG 스탠바이미의 월 생산량은 출시 초기와 비교해 세 배 가까이 늘었다.

LG전자는 애플의 운영체제(OS)인 iOS 기반 기기와 연동하는 애플 에어플레이(Airplay) 기능을 지원하는 소프트웨어도 업데이트하고 있다. 최근 카카오웹툰 서비스를 론칭하는 등 고객 취향을 고려한 서비스와 콘텐츠를 지속 확대하는 중이다. 시각장애인의 접근성을 높이는 음성안내 기능도 새롭게 추가했다. 이 기능을 활성화하면 고객이 리모컨으로 제품을 조작할 때 작동 상황과 선택한 앱에 대한 간단한 설명을 음성으

1. 인텔이 새로 선보인 12세대 코어 프로세서.
2. 리사 수 AMD 최고경영자가 온라인 콘퍼런스를 통해 라이젠 6000 프로세서를 공개했다.

로 제공해준다. 미라캐스트(Miracast)를 이용한 PC 연동 시에도 세로화면 모드를 이용할 수 있다.

가족 건강 책임지는 가전

LG전자는 CES 2022에서 스마트홈 플랫폼 '씽큐 레시피' 서비스를 선보였다. LG 씽큐의 스마트 키친 기능이 강화됐다. 소비자는 오븐, 전자레인지 등에 연동된 LG 씽큐 앱 레시피에 먼저 접속하면 된다. 레시피를 확인한 뒤 조리법을 원격으로 전송하거나 식단 계획을 작성할 수 있다. LG전자는 아마존 및 월마트와도 협업하기로 했다. 미국 소비자들이 더욱 편리하게 제품을 이용할 수 있도록 하기 위해서다. 씽큐 레시피를 아마존 프레시·월마트 앱과 연동해 소비자가 레시피나 요일별 식단을 카트에 담으면 결제까지 한 번에 할 수 있다.

또한, 미국 유명 레시피 기업인 사이드셰프의 도움을 받아 1만8000여 개 레시피와 음식 관련 콘텐츠를 제공하기로 했다. LG전자 식품과학연구소가 직접 개발하고 미국 현지 셰프가 검증한 레시피인 'LG 오리지널 시리즈'도 확대한다.

글로벌 노트북 업체들의 신제품에도 눈길이 쏠렸다. 중국 노트북 제조업체 레노버는 CES 2022에서 씽크패드 창립 30주년을 기념해 △씽크패드 Z13, 씽크패드 Z16 등 씽크패드 Z시리즈를 공개했다. AMD의 반도체 라이젠 프로 6000 시리즈를 장착해 경쟁력 있는 성능과 보안성을 제공한다는 게 회사 측 설명이다. 제품과 포장에 모두 재활용 플라스틱과 재활용 알루미늄 등을 사용했다.

대만 노트북업체 에이수스는 17인치 폴더블 제품을 선보였다. 에이수스 신제품 '젠북 17 폴드 OLED'는 펼치면 17인치, 접으면 12인치다. 크기에 따라 노트북과 태블릿 PC 등으로 활용할 수 있다. A4 용지보다 작은 디자인으로 휴대하기 수월하다는 평가를 받았다. 최첨단 인텔 중앙처리장치(CPU)와 16GB LPDDR5 등 최신 D램 및 솔리드스테이트드라이브(SSD)를 장착했다.

무너지는 CPU와 GPU의 경계

이번 CES 2022에서는 글로벌 CPU 시장에서 양강 구도를 형성하고 있는 인텔과 AMD의 맞대결도 볼만했다. 두 회사는 노트북 프로세서 신제품을 동시에 내놨다. 인텔은 1월 4일 미국 라스베이거스 만달레이베이호텔에서 CES 2022 온라인 기자간담회를 열고 PC·노트북용 신형 CPU를 소개했다. 인텔은 이번에 공개한

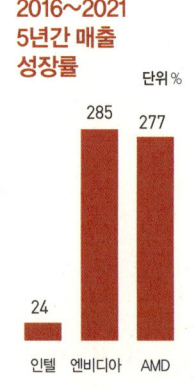

2016~2021
5년간 매출 성장률

단위 %

인텔 24
엔비디아 285
AMD 277

자료 factset

신제품 '코어 i9-12900HK'의 성능이 경쟁사인 AMD의 제품이나 애플의 독자 칩인 M1 맥스보다 앞선다고 강조했다. 자사의 기존 제품보다도 최대 28% 더 빠른 게임 성능을 제공한다고 설명했다.

AMD도 이날 온라인을 통해 라이젠 6000 시리즈 CPU 프로세서를 공개했다. 게임과 콘텐츠 제작을 위한 H시리즈 8종, 슬림 노트북과 컨버터블용 U시리즈 2종으로 구성됐다. 기존 제품보다 처리 속도가 11~28%가량 빨라졌다. AMD 관계자는 "라이젠 6000 시리즈는 탁월한 배터리 성능, 타의 추종을 불허하는 그래픽과 최적화된 PC 성능을 가져다줄 것"이라고 말했다.

이날 행사에선 CPU와 그래픽처리장치(GPU) 경계가 무너지고 있는 최근 반도체업계 트렌드도 엿볼 수 있었다. 인텔은 온라인 기자간담회에서 에이서, 델, HP 등의 PC에 탑재되는 신형 아크(Arc) 외장 GPU를 선보였다. 업계 관계자는 "그동안 엔비디아와 AMD가 지배해온 고사양 GPU 시장을 겨냥한 제품"이라고 평가했다. 엔비디아는 노트북용 GPU인 '지포스(GeForce) RTX 3080 Ti'로 맞대응했다. 이 제품은 기존 고사양 데스크톱용 제품보다 더 나은 성능을 제공한다고 엔비디아는 설명했다.

세계 최대 모바일통신 칩 업체인 퀄컴도 새로운 제품군을 대거 선보였다. 이 회사는 증강현실(AR) 글라스 등에 탑재될 AR 칩을 마이크로소프트(MS)와 공동 개발하기로 했다고 밝혔다. 이 칩은 앞으로 출시될 MS의 전력 효율을 높인 초경량 AR 글라스 등에 탑재될 예정이다.

▲ 삼성전자 전시관을 찾은 관람객들이 마이크로 LED TV를 살펴보고 있다.

INSIGHT

막 오른 프리미엄 경쟁…
뜨는 기술에 주가 움직인다

세계 최대 IT·가전 전시회 CES의 터줏대감 격인 TV와 생활가전의 존재감은 CES 2022에서도 굳건했다. TV(디스플레이 포함)·가전 분야 주요 참가 기업의 주가 동향에 대한 관심이 눈에 띄게 늘었다고 증권가에선 입을 모았다. AI와 IoT 기술로 구현한 '스마트싱스(Smart Things)'를 기반으로 TV와 가전, 모바일 제품까지 다양한 기기를 연결한 삼성전자가 대표적이다. 세계 최대 크기의 97형 OLED(유기발광다이오드) TV를 공개한 LG전자, 화질을 혁신한 차세대 OLED TV 패널 'OLED.EX'를 선보인 LG디스플레이도 눈길을 끌었다. 투자 전문가들은 TV·가전 분야 기술 혁신은 관련 주가 상승의 좋은 재료가 될 수 있다고 진단했다. 권성률 DB금융투자 연구원은 "매년 1월은 CES로 전기전자·디스플레이 업종이 주목받는다"며 "첨단 기술을 보여주면서 분위기를 환기시키는 데다 뉴스거리가 풍부하다"고 말했다. CES 2021 직후인 지난해 1월에는 전기전자·디스플레이 업종의 주가가 10% 이상 상승하기도 했다.

김지산 키움증권 리서치센터장은 "CES 2022에선 TV·가전업계의 차세대 프리미엄 경쟁이 본격화되는 것을 확인할 수 있었다"며 "TV는 QD-OLED, OLED, 마이크로 LED 등 각기 다른 차원의 강점을 가진 프리미엄 모델이 맞붙은 게 흥미로웠다"고 말했다. 프리미엄 TV 시장은 경기 불황의 영향을 덜 받고 수요가 꾸준하다는 게 장점으로 꼽힌다. 김 센터장은 "가전이 AI와 IoT 기술을 결합하면서 '스마트홈'의 진화를 앞당기는 흐름도 인상적인 부분"이라고 했다. 그는 "스마트홈이 진화하면서 집을 넘어 자동차에서도 존재감 있는 역할을 할 수 있다는 미래를 보여줬다"며 "자율주행차 시대가 오면 자동차는 곧 '움직이는 집'이 되고 그 안에서 가전의 쓰임새가 더 많아질 것"이라고 덧붙였다. 김선우 메리츠증권 연구원은 "그동안 상당수 가전업체가 연결성에 초점을 맞춰 가전을 묶어오다 한층 더 완성된 형태의 스마트홈 플랫폼을 보여줬다"며 "단순 연결에 그치지 않고 사용성이 더 좋아지도록 만든 게 의미가 있다"고 말했다. 김 연구원은 "향후 스마트홈은 연결, 자동화 작업, 선제적 자동화 작업으로 전개될 것으로 예상한다"며 "현재 연결과 자동화 작업의 중간 단계에 와 있다"고 분석했다.

투자 관점에서 TV는 '프리미엄', 가전은 '스마트홈' 진화 추이를 살펴보라는 조언이 이어졌다. 김지산 센터장은 "TV는 차세대 디스플레이 시장 성장세가 어떨지를 눈여겨볼 만하다"며 "가전 분야는 향후 스마트홈에 로봇을 연결하는 식의 기술 진화에 상승 모멘텀이 있을 것"이라고 말했다.

SECTION 2 *Stage 2*

모터쇼 방불케 한 CES 현장

: CES의 별칭 '라스베이거스 모터쇼'.
미래 비전을 제시하는 신기술 모빌리티를 만나보자.

CES의 별칭은 '라스베이거스 모터쇼'이다. 이는 해마다 모빌리티 관련 신기술이 대거 등장해 얻은 명성이다. 올해는 주요 완성차 업체들이 현장 참가를 취소했음에도 모빌리티 업계가 추구하는 기술 변화의 바람을 느끼기엔 충분했다. 특히 현대자동차는 '메타 모빌리티'라는 새로운 미래 비전을 제시해 가장 혁신적이었다는 평가를 받았다.

자동차 프레임 벗어 던진 현대자동차

라스베이거스 컨벤션센터(LVCC) 웨스트홀에 마련된 현대차 부스에는 행사 내내 관람객이 길게 늘어섰다. 현대차는 앞서 발을 뺀 경쟁 업체들과 달리 총수인 정의선 회장이 직접 발표자로 나와 로보틱스와 메타버스를 결합한 메타모빌리티 등으로 궁극적 이동의 자유를 실현하겠다는 포부를 밝혔다.

현대차는 앞으로 자율주행차, UAM(도심항공모빌리티) 등 새로운 이동수단이 가상과 현실을 연결하는 접점이 되고, 특히 로보틱스가 두 영역을 잇는 매개체가 될 것으로 봤다. 자동차는 가상 공간에 접속하는 스마트 디바이스가 되고, 사용자는 자동차 내 실제 같은 가상 공간에서 다양한 경험을 할 수 있다. 가상 속 현실에 접속하는 것도 가능하다. 사용자가 메타버스에

자율주행차 시장 전망

단위 조원

국내
0.1 (2020년) → 15.3 (2030년)

단위 억달러

세계
70 (2020년) → 6565 (2030년)

자료 KPMG

구축된 가상의 집에 접속하면 현실에 있는 로봇을 통해 반려동물에게 먹이를 주고, 산책도 할 수 있다. 이런 구상을 드러내듯 현대차 부스에는 자동차 대신 어떤 사물에든 부착해 이동성을 제공하는 '플러그 앤 드 드라이브 모듈(PnD 모듈)'과 '드라이브 앤드 리프트 모듈(DnL 모듈)'이 적용된 소형 모빌리티 플랫폼 '모베드', 보스턴다이내믹스의 로봇 개 '스폿'과 인간형 로봇 '아틀라스' 등이 자리를 잡았다. 현대차의 메타 모빌리티는 올해 CES를 관통한 두 키워드인 로봇과 메타버스를 모두 아우른다는 점에서 변화의 흐름을 가장 빨리 포착했다는 찬사가 나왔다.

차 대신 플랫폼·SW 파는 GM·스텔란티스

미국을 대표하는 전통의 완성차 회사 제너럴모터스(GM), 스텔란티스 등은 플랫폼·소프트웨어(SW) 기업으로 변신하겠다고 선언했다. 자율주행 전기차로 대표되는 미래차 시대를 맞아 단순 기계 조립 기술만으로는 경쟁에서 도태될 것

이라는 판단에서다.

메리 배라 GM 회장은 영상 기조연설에서 "GM은 지난 10년간 선제적인 투자로 자동차 회사에서 플랫폼 혁신가로 전환하고 있다"고 말했다. GM은 그러면서 전기차 하드웨어 플랫폼 얼티엄과 소프트웨어 플랫폼 얼티파이를 내세웠다. 대형 물류·유통업체 페덱스·월마트 등 기업 고객을 대상으로 플랫폼을 통해 맞춤형 모빌리티를 판매하기로 했다.

GM은 얼티엄 플랫폼으로 설계해 전기차로 재탄생시킨 간판 픽업트럭 '실버라도 EV'도 공개했다. 자율주행 비전도 제시했다. 고속도로는 물론 도심에서도 자율주행이 가능한 '울트라 크루즈'를 내년부터 럭셔리 브랜드인 캐딜락의 플래그십 세단 셀레스틱에 적용할 방침이다.

스텔란티스는 세계 최대 전자상거래 업체 아마존과 손잡고 커넥티드 소프트웨어 개발에 나선다고 발표했다. "'모빌리티 테크' 회사가 되기 위해 아마존과 손잡겠다"는 것

1. 현대차그룹 웨어러블 로봇 'VEX'.
2. 미국 전기차 업체 피스커의 전기차.
3. 현대차그룹 인공지능 서비스 로봇 'DAL-e'.
4. 스텔란티스가 마련한 전기차 전시관.

이 카를로스 타바레스 스텔란티스 최고경영자(CEO)의 설명이다. 스텔란티스는 아마존의 인공지능(AI)을 이용해 소프트웨어 플랫폼 'STLA 스마트콕핏'을 개발하고, 아마존은 내년부터 스텔란티스의 상용 전기차 램 프로마스터를 배송 시스템에 배치하기로 했다.

1000㎞ 전기차 벤츠·색깔 바뀌는 전기차 BMW

메르세데스벤츠, BMW 등 독일의 자동차 강호들은 깜짝 놀랄 기술로 반전을 예고했다. 벤츠는 한 번 충전으로 1000㎞를 달릴 수 있는 차세대 콘셉트 전기자동차 '비전 EQXX'를 온라인으로 최초 공개했다. 콘셉트카지만 현존하는 전기차 중 가장 긴 주행거리를 달성했다. 보통 500㎞ 안팎인 기존 전기차 주행거리의 두 배에 이른다.

업계는 벤츠가 단순히 배터리 크기를 키우는 방식으로 주행거리를 늘린 것이 아니라는 점에 주목하고 있다. 비전 EQXX의 배터리 용량은 약 100kWh로, 시판 중인 S클래스급 대형 전기세단 EQS의 배터리 용량과 비슷하다. 그럼에도 주행거리가 EQS의 두 배가 넘는 것은 전기 구동 시스템 효율을 크게 높인 덕분이다. 비전 EQXX의 에너지 효율은 kWh당 약 9.6㎞로 기존 전기차 전비(내연기관 기준 연비)의 두 배 이상이다. 벤츠 관계자는 "초고효율 전기 구동 시스템이 배터리에서 나오는 에너지의 95%를 바퀴로 전달한다"며 "가장 효율적인 내연기관 구동 시스템이 30%에 그치는 점을 감안할 때 월등히 높은 수치"라고 말했다.

벤츠는 배터리 팩도 완전히 바꿨다. 배터리 셀은 기존 중국의 CATL 제품을 적용한 것으로 보이지만, 이를 묶은 팩의 크기와 무게를 크게 줄였다. 배터리 팩의 크기는 기존 팩의 절반에 불과하며, 무게는 30% 더 가볍다는 게 벤츠의 설명이다.

BMW는 원하는 대로 차량 색깔을 바꿀 수 있는 'iX 플로우' 콘셉트카를 공개했다. 버튼을 누르면 차량이 흰색에서 검은색으로 바뀌는 '카멜레온 카'다. BMW가 공개한 색상 변경 시연을 보면 차량 색상이 바뀌는 데 약 5초가 걸린다. 차량 외관 색깔이 전면부터 후면으로 서서히 바뀌기도 하고 앞문, 뒷문, 앞 차체, 뒤 차체 등 부품의 색상이 각각 변경되기도 한다.

iX 플로우의 색상이 자유자재로 바뀌는 것은 전자잉크 기술 덕이다. BMW는 iX 플로우의 윤곽에 맞춰 재단한 래핑(포장)에 특수 색소를 지닌 수백만 개의 마이크로 캡슐을 탑재했다. 색상 변경 버튼을 누르면 전기장에 자극이 일어나면서 음전하를 띤 흰색 색소와 양전하를 띤 검은색 색소가 각각 차체에 모여 색깔이 바뀐다. 색

1.
BMW의 전기 콘셉트카 'iX 플로우'.
2.
메르세데스벤츠의 전기 콘셉트카 '비전 EQXX'.
3.
소니가 공개한 전기 SUV 콘셉트카 '비전 S-02'.

상을 바꾸고 유지하는 데 전기를 쓰지 않는다는 게 회사 측 설명이다.

소니도 전기차 출품, 산업 간 장벽 사라져

산업 간 장벽이 사라지는 장면도 이번 CES에서 자주 목격됐다. 대표적인 사례가 일본 전자업체 소니다. 소니는 올해 전기차 자회사 '소니모빌리티'를 설립한다고 발표하며 전기차 시장에 도전장을 냈다. 요시다 겐이치로 소니 사장은 전기 스포츠유틸리티차량(SUV) 콘셉트카 '비전-S 02'를 공개하며 "차량에 40개 센서를 장착하는 등 안전을 1순위로 여겼다"고 밝혔다. 비전-S 02는 5G(5세대)를 도입해 차량 시스템과 클라우드의 연결 속도가 기존보다 빨라졌다. 차량에 주로 쓰이는 통신망인 3G 또는 4G보다 데이터를 처리하는 속도가 수십 배 빨라진다. 현재 5G를 도입한 차는 BMW의 플래그십 전기차 iX가 유일하다. 업계에서는 소니가 비디오 게임, 영화, 음반 등 엔터테인먼트 사업도 하고 있는 만큼 차량용 인

INSIGHT

전기차 전환 속도, 미래차 신기술이 자동차 주가 가른다

올해 'CES 2022'의 관전 포인트는 완성차 업체의 반격이다. 그동안 주가 상승세는 테슬라 등 전기차 스타트업이 주도해왔다. 하지만 완성차 업체가 전기차 전환에 속도를 내면서 주가 향방이 달라지고 있다. 주도주를 찾는 방법은 간단하다. 전기차 전환 계획을 구체적으로 갖췄는지, 전기차 전환 속도에 따라 명암이 엇갈리고 있어서다. 제너럴모터스(GM)는 CES 2022에서 전기차 전환 전략을 발표하며 시장의 관심을 받고 있다. 지난해 41% 뛴 GM 주가가 더 오를 수 있다는 관측이 나오는 배경이다. 작년 136% 주가가 상승한 포드의 핵심 차량은 전기 픽업트럭 'F-150 라이트닝'이다. 생산 목표대수인 15만 대보다 많은 주문이 들어오는 등 인기가 폭발했다. 포드가 이에 맞는 생산 능력을 확충하겠다고 밝히면서 전기차 전환 속도가 빠르다는 평가를 받고 있다. GM도 CES에서 전기 픽업트럭 실버라도를 공개하며 시장의 주목을 받고 있다. 미국에서 픽업트럭 판매량은 연간 300만 대로 전체 신차 판매의 20%에 달한다. 포드는 내년까지 전 세계적으로 전기차 60만 대를 생산할 계획을 발표해 테슬라에 이어 두 번째로 큰 전기차 기업이 되겠다는 목표를 세웠다. CNBC 주식 평론가 짐 크래머는 "포드는 픽업트럭에 관해서는 테슬라보다 앞서 있다"며 올해 포드 주가가 더 오를 수 있다는 전망을 내놨다.

도요타는 영업이익률이 10%를 넘는 기록적인 수익을 올려 지난해 주가가 32% 뛰었다. 다만 전기차 전환이 다소 느린 만큼 속도를 내야 주가가 더 상승할 것으로 보인다. 폭스바겐은 2025년 2000만원대 전기차 'ID 라이프' 출시를 계획하는 등 대중 전기차 분야에 강점을 지니고 있다.

시장 경쟁이 심해지면서 테슬라, 리비안, 루시드 등 미국 전기차 '3인방'의 주가는 다소 주춤하고 있다. 다만 테슬라는 올해 약 150만 대를 판매할 것으로 전망(독일 투자은행 도이체방크)되는 등 주가가 더 오를 것으로 내다보는 전문가들이 많다. 소프트웨어, 자율주행 등 미래차 분야에서 경쟁력을 갖추기 위해 지속적으로 투자하는지 살펴보는 것도 중요한 투자 포인트다. 차량의 전자·제어장치 등 소프트웨어 무선 업데이트(OTA) 범위를 넓히고 자율주행 데이터를 쌓아가는 기업이 살아남을 수 있다는 분석이 지배적이다. 김진우 한국투자증권 연구원은 "지금은 시장의 관심이 전기차 경쟁력에 쏠려 있으나 이후엔 미래 성장 동력으로 옮겨갈 것으로 보인다"고 말했다.

포드의 전기 픽업트럭 'F-150 라이트닝'.

포테인먼트 분야에서 두각을 나타낼 수 있다는 전망이 나온다. 소니는 자율주행차의 눈 역할을 하는 이미지 센서도 생산하고 있다.

올해는 글로벌 기업 간 자율주행 기술 경쟁이 달아오를 전망이다. 현대차는 고속도로나 자동차 전용도로에서 운전자가 핸들을 잡지 않아도 되는 레벨 3 자율주행차를 올 하반기 출시한다. 첫 적용 차량은 고급 브랜드 제네시스의 플래그십 세단 G90다. 현대차는 레벨 3 적용을 위해 차량에 라이다(LiDAR)를 장착하기로 했다. 자율주행차 시장을 선도하고 있는 테슬라는 카메라로만 자율주행을 구현한다는 전략이어서 '기술 표준' 경쟁도 불가피할 전망이다.

중국 전기차 1위 BYD는 최근 자율주행 스타트업 모멘타와 합작회사 '디파이즈싱'을 설립했다. 미국 인텔의 자율주행 사업부인 모빌아이는 전 세계로 로보택시 시범서비스를 확대하고 있다. 일본 기업의 레벨 4 자율주행차 상용화 목표는 우리보다 빠르다. 도요타는 전기차 'e-팔레트'로 레벨 4 자율주행을 실현할 계획이다.

SECTION 2 Stage 3

AI·IoT·5G
모든 제품과 서비스에 스며들다

CES 2022에는 혁신적인 AI 기술과 5G를 기반으로 구현한 IoT 기술·솔루션을 공개한 기업들이 대거 참여해 미래 생활을 책임질 시장의 흐름을 선보였다.

CES 2022를 주최한 미국 소비자기술협회(CTA)의 스티브 코닉 리서치담당 부사장은 1월 3일 한 언론 인터뷰에서 "올해 CES에선 인공지능(AI)과 5G(5세대) 이동통신이 어디에나 있을 것"이라고 예고했었다. 그의 말대로였다. CES 참여 기업 가운데 AI와 5G를 언급하지 않은 회사를 찾기가 어려웠다.

산업 전반의 범용 기술로 자리 잡은 AI

AI는 로봇, 메타버스, 드론, 헬스케어 등 첨단 산업은 물론 가전, 자동차, 농업 등 전통 산업에까지 광범위하게 활용되고 있다. "AI가 이제는 산업 전반의 범용 기술이 됐다"는 평가가 나오는 이유다. 시장조사기관 IDC는 2020년 2900억달러 규모였던 세계 AI 시장 규모가 올해는 4100억달러로 커질 것으로 보고 있다.

세계 최대 농기계 업체 존디어는 AI 딥러닝(심층학습)으로 잡초와 농작물의 차이를 감지해 잡초에만 제초제를 뿌리는 '시&스프레이(See&Spray)' 기술을 선보였다. 미국 드론 기업 스카이디오는 실시간 3차원(3D) 지도 작성, 물체 인식, 장애물 회피, 조종사 지원 등 대다수 기능에 AI를 접목한 드론 신제품 '스카이디오 2+'를 공개했다. 삼성전자는 미래 가정의 모습으로 AI 아바타가 가전 제품 원격 제어는 물론 고객의 위

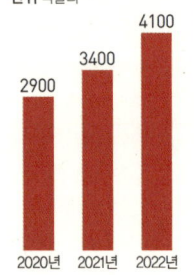

세계 AI 시장 규모
단위 억달러
2020년 2900
2021년 3400
2022년 4100
자료 IDC

치를 실시간 파악해 그때그때 필요한 도움을 주는 그림을 제시했다.

AI가 회사의 DNA까지 바꿔놓는 사례도 등장했다. 독일 보쉬가 대표적이다. 자동차부품·공구 제조 회사로 잘 알려진 보쉬는 AI와 사물인터넷(IoT)이 결합된 AIoT 기업으로의 진화를 선언했다. 탄야 뤼케르트 보쉬 최고디지털책임자(CDO)는 CES 2022 기간에 기자회견을 열고 "현재 보쉬의 최우선 사업 전략은 AI와 IoT"라며 "미국, 독일, 인도, 중국 등에 AI 센터를 운영하며 200개 이상의 AI 프로젝트를 진행 중"이라고 말했다. 대표 사례로 국제우주정거장(ISS)에서 운영 중인 '사운드시(SoundSee)' 센서를 들었

다. 사운드시는 AI로 ISS 주변 소음을 감지하고 시설 정비 필요 여부를 알려준다. 이런 음향인식 AI 기술을 의료 분야에도 응용했다. 뤼케르트 CDO는 "어린이의 폐 소리를 AI가 진단해 천식 등 질병을 예견하는 '오디오 AI' 솔루션을 개발했다"고 말했다.

반도체 기업 엔비디아는 AI를 기반으로 종합 컴퓨팅 기술 회사로 나아가고 있다. CES 2022에서도 혁신적인 AI 기술·솔루션을 여럿 선보였다. 노트북 설계 과정에서 AI로 CPU·GPU·배터리 등 성능을 극대화시키는 '맥스큐 4', 전작보다 AI 성능이 두 배 가까이 향상된 그래픽카드 'RTX 3090 Ti' 등이 대표적이다.

약진하는 AI 스타트업

AI 스타트업의 약진도 두드러졌다. 캐나다의 ASI는 스타트업으로는 이례적으로 CES 2022에서 기자회견을 열고 AI 솔루션 '폴리'를 소개했다. 폴리는 웹과 SNS의 빅데이터를 수집, 분석해 시장의 흐름을 예측한다. 폴리는 2016년 영국 브렉시트 국민 투표 여부와 2019년 캐나다 연방 선거 결과 등을 맞혀 유명해졌다. 에린 켈리 ASI CEO는 "올해 폴리 서비스를 본격 상용화한다"며 "기업들의 수요·판매 예측, 마케팅·광고 효과 향상

1. 셍LED가 선보인 IoT 센서 기반 헬스케어 스마트전구.
2. 제프 피셔 엔비디아 부사장이 최신 그래픽카드 '지포스 RTX 3090 Ti'를 공개했다.
3. 보쉬가 우주국제정거장(ISS)에서 운영 중인 IoT 센서 시스템 '사운드시'.
4. 스타트업 소말리틱스가 공개한 IoT 방식 바닥 매트 '소마센스'.
5. 삼성전자가 선보인 AI 스마트홈 솔루션 'AI 아바타'와 '삼성봇'.

등에 큰 도움이 될 것"이라고 말했다.

일본의 퍼스트어센트가 전시한 아기용 스마트기기 '아이넨'도 관람객의 관심을 끌었다. 아이넨은 AI로 아이의 울음 소리를 분석해 우는 이유를 알려준다.

한국의 AI 스타트업도 대거 CES에 참가했다. 딥브레인AI, 마인즈랩, 노타, 수퍼톤, 솔트룩스, 셀렉트스타, 코코넛사일로, 나무기술, 세이프웨어 등이다. 딥브레인AI와 마인즈랩은 'AI 휴먼' 기술로 잘 알려진 기업이다. AI 휴먼은 실제 사람의 목소리·말투·몸짓 등을 그대로 모사하는 AI다. 최근 국내에서 화제가 된 'AI 윤석열'이 AI 휴먼 기술로 만들어진 것이다. 두 회사는 AI 휴먼이 사람과 의사소통까지 할 수 있는 AI 은행원, AI 선생님 등도 개발 중이다. 이들은 CES 2022 전시를 계기로 세계 시장 진출을 적극 꾀할 계획이다.

딥러닝(심층학습), 자연어처리 등 기술 기반으로 다양한 AI 서비스를 제공하는 솔트룩스는 개인 맞춤형 정보 검색 서비스 '딥시그널'과 가상 인간 제작 기술, AI 고객센터 등을 선보였다. 수퍼톤은 AI 기반 목소리 변환·창작 기술, 셀렉트스타는 AI 개발을 위한 데이

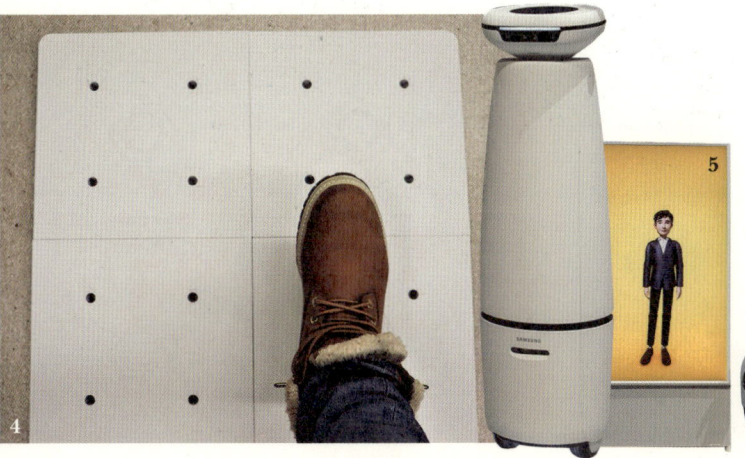
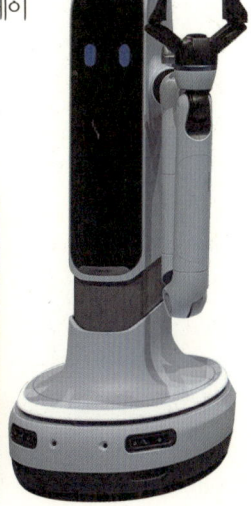

터 최적화 기술, 코코넛사일로는 AI 디지털 물류 플랫폼 '코코트럭' 등을 세계 무대에 알렸다.

5G로 더 강해진 IoT

모든 디지털 기기가 사람과 인터넷으로 연결되는 시대가 오고 있다. IoT가 어디서나 구현되는 이른바 '만물인터넷(IoE)' 시대다. 5G는 사람과 사물을 연결해 빠르고 끊김 없는 서비스를 제공하는 '혈관' 역할을 한다. CES 2022에서 자신들의 제품·서비스를 5G를 기반으로 구현한 혁신적인 IoT 기술이 대거 소개됐다.

전자기업 소니는 전기 스포츠유틸리티차량(SUV) 콘셉트카 '비전-S 02' 공개와 함께 차량에 5G를 도입한다고 발표했다. 상용화하면 BMW의 플래그십 전기차 iX에 이어 세계 두 번째로 5G를 도입한 차량이 된다. 각종 차량 시스템과 클라우드 연결 속도를 높이기 위해 5G를 채택했다는 게 소니 측 설명이다. 모빌리티 분야를 비롯해 보안, 헬스케어, 제조 분야에서도

1. 삼성전자가 공개한 5G 스마트폰 신제품 '갤럭시 S21 팬에디션(FE)'.
2. 일본 AI 기업 퍼스트어센트의 아기용 AI 헬스케어 기기 '아이넨'.

5G를 활용한 IoT 혁신 사례가 잇따랐다. IoT 디바이스 중엔 일상 속 행동을 비대면·원격으로 할 수 있는 것이 많았다. 올해 온라인으로만 CES에 참여한 구글은 IoT 장비 간 연결을 더 빠르게 하는 '패스트 페어' 기능을 확대한다고 발표했다. 안드로이드 TV와 각종 웨어러블 기기, 스마트홈 디바이스 등에 이를 적용한다. 안드로이드 운영체제(OS) 기반 스마트폰에 초광대역 통신 기술을 적용해 자동차 문을 원격

으로 잠그고 열 수 있는 기능도 추가한다. 첫 협업기업은 BMW다. 구글은 이 같은 IoT 기능을 더 많은 완성차 기업 차량에 적용할 방침이다.
중국 스마트조명기업 셍LED(SengLED)는 스마트워치 등 웨어러블 기기를 차지 않아도 수면 패턴과 체온, 심박수 등을 측정해주는 스마트 전구를 선보였다. 미국 워싱턴대 연구진이 설립한 스타트업 소말리틱스는 센서 디바이스 두 종을 내놨다. 터치 없이 손놀림만으로 디지털 기기를 제어할 수 있는 3D 제스처 모니터 '소마컨트롤', 사람의 무게나 걸음걸이를 감지해 분석하는 바다 매트 '소마센스'다. 소말리틱스는 "통신 기반 센서는 적외선 방식보다 속도가 더 빠르다"며 "앞으로 인간과 기계 간 거의 모든 상호작용에 적용할 수 있는 차세대 터치리스 기술이 될 것"이라고 밝혔다.

5G 스마트폰 시장의 확대

5G 통신이 지원되는 5G 스마트폰 신제품도 여럿 공개됐다. 삼성전자의 '갤럭시 S21 팬에디션(FE) 5G', TCL의 '30V 5G'와 '30XE 5G', 노키아의 'G400' 등이다. 이들 제품의 공통점은 가격이 상대적으로 낮은 보급형 5G 스마트폰이라는 점이다.
갤럭시 S21 FE 5G는 699달러이며 G400은 239달러에 불과하다. 30V 5G 가격은 공개되지 않았으나 300~400달러가 유력하다. 5G 서비스가 확대되면서 중저가 5G 스마트폰이 커지고 있는 시장 흐름을 보여줬다는 평가다. 스마트폰 업계에선 올해 5G 스마트폰 대중화가 본격화될 것이란 예상이 많다.
시장조사업체 카운터포인트리서치는 2022년 세계 5G 스마트폰 판매량이 2021년(5억8000만 대)보다 39% 늘어난 8억700만 대에 이를 것으로 내다봤다. 이렇게 되면 처음으로 5G 스마트폰 판매량이 전체 스마트폰의 50%를 넘어선다.

INSIGHT

성큼 다가온 초연결시대, 5G 시장 커진다

초연결·메타버스·자율주행 시대 핵심 인프라로 꼽히는 5G이동통신은 지난해 코로나19 여파로 기대만큼 투자가 활성화되지 못했다. 하지만 작년 말 미국에서 상황을 반전시킬 만한 신호들이 잇따라 켜졌다. 미국 의회는 지난해 11월 1조달러 규모 인프라 예산 법안을 통과시켰다. 같은 달 마무리된 3.4~3.5㎓ 대역의 5G 주파수 대역 경매에선 AT&T, 티모바일 등 통신 대기업의 5G 인프라 투자에 대한 강한 의지가 확인됐다. 여기에 CES 2022에서도 주요 글로벌 기업이 5G 인프라에 대한 중요성을 강조하면서 올해는 5G 투자가 크게 늘어날 것이란 기대가 커지고 있다.
미국을 포함한 글로벌 5G 인프라 투자가 확대되면 국내 5G 네트워크·장비 기업이 수혜를 볼 것으로 전망된다.
김홍식 하나금융투자 연구위원은 "올해 미국에서 본격화될 3.5㎓ 대역 5G망은 국내에선 2019년부터 주력으로 추진해왔던 분야"라며 "국내 기업의 기술력과 경험이 풍부해 해외 물량 수주가 늘어날 것으로 기대된다"고 말했다.
김 연구위원은 "세계적인 기술력을 보유한 RFHIC, 이노와이어리스 등의 성장세가 두드러질 것"이라고 했다. RFHIC는 5G 기지국 필수 부품인 트랜지스터, 전력 증폭기 등에서 독보적인 기술력을 갖고 있다. 이노와이어리스는 소형 통신 기지국인 5G 스몰셀 분야에 강하다. 고영민 신한금융투자 연구원은 "5G 프런트홀(기지국 안테나의 데이터 신호를 분산장치로 전송하는 장비) 등을 만드는 에이치에프알도 올해 수출 실적이 증가할 것으로 보인다"고 말했다.
SK텔레콤, KT, LG유플러스 등 통신 3사는 지난해 모두 영업이익 증가율이 10%를 넘었다. 5G 서비스 가입자가 늘어난 영향이 컸다. 아직 5G 통신 보급률은 50%가 안 된다. 여전히 가입자 증가 여지가 크기 때문에 올해도 통신 3사의 수익 성장 흐름은 계속될 가능성이 높다. 전문가들은 통신 3사 가운데서도 배당 확대 가능성이 큰 KT의 투자 매력이 상대적으로 크다고 내다봤다. 인공지능(AI) 분야는 AI의 성능을 획기적으로 올리는 '초거대 AI 모델' 개발 경쟁이 올해 눈여겨봐야 할 트렌드로 거론된다. 현재 구글, 마이크로소프트(MS), 엔비디아, 네이버, LG전자, SK텔레콤, KT 등이 초거대 AI를 개발 중이다. 여기서 획기적인 성과를 거두는 기업이 AI 시장 주도권을 잡을 가능성이 크다는 전망이 나온다. 정호윤 한국투자증권 연구원은 "AI 벤처기업 가운데는 바이브컴퍼니, 솔트룩스, 원티드랩 등의 성장 가능성이 커 보인다"고 말했다.

TV 속으로, 액자 속으로…
NFT 예술품이 들어온다

블록체인 산업을 뜨겁게 달구고 있는 대체불가능토큰(NFT)이 CES에 상륙했다. 과거에는 블록체인 관련 전시 주제가 이력 추적, 보안과 암호화폐 결제, 채굴 등에 집중됐으나 올해는 NFT로 무게중심이 확 쏠렸다.

미국 소비자기술협회(CTA)는 지난해 '암호화폐'였던 토픽 명칭을 올해 '암호화폐&NFT'로 바꿨다. 디지털 콘텐츠에 '진품 인증'을 붙여 투명하게 거래할 수 있게 하는 NFT는 미술, 게임, 스포츠, 패션 등 전방위로 확산하고 있다. 블록체인 정보 분석업체 체이널리시스에 따르면 지난해 NFT 거래 대금은 410억달러(약 49조원)를 기록했으며, 1만달러 미만 거래가 전체의 75% 이상을 차지했다. 소수의 큰손 위주에서 벗어나 다수의 개인이 폭넓게 진입하는 시장으로 자리 잡고 있다는 평가가 나온다. CES 2022에서는 이런 흐름을 반영하듯 누구나 NFT 구매, 관리, 감상 등을 손쉽게 할 수 있도록 도와주는 기기들이 다양하게 등장해 눈길을 끌었다.

NFT 가전으로 새 틈새시장 열리나

CES 2022에서 혁신상을 받은 미국 아토믹폼의 '아토믹폼 웨이브'는 NFT 예술품을 벽에 걸어 감상할 수 있는 27인치 4K LCD(액정표시장치) 디스플레이다. 다채로운 디지털 미술 작품으로 집안을 갤러리처럼 꾸미길 원하는 틈새 수요를 공략했다. 단단한 단풍나무 틀을 두른 액자 형태가 고급스러운 느낌을 준다. 이 제품은 암호화폐 지갑과 연동해 이용자가 보유한 NFT

의 정보와 소유권을 확인할 수 있는 기능도 갖췄다. 아토믹폼 웨이브의 가격은 1337달러로 매겨졌는데 비트코인 0.030751개, 이더리움 0.397개 등 암호화폐로 지급할 수도 있다. 아토믹폼은 NFT 하드웨어·소프트웨어를 개발하는 업체로 회사 측은 "외관은 파인아트 프레임을 연상시키지만 유연한 블록체인 기술을 활용해 소비자들이 자신의 작품을 완벽하게 제어할 수 있도록 했다"고 소개했다.

미국의 하드웨어 제조업체 넷기어는 CES 2022에서 암호화폐 지갑 서비스 '메타마스크'와 제휴를 발표했다. 넷기어의 디지털 액자 '뮤럴' 신제품에서는 웹 플랫폼에 메타마스크 지갑을 연동해 디스플레이에 표출할 NFT 작품을 선택할 수 있게 된다. 넷기어는 최근 NFT 플랫폼 에이싱크아크와 손잡고 연간 69.95달러의 예술품 구독 서비스를 선보이기도 했다.

TV로 NFT를 구매하다

삼성전자와 LG전자는 TV에 NFT 거래 플랫폼을 접목하기로 했다. 삼성전자는 CES 2022에서 올해 스마트TV 신제품 라인업 '마이크로LED' '네오 QLED' '더 프레임'에 세계 최초로 NFT 마켓플레이스를 탑재할 예정이라고 발표했다. 거실에서 TV로 NFT를 검색해 구입하는 것이 가능해진다. 다양한 NFT 거래 장터에서 데이터를 가져와 TV에 맞게 볼 수 있고, 작품 정보와 해설도 확인할 수 있다.

LG전자 역시 NFT 플랫폼을 탑재한 TV를 내놓겠다는 구상을 밝혔다. 삼성과 LG는 세계 TV 판매량의 30% 이상을 차지하는 만큼 NFT의 저변 확대에 크게 기여할 것이라는 전망도 나온다. 한글과컴퓨터그룹도 부스에서 NFT 갤러리를 시연했다. 가전업계 관계자는 "TV 화질이 예술 작품을 감상할 수 있을 정도로 좋아졌고 디지털 작품에 대한 관심이 확산하는 추세"라며 "소비자들에게 새로운 경험을 선사하는 동시에 NFT 마켓플레이스를 통해 새로운 수익화 가능성도 모색할 수 있다"고 말했다.

더 빠르고 편리한 NFT 거래

기존 블록체인 전문 업체들도 분주하게 움직였다. 글로벌 암호화폐 파생상품거래소 FTX는 CES 2022 부스에서 솔라나(solana) 네트워크를 기반으로 구축한 NFT 거래 플랫폼을 소개했다. 미국 블록파티는 창작자들이 작품을 손쉽게 토큰으로 발행할 수 있도록 도와주는 NFT 제작 서비스를 공개했다. 발행 시 가스비(네트워크 이용 수수료)가 전혀 없는 게 특징이다.

FTX와 블록파티는 NFT 시장에서도 불붙고 있는 '플랫폼 주도권 경쟁'을 엿볼 수 있는 사례들이다. 현재 NFT 거래는 오픈시(opensea)를 비롯한 소수의 마켓플레이스가 독점하고 있으며 이들은 주로 이더리움 네트워크를 활용하고 있다. 후발주자들은 기존 플랫폼보다 저렴한 수수료, 빠른 속도, 편리한 사용법을 내세워 점유율 확대를 노리고 있다.

암호화폐를 보관하는 디지털 지갑 역시 NFT 유행에 맞춰 업그레이드되고 있다. 대만의 블록체인 보안업체 쿨비트X는 NFT 기능을 추가한 신제품 '쿨월렛 프로'를 공개했다. 비트코인, 이

숫자로 본 가상자산 시장

1만5829개
가상자산 종류 수

446개
가상자산 거래소 수

9억1700만개
비트코인 계좌 수

2590억달러
디파이 예치 자산

65개
블록체인 유니콘 기업

자료 비트고·더블록리서치

세계 암호화폐 시가총액
단위 억달러

연도	시가총액
2017년	179
2018년	6073
2019년	1274
2020년	1925
2021년	7784
2022년	2조2171

자료 코인마켓캡

1.2.3. 미국 넷기어는 암호화폐 지갑 메타마스크와 제휴를 맺고 디지털 액자 '뮤럴'에 NFT를 지원하기로 했다.

1.
CES 2022에서 열린 '암호화폐 해독하기' 세션.

2.
'NFT, WTF' 세션에서 레슬리 실버맨 유나이티드탤런트에이전시 디지털자산 총괄(왼쪽)과 에릭 칼데론 아트블록스 최고경영자(CEO)가 토론하고 있다.

3.
삼성전자 부스에서 관람객들이 '더 프레임'으로 NFT 갤러리를 살펴보고 있다.

4.
NFT 예술품을 벽에 걸 수 있는 미국 아토믹폼의 디지털 액자 '아토믹폼 웨이브'.

더리움, 테더 등 주요 암호화폐를 보관할 수 있는 것은 물론 오픈시, 라리블 등 유명 NFT 마켓플레이스와도 연동이 가능하다. 간편하게 휴대할 수 있는 신용카드 크기의 하드웨어 지갑인데, 블루투스를 활용해 스마트폰과 연결할 수도 있다.

디파이, 캐즘 극복 과제에 직면하다

CES 행사에 가상자산이 처음으로 본격 등장한 것은 2015년이었다. 비트코인 한 개에 200달러 남짓하던 때다. 최근 비트코인 가격은 4만 달러대를 기록하고 있다. 세계 암호화폐 시가총액은 지난해 첫날 7784억달러에서 올해 첫날에는 2조2171억달러로 불어났다. 1만5829종의 코인이 446개 거래소에서 거래되고 있는 거대 생태계로 진화했다. 콘퍼런스 세션에 참석한 업계 전문가들은 가상자산이 '거품'이라는 오명을 완전히 지워내지 못했지만, 전통 산업을 혁신할 수 있는 잠재력을 점차 보여주고 있다고 평가했다. 코인을 맡기고 이자를 받거나 대출할 수 있는 디파이(DeFi·탈중앙화금융) 역시 기존 금융권에 큰 파장을 불러올 수 있는 분야로 꼽힌다. 금융회사를 끼지 않고 사실상 대부분의 금융거래를 할 수 있다는 점에서다. '현금이여 안녕' 세션에 참석한 마이클 터핀 트랜스폼그룹 최고경영자(CEO)는 "올해는 디파이가 '캐즘(chasm·초기시장에서 주류시장으로 넘어가기 전 침체기)'을 넘는 중요한 해가 될 것"이라고 말했다.

'암호화폐 해독하기' 세션에 참석한 투샤르 나드카르니 셀시우스네트워크 최고성장제품책임자(CGPO)는 "암호화폐에 대한 전통 금융회사들의 대응은 엇갈리고 있다"며 "일부는 트렌드에 맞춰 진화하고, 일부는 적극적으로 마찰을 일으키고 있다"고 했다. 셀시우스는 이용자 150만 명을 거느린 디파이 서비스다. 자신들을 '대형 은행에서 버림당한 공정한 이자율, 제로수수료, 빠른 거래를 큐레이션한 플랫폼'이라고 소개하고 있다.

팬덤과 창작자 잇는 매개체

NFT는 콘텐츠 소비자를 창작자와 연결하고 참여를 유도하는 매개로 활용 가치가 높다는 데 전문가들 의견이 일치했다. '크립토 측면의 크리에이터 경제' 세션에 참석한 스콧 잔헬리니 WWE 신사업 담당 총괄은 "오디션 프로그램 '아메리칸 아이돌'에 대선보다 많은 사람이 투표

INSIGHT

블록체인 산업 판도를 뒤바꿀 NFT 열풍

올해 블록체인 산업의 화두는 대체불가능토큰(NFT)의 수익화다. NFT는 기초자산이 없는 일반적인 암호화폐와 달리 콘텐츠 소유권을 넘기고 수익을 낸다는 점에서 콘텐츠 회사나 투자자에게 하나의 비즈니스 모델로 자리 잡을 가능성이 높다는 평가다.

NFT로 활용할 콘텐츠를 많이 갖춘 기업으로는 하이브 등 엔터테인먼트 회사가 꼽힌다. 하이브는 소속 아티스트가 참여한 웹툰·웹소설·게임 등을 NFT로 기획 중이다. 박다겸 하이투자증권 연구원은 "NFT화한 콘텐츠를 판매한다는 것은 저작권이 아니라 소유권만 넘긴다는 뜻"이라며 "저작권료를 받던 기존 수익 모델은 유지하면서 NFT로 판매하는 수익 모델이 하나 추가되는 엔터사들이 수혜를 보게 될 것"이라고 설명했다.

거래 플랫폼을 어느 회사가 장악하느냐도 관전 포인트다. 하이브는 제작한 NFT를 사고팔 수 있는 NFT 거래 플랫폼을 두나무와 함께 미국에 설립할 예정이다. JYP 역시 두나무와 함께 NFT 전문 합작법인을 만들어 관련 아이템을 꾸리고 있다. NFT 제작은 하이브와 JYP, 유통은 두나무가 맡는 구조다. 두나무는 비상장사여서 국내에 상장된 NFT 거래소는 없지만, 해외에서는 코인베이스가 1분기나 2분기 안으로 NFT를 거래할 수 있는 마켓플레이스를 개설할 예정이다.

게임 내 아이템을 NFT로 제작하는 게임 제작사도 늘어나고 있다. NFT로 제작된 아이템·캐릭터는 게임 공간 속 암호화폐로 사고팔면서 현금화도 가능하다. 게임사는 거래 수수료로 수익을 얻는 동시에 아이템·캐릭터의 가치도 높일 수 있다. 위메이드는 미르4에 NFT로 제작한 아이템을 암호화폐 위믹스로 사고팔 수 있는 P2E(Play to Earn) 모델을 접목해 월 매출이 지난해 8월 10억원에서 3개월 뒤인 11월에 약 300억원으로 크게 늘었다.

이창영 유안타증권 연구원은 "게임 개발력이 우수하고 유명 지식재산권(IP)을 보유했거나, 이미 출시한 NFT 게임이 있어 사용자가 계속 증가하는 게임을 보유한 기업이 혜택을 많이 받을 것"이라고 말했다. 엔씨소프트와 펄어비스, 크래프톤 등이 유명 IP를 보유한 게임사로 꼽힌다.

개별 NFT를 투자 관점에서 접근하기에는 이르다는 평가가 많다. 박다겸 연구원은 "타인이 얼마나 지불할 의향이 있느냐에 따라 자산 가치가 정해진다"며 "개별 NFT에 대한 투자는 본인이 그 콘텐츠에 굉장한 확신이 있어야 할 것"이라고 지적했다.

미국 뉴욕 타임스스퀘어 전광판에 등장한 미국 암호화폐거래소 코인베이스.

했다"며 팬덤 기반 NFT 사업의 전망을 밝게 내다봤다. 프로레슬링으로 잘 알려진 WWE는 선수 이미지와 경기 동영상을 NFT화하는 등 블록체인에 적극 뛰어들고 있다. 그는 "이용자경험(UX)을 얼마나 쉽게 개선할 수 있는지가 NFT 대중적 확산의 관건"이라고 지적했다.

'NFT, WTF' 세션에 나온 에릭 칼데론 아트블록스 CEO는 "NFT가 예술계에 끼친 중요한 영향 중 하나는 2차 시장에 대한 통제권을 창작자에게 돌려준 것"이라고 했다. NFT 콘텐츠는 2차, 3차 재판매가 가능하며 창작자는 이 과정마다 추가 수익을 얻을 수 있다.

암호화폐 관련 상장사들

기업명	특징
하이브	두나무와 함께 미국에 NFT 거래소 설립 예정. 소속 아티스트가 참여한 웹툰·게임 등을 개발.
미스터블루	1867개 웹툰 지식재산권(IP) 보유. 웹툰·게임 IP활용한 NFT 사업.
엔씨소프트	'리니지' '길드워' 등에 NFT 및 P2E 기능 탑재 전망.
카카오게임즈	자회사 프렌즈게임즈가 NFT 게임 개발 경험을 보유한 웨이투빗과 합병. NFT 기반 디지털자산 거래소 추진.
컴투스홀딩스	암호화폐 C2X 발행 및 NFT 게임 '크로매틱소울:AFK레이드' 출시 예정.
비덴트	암호화폐거래소 빗썸 주주사.

SECTION 2 Stage 5

대세가 된 헬스케어
존재감 커진 푸드테크

: 헬스케어는 CES 행사가 해를 거듭할수록 그 위상이 높아지고 있는 분야다. 올해엔 CES 역사 최초로 헬스케어 기업이 키노트 메인무대의 한 자리를 차지했다. 100여 개가 넘는 헬스케어 기업들이 CES에 참가해 신기술을 선보였다.

2019년 말 유행하기 시작한 코로나19는 오미크론 변이로 전 세계를 팬데믹(감염병 대유행) 상황에 몰아넣었다. 헬스케어 산업은 팬데믹 영향을 크게 받았다. 그간 그다지 큰 관심을 끌지 못했던 진단키트 기술이 대거 등장했다. 지난해엔 당뇨 등 만성질환자를 대상으로 한 원격의료 기술이나 투약 없이 환자를 치료하는 디지털 치료제가 각광받았다면 이번 행사에서 일상에서 건강 관리를 도와주는 서비스와 가상현실(VR), 휴머노이드 등을 접목한 의료 기술이 눈길을 끌었다. 대체육, 주방로봇 등 푸드테크는 올해 처음으로 CES의 핵심 주제로 선정됐다.

대중화된 코로나19 진단, 더 간편하고 더 빠르게
CES 개막이 임박한 1월 3일 미국 코로나19 하루 신규 확진자 수가 사상 처음으로 100만 명을 넘었다. 이번 행사에선 애보트의 자가진단키트가 참가자들에게 무료로 공급돼 화제가 되기도 했다. 코로나19 유행 3년차에 접어든 지금도 여전히 진단키트가 헬스케어 산업의 핵심 아이템으로 남아 있다는 방증이다.
코로나19 진단 키트는 '더 쉽고, 더 빠르게' 진단 결과를 확보하는 쪽으로 진화하고 있다. 옵티브 사례가 대표적이다. 이 회사는 날숨을 이용해 5초면 검사 결과를 확인할 수 있는 진단기기

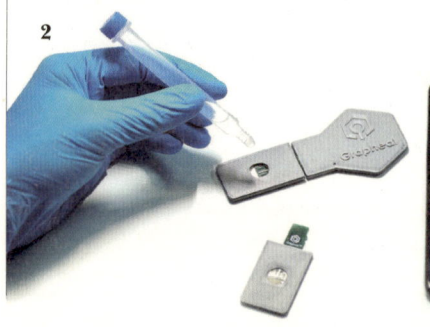

1.
헬스케어 기업 '옵티브'의 CES 전시장 부스의 모습. 날숨을 통해 코로나19 감염 여부를 확인할 수 있는 진단기기 '바이러원'을 선보였다.

2.
그랩힐의 신속진단키트인 '테스트&패스'. 스마트폰의 NFC 포트를 이용해 코로나19 감염 여부를 확인할 수 있도록 했다.

'바이러원'을 선보였다. 권총 모양의 디바이스로 카트리지를 교체해 반복 사용이 가능하다. 총구 위치에 산소호흡기 형태로 날숨을 포집하는 부품이 장착돼 있다. 손잡이를 접을 수 있어 휴대도 쉽다. 미국 식품의약국(FDA)에 긴급사용허가(EUA) 심사도 신청했다. 옵티브는 미국 국립보건원(NIH)을 통해 100% 정확도를 확인받았다는 점을 강조하고 있다.
그랩힐은 스마트폰에 연결된 NFC 포트에 끼워 검사 결과를 확인할 수 있는 신속항원진단키트 테스트앤패스로 최고혁신상을 받았다. 휴대용 USB 메모리 크기로 스마트폰 크기의 절반만 한 기존 자가진단키트보다 훨씬 작다. 별도 장

비 없이 스마트폰으로 검사 결과를 5분 안에 알 수 있다. 휴대가 간편하고 스마트폰으로 신속하게 결과를 확인할 수 있어 공항, 공연장, 전시회 등 대형 시설에서 방역패스 용도로도 활용 가능하다.

영역 넓힌 원격 모니터링

원격의료 필수 기술인 생체정보 모니터링의 방식도 다양해지고 있다. 비나흐는 별도 검사 장비 없이 노트북, 스마트폰, 태블릿에 달린 카메라를 이용해 혈압을 측정할 수 있는 기술을 선보였다. 사용자가 카메라를 응시하면 인공지능(AI)이 1분 이내에 맥박, 혈압, 산소포화도, 호흡수, 스트레스 지수 등의 지표를 산출한다. 국내 기업인 스카이랩스는 반지 모양으로 된 의료기기로 심전도와 맥박을 측정한 결과를 스마트폰 앱으로 보여주는 제품을 선보였다.

이번 CES에 참가한 원격 모니터링 기업들이 의료 분야가 아니라 일상 영역에 초점을 두고 있다는 점도 눈길을 끈다. 케어프레딕트는 시계 형태로 된 고령자 대상 모니터링 기기인 '케어보이스'를 공개했다. 기기는 착용자의 행동 변화를 인지해 식사를 거르거나 침대에 지나치게 오래 누워 있는 등의 신체 이상 징후를 포착한 뒤 가족이나 간병인에게 알려준다.

이 밖에 RTL이노베이션은 조산사, 치료 전문가 등과 채팅이 가능한 임산부 모니터링 앱을, ITRI는 반려견 건강 모니터링 기기로 목에 부착해 심박 수, 호흡, 활동량 등을 확인하는 서비스를 공개했다.

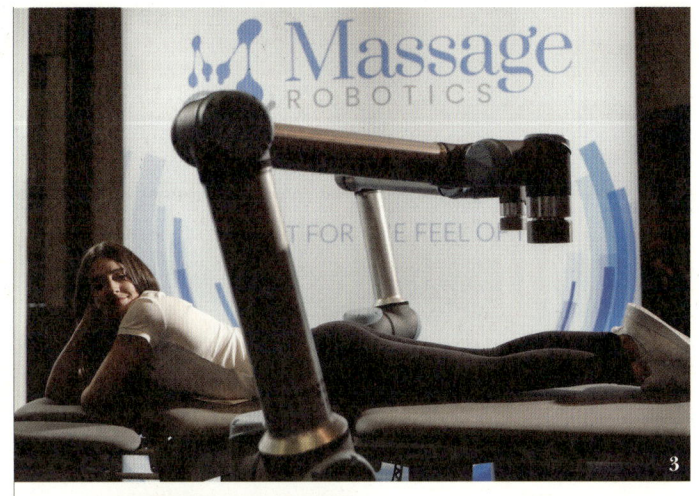

3. 마사지로보틱스의 마사지 로봇.

4. 10마인즈의 코골이 개선용 베개인 '모션필로우'. 수면자의 머리 위치와 코골이 소리를 감지한 뒤 자동으로 수면자의 머리 위치를 교정한다.

5. 슬립넘버가 공개한 스마트 침대 시스템. 쾌적한 수면을 도와줄 뿐만 아니라 건강 상태도 모니터링해 스마트폰 앱으로 표시해 준다.

에어백 탑재한 베개, 환자 모방하는 휴머노이드 도입도 '성큼'

일상에서 건강 개선에 도움을 주는 아이템도 많았다. 수면 관리 기능을 접목한 침구류가 그렇다. 슬립넘버가 선보인 스마트 침대 '360 스마트베드'는 침대에 장착된 센서를 통해 주변 기온, 맥박, 호흡 주기 등을 측정한다. 주변 환경과 수면자의 상태에 따라 자동으로 조명을 조절하고 주변 소음을 차단한다. AI로 수면 시간·효율 등의 분석 결과도 알려준다. 10마인즈는 침대가 아닌 베개에 초점을 맞췄다. 이 회사는 사용자의 머리 위치와 코골이 소리를 감지한 뒤 베개 내부의 에어백을 이용해 수면자의 머리 위치를 바꿔주는 베개로 혁신상을 받았다. 마사지로보틱스는 누워 있는 사람에게 개인별 맞춤 마사지를 제공하는 로봇을 공개했다.

의료 분야에서 새로운 가능성을 제시한 기업들도 있다. 일본 로봇회사인 톰수크는 응급상황 조치 교육용으로 활용할 수 있는 휴머노이드인 '페디아로이드'로 취재진의 이목을 끌었다. 키 110㎝짜리 아동 형상을 한 이 로봇은 팔다리를 꿈틀거리면서 비명을 지르고 가짜 피를 흘린다.

아이메디신은 헤드셋 하나로 전 연령의 뇌파 검사가 가능한 의료기기 '아이싱크웨이브'를 전시했다. 기존 뇌파 검사기와 달리 젤을 쓸 필요 없이 건식 검사가 가능하다.

대체육·주방로봇…CES에 처음 등판한 푸드테크

푸드테크가 올해 CES의 핵심 주제로 선정된 것은 팬데믹과 기후변화의 가속화로 사람들이 건강과 환경에 좋은 음식을 찾기 시작했기 때문이다. 농산물 재배부터 음식 배달까지 식품의 생산·제조·유통·배송 등 가치사슬 전반을 혁신하는 푸드테크가 미래 핵심 산업으로 떠오르고 있다.

푸드테크에 대한 관심이 높아지고, 기술 진화 속도가 빨라지면서 투자도 큰 폭으로 늘었다. 피치북에 따르면 2021년 상반기 세계 푸드테크 스타트업 투자금액은 160억달러(약 19조원)로 2020년 전체 투자액의 86%에 달한다. 마이크로소프트(MS) 설립자인 빌 게이츠 등 세계 '큰 손'들이 임파서블푸드 등 다양한 푸드테크 기업에 투자하고 있다. 글로벌 푸드테크 시장 규모

1. 코로나 바이러스 감염을 막아주는 비전세미콘의 '안티 바이러스 테이블'.
2. 비전세미콘의 바리스타 머신이 만든 커피를 딜리버리 로봇이 운반하고 있다.
3. 아이메디신이 공개한 뇌파 측정기 '아이싱크브레인'.

는 2027년까지 3420억달러(약 410조원)를 넘어설 전망이다.

CES에 참가한 대표적인 푸드테크 기업은 임파서블푸드다. 2011년 실리콘밸리에서 창업한 기업으로, 콩과 같은 재료로 식물성 고기를 만든다. 소를 직접 사육·도축할 때보다 땅과 물을 적게 사용하고 온실가스 배출도 줄일 수 있다. 임파서블푸드는 스테이크, 치킨은 물론 수산물, 우유, 달걀 등 차세대 대체식품 생산에 속도를 내고 있다.

글로벌 대체식품 시장이 커지면서 임파서블푸드의 기업가치는 40억달러(약 5조원)를 넘어섰다.

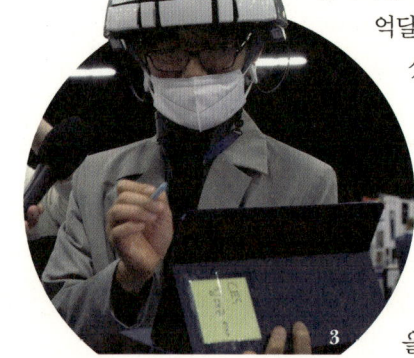

국내 기업 가운데서는 네이버가 투자한 푸드테크 스타트업 누비랩이 '오토 AI 푸드 다이어리'를 소개했다. AI 스캔 기술을 적용해 식재료 관리

INSIGHT

신기술만 보고 헬스케어 투자 판단은 경계⋯ 사업성 있는 디지털헬스 기업 골라내야

헬스케어 산업에 투자할 때는 일반 제조업종을 바라볼 때와는 다른 관점을 가질 필요가 있다. 일반 제조업과 달리 제품 개발에서 상업적 성공으로 이어지는 데 오랜 시간이 걸리는 분야이기 때문이다. 사람의 신체를 대상으로 하는 만큼 안전성과 효능을 엄격히 검증해야 시장 진입이 가능해서다. 건강보험이 정부 주도로 잘 마련된 국내와 달리 미국에선 민간 보험사와의 가격 협상 성과에 따라 사업성이 크게 달라진다는 점도 변수다. 이 때문에 그간 CES에서 혁신상을 받았던 헬스케어 제품·서비스 중에선 상업적 성공을 거둔 사례를 찾기 어려웠다. 기존 제품보다 뛰어난 편의성이나 정확도를 내세우는 진단 제품을 내놓더라도 실제 수익을 낼 만한 사업 모델과 임상 단계가 진척이 됐는지를 따져볼 필요가 있다.

해외 헬스케어 기업들을 분석할 땐 신기술이 어느 단계까지 성숙됐는지를 알아보는 게 좋은 투자 포인트가 될 수 있다. 웨어러블 제품을 이용해 만성 질환을 관리하는 경우가 그렇다. 키노트 연설을 맡은 애보트는 이미 웨어러블 혈당측정 솔루션을 주력 제품으로 앞세워 꾸준히 수익을 내고 있다. 옴론헬스케어는 웨어러블 혈압계를 이용한 환자 모니터링 서비스를 제공 중이다. 인슐렛은 웨어러블 자동 혈당 주입기를 세계 최초로 개발해 공급하고 있다.

웨어러블 의료기기 산업의 성장은 원격의료와

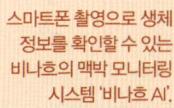

스마트폰 촬영으로 생체 정보를 확인할 수 있는 비나흐의 맥박 모니터링 시스템 '비나흐 AI'.

도 맞닿아 있다. 원격의료를 구현하기 위해선 환자가 가정에서 편하게 자신의 건강 상태를 측정할 수 있는 웨어러블 기기나 모니터링 기기가 구현돼 있어야 한다. 코로나19 확산으로 지난해 원격의료업체들이 각광을 받았지만 실제 그만큼 주가가 오르지 못했던 이유도 이 같은 이유에서다. 원격의료 수요가 폭증할 수 있는 시장 여건이 마련됐지만 아직은 상당수 원격의료 기술이 상용화 수준과는 거리가 있다. 원격의료 기업들이 반전 분위기를 만들어갈지가 올해 헬스케어 시장의 주요 관전 포인트다. 김충현 미래에셋증권 연구원은 "지난해 원격의료 시장은 막 열리기 시작한 단계임에도 경쟁 심화로 저평가된 측면이 있다"며 "매출 증가세가 이어지면서 기술 적용 영역이 넓어지고 있는 만큼 앞으로의 시장 흐름을 지켜볼 만하다"고 말했다. 이어 "인공지능(AI)을 소프트웨어에 접목한 디지털헬스 기업 중에서도 주목할 만한 기업들이 나올 것"이라고 전망했다.

디지털헬스 시장 규모 (단위 억달러)
- 2020년 / 2027년
- 전체: 1525 / 5088
- 모바일헬스: 864 / 2531
- 디지털헬스시스템: 447 / 1652
- 헬스케어 분석: 156 / 524

자료: GIA, 한국보건산업진흥원

부터 영양 정보, 음식물 쓰레기 감축 방법 등을 제공하는 서비스다. 국내 로봇 스타트업 비욘드 허니컴은 'AI 셰프 솔루션'을 선보였다. 김민지 셰프 등 한국 유명 셰프의 요리법을 학습해 똑같은 음식을 만들어내는 로봇이다.

SK그룹은 CES에서 푸드트럭을 운영하며 직접 투자한 푸드테크 기업 제품을 관람객에게 제공해 눈길을 끌기도 했다. 대체육으로 만든 핫도그와 대체우유로 만든 아이스크림이다. 핫도그는 SK㈜가 80억원을 투자한 미트리스팜 제품이었다. 아이스크림은 1200억원을 투자한 퍼펙트데이가 만들었다.

SECTION 2 *Stage 6*

ESG와 만난 스마트팩토리 이제 환경까지 챙긴다

: 생산부터 유통, 폐기, 재활용 과정에까지 '탈(脫)탄소'를 이행할 수 있는 지속가능한 기술력이 기업의 미래를 좌우할 것이다.

글로벌 기업들은 CES 2022에서 지속가능한 성장을 위한 녹색기술과 스마트팩토리를 잇따라 선보였다. 제품 생산부터 유통, 폐기 및 재활용에 이르는 전 과정에서 녹색기술 적용을 통해 탄소배출을 줄이겠다는 계획이다. 탄소를 일절 배출하지 않는 수소발전 기술도 잇따라 선보였다. 이번 CES 2022를 통해 '탈(脫)탄소'가 기업들의 미래 경쟁력을 결정한다는 점을 재확인했다는 분석이 나온다. CES를 주최한 미국소비자기술협회(CTA)는 지속가능한 기술을 올해 트렌드 중 하나로 꼽았다. CTA는 "지속가능한 기술은 앞으로 크게 성장해 나갈 분야"라며 "푸드테크, 스마트홈, 스마트시티 등 관련된 모든 기술이 지속가능한 성장에 기여할 것"이라고 강조했다. SK그룹 등 국내 기업들도 CES에서 외국 기업과의 전략적 협업을 통한 스마트팩토리 구축에 박차를 가하고 있다는 점을 세계에 알리는 데 주력했다.

에너지 절감하는 혁신기술

프랑스 자동화 기기업체 슈나이더일렉트릭은 이번 CES에 해양 플라스틱으로 만든 에너지 솔루션을 최초 공개해 눈길을 끌었다. 슈나이더는 올해 CES에서 스마트홈, 지속가능성 부문 등에 걸쳐 총 네 개의 혁신상을 받았다. 슈나

6% 성장
글로벌 수소 시장
연평균 성장률

1.
생산효율을 높이고
탄소배출량도 줄일 수
있는 포스코의
스마트공장 개념도.
2.
폐어망을 수집해 만든
슈나이더일렉트릭의
'Merten'.

이더일렉트릭 관계자는 "지난해 산불 및 고온으로 인한 정전, 한파로 인한 전력난이 잇따랐다"며 "지속가능한 가치가 재조명되고 있는 지금이야말로 진정한 변화를 꾀할 수 있는 시기"라고 강조했다.

슈나이더일렉트릭은 기존 플라스틱 재질과 같은 견고함을 유지하면서도 세련된 디자인을 앞세운 해양 플라스틱인 '머튼(Merten)'을 선보였다. 유엔에 따르면 800만t의 폐플라스틱이 전 세계 해양 생태계를 파괴하고 있다. 슈나이더일렉트릭은 머튼으로 만든 폐어망을 앞세워 해양 플라스틱을 수집해 재활용한다는 방침이다. 폐어망은 해양 플라스틱 폐기물 중 10%가량을 차지한다. 슈나이더일렉트릭은 새 해양 플라스틱을 통해 매년 64만t의 폐어망을 수거할 수 있을 것으로 기대하고 있다.

슈나이더일렉트릭은 가정 내 지속가능한 발전을 위한 스마트홈 솔루션인 '와이저 에너지 센터(Wiser Energy Center)'도 선보였다. 인공지능(AI) 기반으로 에너지를 생산, 저장, 분산 및 모니터링할 수 있다. 에너지 강도를 자유롭게 조절할 수 있고, 낭비 에너지도 줄일 수 있다. 이뿐만 아니라 배터리·발전기를 포함한 대체전력으로 손쉬운 전환도 가능해 비용도 절감할 수 있다. 이 같은 제어 기능을 통해 전기료 및 냉·난방비 등을 기존 대비 최대 50%까지 줄일 수 있다는 것이 슈나이더일렉트릭의 설명이다.

슈나이더일렉트릭이 선보인 스마트팩토리를 위한 에코스트럭처는 사물인터넷(IoT)을 기반으로 효율적인 에너지 관리와 자동화 공정을 최적화하는 기술 플랫폼이다. IoT 기반으로 디바이스 간 통신이 가능한 커넥티드 제품과 모션 드라이브, 파워 모니터링 엑스퍼트(PME) 및 PLC 등의 에너지 컨트롤 등이 가능한 플랫폼이다. 이를 통해 생산뿐 아니라 관리·운영 전반에 걸쳐 혁신적인 스마트화를 지원한다.

특히 증강현실(AR)을 활용하면 가동 중인 복잡한 기계 설비를 직접 조작하거나 패널을 열어보지 않아도 각종 기기 및 설비의 운전 상태를 모니터링, 점검할 수 있다. 기계 가동 중단 없이 쉽고 안전하게 조작이 가능하다는 설명이다.

CES 2022에선 가정용 태양광 설치 비용을 획

5000억달러

2030년 수소 산업 투자 규모

2

기적으로 낮출 수 있는 태양광 지붕널(solar shingles)도 소개돼 관심을 끌었다. 미국 지붕 제조업체 GAF는 태양광 지붕 '팀버라인 솔라(Timberline Solar)'를 이번 CES에서 소개했다. GAF는 설치 작업을 단순화해 설치 비용을 줄이고, 냉각기 없이도 오랜 기간 견디는 태양광 셀을 활용해 효율성과 내구성을 높였다. 현재 가정용 태양광 시장을 주도하고 있는 테슬라의 강력한 경쟁자가 될 전망이다. GAF 관계자는 "경쟁 제품 대비 설치 비용을 50% 이상 줄일 수 있다"고 설명했다.

친환경 수소에너지 생산

미국 수소에너지 기업 플러그파워도 SK그룹과 함께 CES에 참석해 스마트팩토리 기술을 선보였다. SK그룹의 수소·에너지 자회사인 SK E&S는 지난해 SK㈜와 함께 플러그파워에 약 1조8000억원을 투자해 최대주주 지위를 확보했다. 아시아 사업을 위한 합작법인도 설립했다. 합작법인 지분율은 SK E&S가 51%, 플러그파워가 49%다. 합작법인은 2024년까지 수소 연료전지, 수전해 설비 등 수소사업과 관련된 핵심 설비를 대량 생산하는 '기가 공장 및 연구개발 센터'를 수도권에 짓는다.
생산한 수소 연료전지와 수전해 설비를 국내 및 아시아 시장에 공급할 계획이다. 기가 공장에서는 연료전지 중에서도 고분자선해실형 연료전지를 생산할 예정이다. 고분자전해질형 연료전지는 높은 에너지 효율을 갖추면서도 저온에서 작동하는 장점이 있다. 또 액화천연가스(LNG)와 액화석유가스(LPG)를 연료로 사용하는 기존 연료전지와 달리 수소를 직접 주입하는 방식이라 친환경 발전원으로도 주목받고 있다.

플러그파워는 스마트팩토리 구축을 위해 지난해 7월 테슬라 출신 제조 공정 전문가를 영입하기도 했다. 공정 효율화를 통해 대량 양산 시기를 앞당기기 위해서다. 플러그파워는 미국 네바다주에 있는 테슬라 공장 운영을 책임졌던 데이비드 마인드니치 전 수석이사를 제조 담당 부사장으로 선임했다.

마인드니치 부사장은 제조 과정 전반을 효율화·현대화해 생산 시설 성능을 최대한으로 끌어올리는 역할을 맡았다. 제조공정 자동화 팀은 앤드루 J 마시 플러그파워 최고경영자(CEO) 직속 부서로 운영된다. 총 450명의 직원이 있으며 해당 팀은 내년까지 1000명 규모로 확대될 전망이다. 플러그파워가 마인드니치 부사장의 대량 제조, 프로세스 개선 및 자동화에 대한 풍부한 경험을 살려 수소 연료전지 업체로서의 브랜드 강화에 나섰다는 분석이 나온다.

플러그파워는 수소 시장 확대에 발맞춰 생산 시설을 늘리는 데도 열을 올리고 있다. 지난해 2월에는 미국 뉴욕에서 북미 최대 규모의 친환경 수소 생산 공장 건설에 나섰다. 뉴욕 공장은

1. GAF가 설치한 태양광 지붕 '팀버라인 솔라'.
2. 미국 수소에너지 기업 플러그파워의 수소연료전지 파워팩 '젠드라이브'.
3. 플러그파워 액화수소 저장탱크.

18%
2050년 수소가 세계 에너지 수요에서 차지하게 될 비중

2025년까지 매일 500t, 2028년까지는 매일 1000t의 그린수소를 세계에 공급하는 것을 목표로 삼고 있다. 미국 캘리포니아에도 2023년 그린수소 공장을 착공할 예정이다. 서부 해안에서 가장 큰 그린수소 생산시설을 짓는 것을 목표로 한다.

탄소감축 활동 세계에 알린 SK

파나소닉은 이번 CES에서 수소에너지와 공기·물 열펌프, 전기차용 배터리 등 친환경 솔루션을 버추얼(가상) 사이트에 선보였다. 유키 구스미 파나소닉 CEO는 "2030년까지 모든 사업장에서 탄소중립을 달성할 것"이라며 "B2B뿐 아니라 B2C 고객들과도 탄소중립을 위해 노력할 계획"이라고 말했다.

중국 정보기술(IT) 기업 레노버는 이번 CES에서 재활용 알루미늄 및 재활용 비건 가죽, 재활용 소재(PCC) 등을 사용한 '싱크패드 Z13' 노트북을 공개했다. 레노버는 2026년까지 모든 자사 PC 제품에 재활용 소재를 사용하는 것을 목표로 세웠다.

국내 기업들도 이번 CES의 탈탄소 움직임에 적극 동참했다. SK그룹은 CES 2022에서 세계 탄소감축에 기여하기 위한 SK의 약속과 비전을 제시하고, 구체적인 전략과 실천 의지를 밝혔다. SK㈜, SK이노베이션, SK텔레콤, SK E&S, SK하이닉스, SK에코플랜트 등 계열사 여섯 곳이 공동 참여한 SK 전시관인 '그린 포레스트 파빌리온'은 4개 구역으로 나뉘어 관람객들이 SK의 탄소감축 노력을 하나의 여정처럼 체험할 수 있도록 구성됐다.

SK가 오랜 시간 조림 사업을 해온 충북 충주 인등산을 모티프로 전시관 전체를 하나의 숲속 길처럼 꾸몄다. 중앙에는 대형 나무 모형을 설치해 지속 가능한 미래를 향한 SK의 의지를 보여줬다.

INSIGHT

자율차보다 자율농기계가 먼저

글로벌 중장비·농기계 업체 존디어는 CES 2022에서 사람의 개입 없이 스스로 작업이 가능한 '완전 자율 트랙터'를 선보였다. 전 세계적인 식량 부족이 예상되는 상황에서 농부들을 노동에서 해방시키겠다는 모토를 내세운 제품이다. 존디어는 1월 4일(현지시간) 미국 라스베이거스에서 열린 CES 2022 기자간담회에서 완전 자율 트랙터를 소개했다. 작업자가 작업 구역과 경로를 설정하면 스스로 토양 상태 등을 파악해 작업하는 트랙터다. 자미 힌드먼 존디어 최고기술책임자(CTO)는 "인구 증가와 함께 식량 수요는 계속 늘고 있지만 사용 가능한 토지와 노동력은 줄고 있다"며 "완전 자율 작업이 가능한 농기계가 식량 문제의 해법이 될 것"이라고 말했다. 존디어가 개발한 자율 트랙터에는 인공지능(AI) 프로세서, 그래픽처리장치(GPU), 위성항법시스템(GPS) 등 첨단 전자 기술이 집약됐다. 360도로 장애물 감지 및 계산이 가능한 여섯 쌍의 카메라를 통해 포착한 이미지를 0.1초 내에 분석해 작업 여부를 판단한다. 초정밀 GPS를 통해 1인치(2.54㎝) 단위의 정확도로 작업을 수행할 수 있다. 운전자 없이도 운영할 수 있어 이 트랙터는 24시간 작업이 가능하다. 길어야 12~18시간 가동이 가능했던 것에서 많게는 배 이상 생산성이 높아지는 셈이다. 힌드먼 CTO는 "무인 트랙터는 농업의 시간 효율성을 높이는 동시에 작업 품질을 높일 최적의 솔루션"이라고 설명했다.

존디어가 선보인 완전 자율 트랙터.

존디어는 2017년 CES에서 첫 자율주행 트랙터를 선보였다. 장애물 식별 과정에서 초창기에는 나뭇잎과 작은 돌멩이에도 기기가 멈춰서는 등 오류가 있었지만 훈련을 통해 해결됐다는 설명이다. 연구개발에서 제품을 선보이기까지 20년 가량이 걸린 것으로 알려졌다. 카메라를 통해 수집된 정보는 매년 업데이트될 예정이다. 토양, 경로, 수확물 등에 대한 빅데이터가 더 많이 쌓이면 향후 원활한 자율주행에 도움을 줄 것이란 관측이 나온다. 존디어는 이번 CES에서 AI를 통해 농작물과 잡초를 구분해 잡초에만 제초제를 뿌리는 제초 장비 '시&스프레이(See&Spray)'로 CES 차량 지능 및 교통 분야 최고혁신상을 수상하기도 했다. 기존 장비에 비해 제초제 사용량을 77%가량 감소시켜 비용을 줄이고, 환경 보전 효과까지 있는 제품이다. 앞서 존디어는 제품 기능 향상을 위해 지난해 8월 베어 플래그 로보틱스라는 스타트업을 2억5000만달러에 인수하기도 했다. 향후 길게 서 있는 작물처럼 더 어려운 작물을 다루기 위해 레이더, 초음파 등 각종 기술을 활용한다는 계획이다.

SECTION 2 Stage 7

우주 비즈니스 1+1은 2가 아닌 11

: 우주 항공 기업인 '시에라 스페이스'는 대형 우주 왕복선과 다양한 우주 산업 아이템으로 우주 산업의 미래상을 제시했다.

CES 2022엔 우주 항공 기업이 처음 참여해 큰 주목을 받았다. 상업용 민간 우주선 '드림체이서'와 차세대 국제우주정거장 '오비탈 리프'를 개발하고 있는 '시에라 스페이스'가 주인공. 시에라 스페이스는 '드림체이서' 모형을 라스베이거스 컨벤션센터 야외 전시장인 센트럴플라자에 전시했다.

크리스틴 메이클 CTA 이사는 "시에라 스페이스는 작은 회사였지만 미 항공우주국(NASA), 블루오리진과 협업하면서 '드림체이서', 말 그대로 꿈을 이뤘다"며 "우주산업에서 협업은 '1+1'은 2가 아니라 11"이라고 강조했다. 모든 첨단 기술의 집약체가 우주산업임을 감안하면 CES에 우주 기업 합류는 오히려 늦은 감이 있다는 평가다.

Next STEP2
우주 공간에서 인간이 장기간 거주할 수 있는 거주 시스템을 제작하는 NASA의 프로그램.

드림 체이서, 우주 개척 꿈을 좇다

대부분 '우주 개발'이라고 하면 '스페이스X'를 떠올리지만 시에라 스페이스는 스페이스X보다 더 알짜로 진화한 회사다. 시에라 스페이스는 1987년부터 수천 개에 달하는 우주선 관련 전기공학 시스템을 개발했다. 이를 통해 태양계 전반에 걸쳐 우주선 미션을 수행할 수 있는 기능을 개발해왔다. 태양광 어레이 배열, 라디오 주파수(RF), 제어시스템, 발사 어댑터, 분리 시스템 등 모든 분야에서 그렇다. 20만㎡ 이상 테

스트 시설에서 이런 기능을 철저히 검증하고 있다. 여기서 진동, 열 진공, 대면적 태양 펄스 시뮬레이션, 충격, 강성, 모터 및 액추에이터 속도와 토크 정확도 실험이 이뤄진다.

드림체이서는 저궤도(LEO) 지구 왕복 상업 여행이 가능한 세계 유일한 민간 우주선을 표방하고 있다. NASA는 국제우주정거장 물류 배송 미션을 드림체이서를 통해 앞으로 최소 7번 진행할 방침이다. 시에라 스페이스 관계자는 "우주선 구성, 발사 장소, 목적지, 착륙 장소, 비행 시간 등을 고객 맞춤형으로 제공할 것"이라고 밝혔다.

드림체이서의 가장 큰 특징이자 장점은 일반 항공기가 이착륙하는 공항을 사용할 수 있다는 것이다. 별다른 우주센터에서 발사하지 않아도 된다. 그리고 최소 15번 이상 사용할 수 있는 추진체를 갖췄다. 드림체이서는 당초부터 NASA의 크루(우주비행사) 전용 우주선으로 디자인됐다. 85%가 기존 우주선과 비슷하다. 다만 15%를 일반 고객에 맞게 업그레이드했다. 우주여행 시 밖을 내다볼 수 있는 창문, 갑작스러운 상황 발생 시 임무 중단 후 회귀 성능 등을 추가했다.

NASA의 화물운송 파트너

NASA는 올해부터 국제우주정거장에 화물을 보내고 돌려받은 뒤 처분하는 서비스인 CRS-2(Commercial Resupply Service-2) 공급자로 드림체이서를 선택했다. 드림체이서의 화물 적재 모듈인 '슈팅스타'는 물, 음식, 물자, 각종 과학 실험장비 등을 5500kg까지 우주정거장에 수송할 수 있게 개발되고 있다. 드림체이서는 NASA의 차세대우주개발계획(NextSTEP-2: NASA's Next Space Technologies for Exploration Partnership 2) 초기부터 참여해 왔다. 달과 화성 탐사를 위한 여객 및 물류 수단

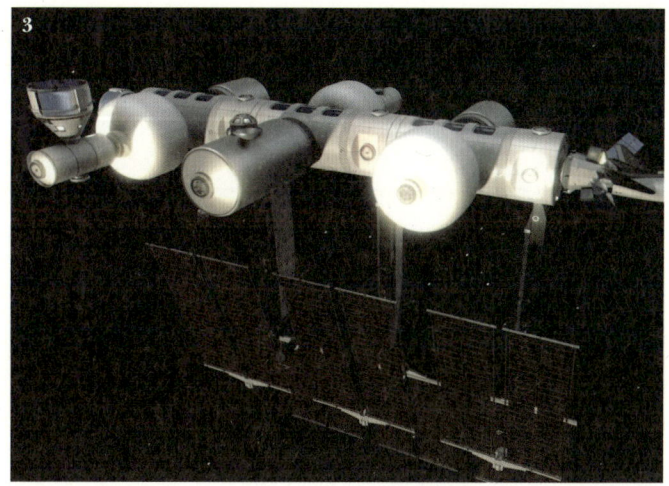

1.
미국 우주 항공 기업 시에라 스페이스의 우주 비행선 '드림체이서'.
2.
드림체이서 후면에 부착된 화물 적재 모듈 '슈팅스타'.
3.
차세대 우주 정거장 '오비탈 리프'.

보텍스(VORTEX) 엔진

시에라 스페이스의 액체, 고체-액체 하이브리드 로켓 기술인 보텍스 엔진은 강력한 추진력과 더불어 자연 냉각 기술을 탑재해 국제우주정거장까지 드림체이서를 안전하게 올려준다.

으로 드림체이서가 합격점을 받았다는 뜻이다. 그 가운데 하나가 드림체이서와 결합 가능한 조립 모듈 '슈팅스타'다. 드림체이서 후면에 도킹하는 이 모듈은 15피트 길이 다목적 설비다. 1만 파운드까지 세 출입구를 통해 화물 적재가 가능하고, 6kW 전력을 우주선에 공급할 수 있으며 능동·수동 열 제어 기능을 갖췄다. 드림체이서가 임무 수행 후 지구로 귀환할 땐 알아서 분리돼 폐기되는 기능까지 탑재했다.

시에라 스페이스는 드림체이서 추진력에 대한 독보적 기술을 이번 CES 2022에서 선보였다. 액체, 고체-액체 하이브리드 로켓 기술인 보텍스(VORTEX) 엔진이 그것이다. 국제우주정거장까지 드림체이서를 안전하게 올려주는 이 엔진은 일명 '소용돌이 추진체'로 묘사된다. 강력한 힘을 내면서도 자연 냉각 기술을 탑재했다. 세계 유일의 독보적인 기술로 여러 특허도 확보했다. 이런 기술은 드림체이서의 궤도 간 이동, 상승과 강하 시에 엄청난 효과를 발휘한다. 추진력은 1만lbf까지 가능한 것으로 확인됐다.

우주에서 채소를 재배하다

시에라 스페이스 엔지니어들은 우주공간에서

SECTION 2 *Stage 7*

1.2.
조립 모듈 '슈팅스타'의 제작 과정.

있는 180개 센서를 갖췄다"며 "우주공간에서 생명과학 연구에 지대한 공헌을 할 것이며, 과학자들이 우주공간에서 더 오래 신선한 음식과 작물을 섭취할 수 있는 강력한 도구가 될 것"이라고 말했다.

상업 달 화물운송 서비스(CLPS) 개발

시에라 스페이스는 이번 CES에서 인류의 주거지를 외계로 확장하는 이른바 '테라포밍' 선도 기업으로 평가받았다. 실제로 이 회사는 공기 정화, 모니터링은 물론 인체에 해를 끼칠 수 있는 압력 및 열 제어, 화재 감지, 현지 자원을 활용한 물 생산 기술, 표토 및 먼지 저감 기술 등을 고도화해왔다. 도킹 및 정박 시스템, 전력 시스템, 비행 및 추력 벡터 제어 시스템, 고출력 액추에이터, 계기판 도어 및 커버 시스템, 발사 어댑터 및 분리 시스템, 표적 지향 및 모션 제어 시스템 등도 이런 고도화 작업에 포함돼 있다. 무엇보다 중요한 것은 시에라 스페이스가 NASA 미션과 목적에 맞춰 달과 화성 탐사 기술을 개발 중이라는 점이다. 시에라 스페이스는 달 진입 관문(게이트웨이), 달 착륙 기술을 개발하고 있다. 국제우주정거장에 오가는 드림체이서를 넘어 상업용 달 화물운송 서비스(CLPS·Commercial lunar payload service)에 사용할 수 있는 자율착륙선을 곧 선보일 예정이다.

작물을 재배할 수 있는 바이오농업 시스템 '베기(VEGGIE)'와 솔루션을 개발하는 데도 공을 들이고 있다. 베기는 NASA 우주비행사를 위해 맞춤형으로 개발된 솔루션이다. 이는 국제우주정거장에서 음식을 만드는 데 쓰인다. 우주비행사들에게 주기적으로 상추 같은 신선한 채소를 섭취할 수 있게 해준다. 과학자들에겐 우주에서 식물을 키울 수 있는 중요한 핵심 데이터를 제공하고 있다.

시에라 스페이스 관계자는 "수십 년 동안 NASA와 일해온 파트너십에서 베기가 개발됐다"고 설명했다. 시에라 스페이스는 채소 재배를 위한 조명·제어시스템 등 고효율 작물 재배 시스템을 최적화했다. 최근엔 베기를 고도화한 어드밴스트 플랜트 해빗(APH) 시스템을 공개했다. "APH는 온도, 습도, 조도 등을 모니터링할 수

테라포밍
(Terraforming)

지구(Terra)와 형성(Forming)의 합성어. 지구가 아닌 다른 행성이나 위성 및 천체를 지구의 대기와 기온, 지표 형태 및 생태계 등 지구 환경과 흡사하게 바꿔 인간을 비롯한 지구 생물이 살아갈 수 있도록 개조하는 일이다.

화성으로 가는 NASA의 계획, 이른바 'Next STEP2'가 그리는 큰 그림이다. 이 프로토타입은 2019년 5월 NASA의 존슨 스페이스 센터에 전달됐다. 타당성 평가를 성공적으로 마쳤고, 달이나 화성 주거지 마련을 위한 시뮬레이션도 마쳤다. 극미세 유성체 및 1만 피트 이상 초고속 운행 궤도와 만날 때의 특성 분석도 마쳤고, 파열 및 응력 테스트도 완료했다.

이것이 달에 주거지를 마련하는 'LIFE(Large integrated flexible environment)' 프로젝트다. 이 프로토타입은 2021년 4월 케네디우주센터로 이전됐고, 현재 공격적인 연구개발이 진행 중이다. 시에라 스페이스의 이런 기술에 감명받은 NASA는 1년 추가 시험 및 상품 인증 계약을 맺었다. 한국 기업 가운데 이런 도전을 할 곳이 있을까.

차세대 우주정거장 '오비탈 리프'

현재 지구 저궤도엔 미국, 러시아 등 각국이 공동 개발한 국제우주정거장이 떠 있다. 노후화해 2020년 퇴역이 예정돼 있었지만, 마땅한 대안이 없어 10년 더 유예된 상태다. 이를 대체할 민간 우주정거장 구축 사업에서 가장 앞선 곳은 세계 1위 방위산업체 록히드마틴 컨소시엄과 아마존의 블루오리진-시에라 스페이스 컨소시엄이다. 시에라 컨소시엄은 보잉, 레드와이어스페이스, 제네시스엔지니어링, 애리조나주립대와 함께 2020년대 후반 차세대 우주정거장 '오비탈 리프(Orbital Reef)'를 선보일 예정이다. 오비탈 리프는 우주공간의 이른바 '한국 강남 삼성동의 코엑스'다. 우주 복합 비즈니스 파크로 불러도 손색없을 정도로 기존 우주정거장 규모를 훨씬 뛰어넘는 대규모로 지어질 전망이다. 연구개발, 물류, 관광, 숙박, 농업 등 우주 탐사와 관련된 비즈니스를 모두 담아낼 수 있는 시설로 지어진다.

INSIGHT

제로G의 우주 유영 서비스

제로G(Zero Gravity Corporation)는 CES 2022에서 우주에 가지 않고도 무중력 공간을 체험할 수 있는 우주 유영 서비스를 선보였다. 미국 연방항공청(FAA)이 승인한 유일한 민간 무중력 체험 서비스 업체로 이 서비스를 이용하면 개조된 보잉727 'G-포스 원'에서 우주비행사처럼 유영하고, 공중제비를 돌고, 날아오를 수 있다. G-포스 원은 2만4000~3만2000피트 고도 사이에서 위아래로 포물선 궤도로 곡예 비행을 하면서 일시적인 무중력 환경을 만들어낸다. 체험 비용은 한 사람당 8601달러(세금 포함)다. 비행복, 기념품, 무중력 기념샷, 무중력 체험 완료 증명서, 비디오가 포함된 가격이다.

제로G의 휴머노이드 로봇 '베옴니'.

제로G는 2004년부터 1만7000여 명에게 무중력 체험 서비스를 제공해왔다. 천재 물리학자 스티븐 호킹, '살림의 여왕' 마사 스튜어트, 1969년 아폴로11호를 타고 달에 착륙한 버즈 올드린 등도 이 서비스를 체험했다. 참가자들은 제로G의 서비스에 대해 대부분 '인생 최고의 경험' '말로 도저히 묘사할 수 없는 환상적 체험'이었다고 입을 모은다.

제로G는 휴머노이드 로봇 개발 전문업체 'BEYOND IMAGINATION(BI)'이란 기업과 함께 무중력 상태에서 사람을 보조할 수 있는 AI 로봇 '베옴니(Beomni)'도 이번 CES에서 처음 공개했다. 원격으로 사람의 움직임을 그대로 재현할 수 있는 이 로봇은 소프트한 손으로 칼질이나 다지기, 양념 뿌리기 등 요리를 척척 해낸다. 얼음과 레몬을 컵에 넣고 병따개로 음료를 따서 칵테일도 만든다. 병원이나 공장 등에서 작업 보조, 노인 케어 등도 무리 없이 수행한다. 제로G와 BI는 베옴니를 우주선 전용으로 진화시키고 있다. 이를테면 달이나 화성 착륙선 안에서 우주비행사가 이 로봇을 조종해 표면 탐사 등에 활용할 수 있게 하는 식이다. 회사 측은 이 로봇이 물류 관리나 우주 비행사 헬스케어까지 가능하도록 개발할 계획이다.

베옴니는 사실 제로G 창업 시점부터 우주 임무 수행을 주 목적으로 개발된 것으로 알려졌다. 해리 클루어 BI 창업자는 "베옴니는 굉장히 복잡하고 섬세한 업무를 수행할 수 있어 우주 개발 임무의 위험과 시간을 줄이는 데 아주 유용할 것"이라고 말했다. 이 회사는 테슬라가 자율주행차를 선도하듯 베옴니가 우주비행선 내 대표적인 자율운행 로봇으로 자리 잡는 것을 목표로 하고 있다. 맷 고드 제로G 최고경영자(CEO)는 "전 세계 우주 개발 관련 공공기관과 기업들에 우주에서 활용할 수 있는 가장 넓은 애플리케이션을 제공할 것"이라고 말했다.

SECTION 2 *Stage 8*

코로나 이겨낸 피트니스 산업 커넥티드에서 정답 찾았다

노 젓기 운동인 '로잉(rowing·조정) 기기를 만드는 신생 업체 하이드로(Hydrow), 실내 스마트 피트니스 기구 제조업체 에셜론(Echelon) 등 CES 2022는 스포츠 장르 '주연'으로 커넥티드 피트니스(connected fitness) 기업들을 내세웠다.

커넥티드 피트니스는 온라인에 연결된 운동 기구를 이용해 제공자가 마련한 플랫폼 안에서 운동하는 것을 뜻하는 신조어다. 기구 앞에 놓인 화면을 통해 실시간 운동 코칭을 받을 수 있고 소모된 칼로리, 거리 등 세부 운동 데이터도 기록할 수 있다. 온라인상으로 연결된 다른 이들과 함께 운동을 즐길 수 있어 코로나19 시대에 각광받는 산업이다. '피트니스계의 애플'로 불리는 펠로톤은 2019년 상장 당시 20달러에 머물던 주가가 코로나19 창궐 이후 100달러를 돌파하기도 했다.

코로나19로 방에 갇힌 사람들의 운동 욕구는 커넥티드 피트니스 시장의 '폭풍 성장'으로 이어

1.
하이드로 로어는 기기 앞쪽에 22인치의 터치스크린이 탑재돼 있다.

2.
화면과 스피커에서 실제로 물 위에서 배를 타고 노를 젓고 있는 것처럼 영상을 보여주고 물이 튀는 소리까지 재현해 사용자가 현장감을 그대로 느낄 수 있다.

졌다. 미국 리서치앤드마켓이 발간한 '글로벌 커넥티드 피트니스 마켓'에 따르면 커넥티드 피트니스 시장 규모는 2020년 10억6810만달러(약 1조2859억원)에 달했다. 지난해 11억달러를 돌파했고 2026년까지 13억5000만달러를 넘어설 것이라는 전망이다. 미국 언론들이 "기업들이 체육관을 집으로 옮겨 놓으려는 의지가 점점 더 가속화되고 있다"고 평한 배경이다.

방 안에서 물살 가르며 로잉
자전거나 러닝머신에 국한되던 커넥티드 피트니스 시장은 코로나19가 장기화되면서 다양한 종목으로 확장됐다. 하이드로의 등장도 이와

3.4.
에셜론은 24인치의 고해상 스크린을 탑재한 'EX-8S'를 선보였다.

무관하지 않다. 2018년 출범한 하이드로는 이제 겨우 4년차인 기업이다. 첫 제품을 출시한 건 2019년 말이었다. 수력이라는 뜻의 'Hydro'와 노를 젓는다는 뜻의 'Row'를 합쳐 브랜드명을 정한 하이드로는 로잉 머신을 전문으로 만든다. 하이드로의 대표 제품인 로잉 머신 '하이드로 로워(Hydrow Rower)'는 자사 홈페이지에서 2295달러(2022년 1월 7일 기준)에 판매되고 있다. 무선 이어폰과 심박수 등을 재는 팔찌, 소음 방지 패드 등을 묶은 패키지는 2665달러다. 단순히 제품을 판매하는 것에 그치지 않고 구독 서비스로 꾸준한 매출을 낸다는 점은 펠로톤과 비슷하다. 로잉 관련 콘텐츠 등의 한 달 구독료는 38달러다. 수백만원 하는 기기값에 연간 수십만원 하는 구독료를 고려하면 진입장벽이 낮다고 보기 어렵다. 자칭 '로잉계의 펠로톤'인 하이드로가 내세우는 무기는 콘텐츠다. 웬만한 규모의 피트니스 센터에서 대부분 찾아볼 수 있는 게 로잉 머신인데, 하이드로가 판매하는 하이드로 로워도 크게 다르지 않다. 하지만 22인치 크기의 모니터를 통해 180도 달라진 경험을 하게 된다. 유저가 실제로 강가에서 로잉을 체험하는 것처럼 느끼도록 했다. 하이드로 구독 서비스를 신청하는 고객들은 실제 물에서 로잉을 하고 있는 강사의 레슨을 라이브로 볼 수 있다. 미국 조정 국가대표의 레슨도 제공한다. 다른 유저들과의 실시간 레이스 순위표를 제공해 생동감을 끌어올렸다. 미국 매체 인사이더는 "2200달러와 38달러의 구독료만 내면 안방에서 세계 정상급 선수들로부터 로잉 레슨을 받을 수 있다"고 소개했다.

브루스 스미스 하이드로 대표는 "하이드로는 유저들에게 그 어떤 로잉 머신보다 실제와 비슷한 경험을 제공한다"고 했다. 또 그는 "하체만 쓰는 사이클과 달리 로잉은 신체 근육의 약 86%를 사용하는 전신 운동으로 '완벽에 가까운 운동"이라고 강조했다.

에셜론 "펠로톤 나와!"

스마트 피트니스 기구 제조업체 에셜론은 이번 CES 2022에서 커넥티드 자전거 'EX-8S'를 선보였다. 에셜론은 1월 출시하는 이번 신제품을 '하이엔드' 제품군으로 분류하며 2399달러라는 높은 가격표를 붙였다. 에셜론은 신제품 사양을 끌어올리면서 펠로톤을 정조준했다. 하드웨어 기술력을 대폭 끌어올렸다. EX-8S은 커

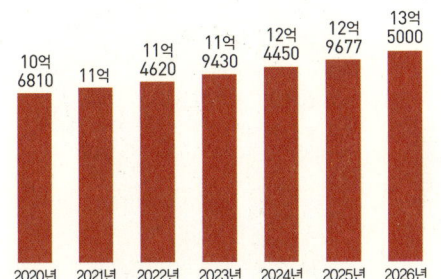

글로벌 커넥티드 피트니스 시장 규모

단위 만달러

2020년	2021년	2022년	2023년	2024년	2025년	2026년
10억6810	11억	11억4620	11억9290	12억4450	12억9677	13억5000

자료 리서치앤마켓 ※2021년 이후로는 전망치

컴캐스트-NBC유니버설 스포츠테크가 지원하는 스타트업

이름	분야
Ane Swim	방수 수영복 제조
Dibz	경기 티켓 중계
Eon Media	스트리밍 소프트웨어
GlobalM	스트리밍 솔루션
nVenue	실시간 경기 데이터 제공
Safety Skin	발광 크림 제조
StreamRecap	비디오 솔루션
XiQ	전동카트 보안 제품

자료: 컴캐스트-NBC유니버설 스포츠테크

브드(curved) 터치 스크린이 장착된 최초의 커넥티드 자전거다. 1080p 해상도를 지원하는 24인치 크기의 스크린이다.

구독 서비스 콘텐츠를 강화하며 소프트웨어에도 대폭 투자했다. 30달러대의 구독료로 매일 40개 이상의 라이브 레슨을 제공한다. 에셜론 측은 "이를 위해 60명이 넘는 월드 클래스 스타 강사 섭외도 마친 상황"이라고 밝혔다. 이 밖에 음악 100만 곡, 3000개 이상의 녹화 레슨 콘텐츠 등을 구독 서비스에 포함했다.

스포츠 미디어 '1강' 선언한 NBC

'미디어 공룡' 컴캐스트-NBC유니버설(이하 NBC)은 스포츠테크를 통해 발굴한 스타트업들을 소개했다. 스포츠테크는 NBC가 운영하는 액셀러레이터(창업기획자) 프로그램이다. 미래의 스포츠 테크 기업을 발굴하고 투자하는 목적으로 만들어졌다. 팔리지 않은 'A급 좌석'을 일반 티켓 소지자에게 수수료 없이 소개해주는 '딥즈(Dibz)', 스트리밍 솔루션 업체 '글로벌M' 등의 스타트업이 이번 행사를 통해 공개됐다.

NBC는 그동안 미국 내 올림픽 중계 등을 도맡아오는 등 '스포츠 미디어 공룡'으로 군림해왔다. NBC 스포츠, 골프 채널 등도 보유하고 있

1.
파이골프의 작은 센서 디바이스와 화면을 띄운 스마트폰, TV, 빔프로젝터 등만 있으면 어디서나 스크린골프를 즐길 수 있다.

2.
CRNK는 헬멧 하나로 음악 감상, 내비게이션, 통화 등 다양한 커뮤니케이션이 가능한 '앵글러 알파'를 공개했다.

다. 미국프로골프(PGA)투어, 월드레슬링엔터테인먼트(WWE), 나스카(NASCAR) 등이 NBC의 파트너다. 이번 CES 2022를 통해 앞으로 스타트업을 직접 발굴하고 키워 경쟁사들이 넘보지 못하는 '초격차' 스포츠 방송 기업으로 거듭나겠다는 뜻을 천명한 셈이다. 제나 쿠로스 스포츠테크 대표는 "새로운 아이디어를 가진 기업들이 우리가 갖고 있는 네트워크와 연결됐을 때 더 큰 시너지를 낼 것"이라고 했다.

국내 기업은 IoT 기업이 강세

국내 기업들은 사물인터넷(IoT) 분야에서 두각을 나타냈다. IoT 스포츠 전문 브랜드 'CRNK(크랭크)'가 대표적이다. 아날로그플러스가 보유한

CES 2022 국내 주요 스포츠 관련 기업

이름	분야
원드롭(1drop)	모바일 헬스케어
에임브로드(aimbroad)	디지털축구, 축구AI
앰비션핑크(Ambition Pink)	근육량 측정
아날로그플러스(Analog plus)	스포츠 관련 헬멧 제작
패스트퐁(Fastpong)	탁구연습장비
휴원트(Huwant)	스마트 호흡 디바이스
파이네트웍스(PhiNetworks)	스마트 골프 디바이스
XiQ	전동카트 보안 제품

브랜드인 CRNK는 이번 행사에서 신제품 헬멧 '앵글러 알파'를 공개했다. 앵글러 알파 하나로 음악 감상, 내비게이션(음성), 통화 등이 모두 가능하다. 이어폰처럼 귀를 완전히 막지 않아 사고 위험을 줄이면서 커뮤니케이션이 가능한 제품이다.

아날로그플러스의 경우 2017년 연구개발 비용을 충당하기 위해 크라우드 펀딩을 유치했는데, 당시 목표액의 4000%를 달성하며 기대를 모았다. 문화체육관광부와 국민체육진흥공단도 아날로그플러스를 우수 스포츠 기업으로 선정하는 등 잠재력을 인정했다. 박재홍 아날로그플러스 대표는 "기존 스마트 헬멧들의 무거운 무게와 투박한 디자인을 보완하려 노력했다"고 했다.

파이네트웍스의 파이골프(PHIGOLF)도 높은 관심을 받았다. '스크린골프 IoT' 제품인 파이골프는 연습봉 그립 끝에 부착하는 가로·세로 3㎝ 크기의 작은 센서 디바이스다. 이 센서를 통해 전달되는 데이터가 스마트폰 파이골프 앱에서 구현돼 나타난다. 스윙 궤적 등이 스마트폰에 3D(3차원) 그래픽으로 표현된다. 장소에 구애받지 않고 골프를 즐길 수 있다는 점에서 관람객들의 높은 평을 얻었다.

INSIGHT

"커넥티드 피트니스 구독하세요"

JP모간은 홈트레이닝 업체 펠로톤(Peloton)의 2022년 목표주가를 기존 70달러에서 50달러로 낮췄다. '피트니스계의 애플, 넷플릭스'라는 찬사를 받은 펠로톤으로선 자존심을 구기는 일이었다. JP모간이 목표가를 하향 조정한 1월 7일 기준 펠로톤 주가는 30달러대에서 거래되고 있다. 더그 앤머스 JP모간 애널리스트는 "펠로톤의 웹사이트 방문 수 감소와 이에 대비되는 판촉 활동 증가 등을 고려할 때 손실이 예측된다"고 밝혔다.

코로나19가 창궐하면서 급성장한 커넥티드 피트니스 기업들이 구독자 확보에 힘을 쏟고 있다. 펠로톤 외에도 CES 2022에 참가한 하이드로(Hydrow), 에셜론(Echelon), 노르딕트랙(Nordic Track), 플래닛 피트니스(Planet Fitness) 등 알려진 곳만 벌써 수십 곳이다. 커넥티드 피트니스 기업들이 구독자 확보에 사활을 거는 건 '구독 서비스'에 기업의 미래가 달려 있다고 보기 때문이다. 최근 넷플릭스나 디즈니가 벌이는 온라인동영상서비스(OTT) 경쟁과 비슷하다. 구독자들의 이탈은 이 분야의 대표주자인 펠로톤의 주가마저 널뛰게 만들었다. 한 달에 수십달러를 구독료로 내는 유료 구독자를 끌어오기 위해 기업들은 '하드웨어'보다 '소프트웨어'인 콘텐츠 개발에 더 열을 올리고 있다. 넷플릭스가 꾸준히 자체 콘텐츠를 만들어 내는 이유와 비슷하다. 구독자 수 증가는 안정적인 수익으로 이어진다.

CES 2022에서 로잉(rowing, 조정) 피트니스 기구 제조업체 하이드로가 주목받은 이유 역시 탄탄한 콘텐츠 덕분이다. 하이드로는 최대한 실제 로잉과 비슷한 경험을 제공하기 위해 미국 조정 국가대표를 섭외했다. 노를 젓는 소리, 물이 튀는 소리를 안방에 전달한다. 펠로톤에 밀려 고전하던 에셜론도 수십 명의 스타 강사를 확보하는 데 과감히 투자를 이어가고 있다. 전문가들은 '포스트 코로나' 시대에도 커넥티드 피트니스 시장이 성장할 것으로 예상하고 있다. 안정적으로 구독자 수를 늘려나가는 기업이 지속적으로 성장할 것이라는 게 전문가들의 중론이다. 이는 결국 플랫폼 경쟁으로 이어질 것이라는 예측이 나온다.

홍성돈 국민체육진흥공단 기업성장지원팀 팀장은 "철공소에 가깝던 피트니스 기구 제조 기업들조차 '디지털 트랜스포메이션'을 피하지 못하는 시대"라며 "커넥티드 피트니스 시장의 성장은 '포스트 코로나' 시대에도 이어질 것으로 보인다"고 전망했다. 그러면서 "기술력이 있는 기업들을 한데 묶을 플랫폼이 나오기 전까진 스포츠 산업의 과도기가 이어질 것"이라고 설명했다.

피트니스 구독 서비스를 제공하는 펠로톤.

SECTION 2 *Stage 9*

글로벌 스타트업 새 목표는 '집콕 생활' 업그레이드

: CES 유레카파크 전시관은 세계 유망 스타트업의 각축장, 그중 국내 스타트업의 기술력이 세계의 이목을 끌었다.

코로나19 오미크론 변이 확산과 미국 동부 지역에 몰아친 기습 한파에도 작지만 민첩성으로 무장한 스타트업들이 대거 참가했다. 19개국에서 온 800여 개 스타트업이 다양한 혁신 기술을 선보였다.

코로나19 확산에 적극 대응

유레카파크는 집 안에서의 각종 편의성을 높여주는 스마트홈 제품을 전시해 눈길을 끌었다. 코로나19 확산으로 사람들의 외출이 줄어든 영향이다. 글로벌 시장조사업체 옴디아에 따르면 글로벌 스마트홈 시장 규모는 2020년 608억달러에서 2025년 1785억달러로 급격히 커질 전망이다. 옴디아는 지난해 세계 스마트홈 기기 사용 가구가 전체의 19% 수준이라고 추정했다. 2017년보다 10%포인트 증가한 수치다.

전동 칫솔 개발사인 와이브러시는 10초 만에 양치할 수 있는 스마트 전동 칫솔을 소개했다. 이전 제품보다 기능이 향상됐다. 한번에 양치할 수 있는 범위가 넓어졌다. 미백, 광택 등 여섯 가지 모드를 제공한다.

스마트 보안업체 아보드는 스마트폰으로 전구의 색, 밝기 등을 조정할 수 있는 전구를 선보였다. 아마존의 알렉사, 구글 어시스턴트 등을 사용할 수 있는 인공지능(AI) 스피커를 통해

1. 아기의 수면 패턴을 학습해 음악을 들려주고, 움직이는 스마트 아기 침대 '크래들 와이즈'.

음성으로 제어하는 것도 가능하다.

푸드테크 스타트업 비욘드허니컴은 집에서 음식을 조리하는 수고를 덜어주는 첨단 기술을 내놨다. 푸드센서와 요리 로봇 기반의 AI 셰프 솔루션이다. 푸드센서가 조리 중 식재료의 변화를 분자 단위로 수치화해 학습하면 그에 맞춰 요리 로봇이 자동 조리하며 요리사의 음식

50%

CES에 참가한 한국 기업 500여 개 중 290여 개가 스타트업이며, CES 혁신상을 받은 한국 업체 중 50% 이상이 스타트업이다.

2.
온도계 '비쿨'은 배터리가 필요 없고 건강정보를 의사에게 보내준다.

3.
티이이웨어의 암호키 관리 솔루션.

4.
알고케어가 내 놓은 맞춤형 영양제 배합기.

5.
CES에 설치된 비욘드허니컴 부스.

6.
360도 화상회의 전용 카메라.

맛을 재현한다.

헬스케어 스타트업 알고케어는 건강 관리 솔루션 나스를 소개했다. 나스는 개인의 건강 정보를 분석해 작은 알갱이 형태의 초소형 영양제 여러 종을 ㎎ 단위로 배합해 제공한다. 복용 기록과 건강 상태는 모바일 앱에서 실시간 확인할 수 있다.

육아 제품 전문 스타트업 크래들와이즈는 갓난아기가 일어난 것을 감지해 음악을 들려주고 부드럽게 움직이는 스마트 아기 침대를 전시했다. 아기의 수면 패턴을 학습해 맞춤형으로 관련 기능을 제공한다.

원격근무 관련 제품도 크게 늘었다. 코로나19로 비대면 문화가 확산했기 때문이다. 국책연구기관인 한국소프트웨어정책연구소의 '원격근무 솔루션 기술·시장 동향 및 시사점' 보고서에 따르면 원격근무 솔루션을 포함한 글로벌 UC&C(통합 커뮤니케이션 및 협업) 시장은 2019년부터 연평균 7.1% 성장해 2023년에는 483억달러까지 커질 전망이다.

헬스케어 로봇 스타트업 도트힐은 장시간 고정된 자세로 모니터를 계속 보면 생길 수 있는 거북목 증후군을 예방하는 장치인 '도트스탠드 V1'을 선보였다. 소형 카메라 제조업체 칸다오테크놀로지는 360도로 회의 참석자 전체를 추적할 수 있는 화상회의 전용 카메라 '칸다오 미팅 프로'를 공개했다. AI 기술로 화자의 소리에 더 집중해서 전달할 수 있다. 안드로이드 시스템을 적용해 화상회의 소프트웨어 설치가 쉽다. 티이이웨어는 원격근무 증가로 많은 기업이 도입한 클라우드 환경에서 보안 수준을 높여주는 제품을 선보였다. 누구나 쉽게 대용량 암호키 생성 및 처리가 가능하다. 이 제품으로 티이이웨어는 CES 혁신상을 받았다.

ESG(환경·사회·지배구조) 관련 제품과

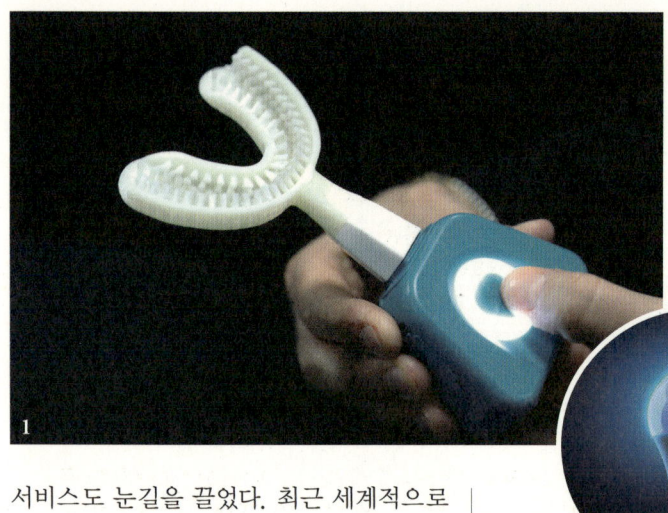

체 비쿨(BCool)은 배터리가 필요 없는 친환경 스마트 온도계를 전시했다. 스마트폰 전용 앱으로 체온 측정 기록을 저장할 수도 있다.

한국 스타트업의 선전

올해도 한국 스타트업이 선전했다는 평가다. CES에 참가한 한국 기업 400여 개 중 절반 이상인 290여 개가 스타트업이었다. CES 혁신상을 받은 한국 업체 중 50% 이상이 스타트업이다. 한국 스타트업의 기술 혁신에 대한 열정과 성장 잠재력을 과시한 것이다.

1. 와이브러시의 10초만에 양치를 끝낼 수 있는 전동 칫솔.
2. 전구의 색, 밝기 등을 스마트폰으로 조정할 수 있는 아보드의 스마트 전구.

서비스도 눈길을 끌었다. 최근 세계적으로 ESG 경영 방식을 도입한 대기업들이 스타트업의 도움을 많이 받고 있다. 관련 투자도 늘었다. 벤처캐피털(VC) 분석업체인 딜룸에 따르면 2021년 3분기 기준 기후 기술 관련 스타트업에 대한 글로벌 VC의 투자금액은 323억달러로 추정됐다. 2020년 전체 투자금액(210억달러)보다 많았다. 지역별 투자 비중을 보면 북미 57%, 유럽 28%, 아시아 14% 등의 순이었다.

바이오 연료 스타트업 BeFC는 바이오연료전지 기술로 구동되는 능동형 센서 태그를 선보였다. 연료전지를 종이로 만든 게 눈길을 끈다. 친환경, 탄소 저감 취지에 부합하는 기술이다. 웨어러블 기기, 사물인터넷(IoT), 의료 기기 등에 사용할 수 있다. 이 센서 태그 기술은 CES 2022 혁신상을 받았다.

전기차 충전 솔루션 스타트업 에바는 저렴한 설치 비용에 전력 효율이 높은 전기차 충전기를 소개했다. 에바의 전기차 충전기 '스마트 EV 차저'는 한정된 전력 상황에서 여러 대를 한 번에 충전할 수 있는 '다이내믹 로드 밸런싱' 기능을 제공한다. 이 기능으로 관련 설비 구축과 운영 비용을 기존 제품보다 최대 80% 이상 아낄 수 있다고 회사 측은 설명했다. 디지털 헬스업

한국 스타트업이 혁신상을 받은 주요 부문은 헬스와 웰니스(Health & Wellness), 스마트홈(Smart Home), 스마트 에너지와 지속 가능성(Smart Energy & Sustainability) 등이다. 모두 이번 CES에서 크게 주목받은 분야다. 삼성 C랩관, 서울관, KAIST관 등의 스타트업들이 선전했다는 평가도 나왔다. 국내 대기업, 지방자치단체, 대학 등이 스타트업을 적극 육성하면서 한국 스타트업 생태계가 탄탄해졌다.

혁신 속도가 가팔라질 것으로 예상되는 전기차, 로봇, AI 등에서는 한국 스타트업을 찾기 어려웠다. 이번 CES에서 추가된 분야인 스페

글로벌 스마트홈 시장 규모

단위 억달러
- 2020년: 608
- 2025년: 1785

자료 옴디아

이스테크, 3D 프린팅, 대체불가능토큰(NFT) 등에서도 한국 스타트업이 잘 보이지 않았다. 박용철 KAIST 창업원 창업지원센터장은 "인류의 눈부신 진화 속에 잠재해온 각종 부작용이 최근 심화하고 있다"며 "세계적으로 창의적 인재가 기업가정신을 발휘해 혁신적 대안을 제시하고 있는 상황에서 한국 스타트업 업계와 정부 역할이 더 체계화돼야 한다"고 지적했다.

게임에서도 주목받은 삼성

게임 부문에서 주목받은 업체는 삼성전자와 소니였다. 삼성전자는 신규 게임 플랫폼 '삼성 게이밍 허브'를 발표했다. 삼성이 게임을 직접 유통하는 건 아니다. 삼성TV에 스트리밍 게임 서비스를 연결하는 방식이다.

엔비디아의 '지포스 나우', 구글의 '스태디아' 등과 제휴를 맺고 게임 관련 콘텐츠를 제공한다. 소비자는 게임 조정기만 추가로 구매하면 삼성TV에서 콘솔용 게임을 쉽게 즐길 수 있게 된다. 삼성은 앞으로 출시할 스마트TV 등에 삼성 게이밍 허브를 적용할 예정이다.

콘솔 게임기 플레이스테이션 시리즈로 유명한 소니는 신규 게임기를 이번 CES에서 소개했다. 플레이스테이션 기반 차세대 가상현실(VR) 게임기인 PSVR2의 성능과 다양한 기능을 발표했다. PSVR2는 이전의 PSVR 게임기보다 그래픽 수준, 시야 범위 등이 뛰어나다. PSVR2를 위해 제작된 조정기는 최신 콘솔 게임기인 플레이스테이션5 조정기의 강점을 계승했다.

이전 조정기보다 사용 편의성과 조작 민감도를 높였다. VR 게임 콘텐츠도 강화했다. 소니는 인기 게임 '호라이즌 제로 던'의 지식재산권(IP)을 활용한 VR 게임을 개발하고 있다고 밝혔다. 이번 CES에서 실제 이미지와 출시일, 가격 등은 공개하지 않았다.

INSIGHT

몸값 올라간 유니콘기업에 돈 더 몰린다

CES 2022에서도 혁신성과 사업성이 뛰어난 스타트업들이 글로벌 투자업계의 주목을 받았다. 흔히 성공한 스타트업을 유니콘기업(기업가치 10억달러 이상 비상장 기업)이라고 부른다. 작년에는 유니콘기업보다 몸값이 열 배 이상인 데카콘기업(기업가치 100억달러 이상 비상장 기업)까지 많이 증가했을 정도로 글로벌 스타트업에 대한 투자가 늘었다. 스타트업 정보 사이트인 크런치베이스에 따르면 지난해 데카콘기업 목록에 이름을 올린 스타트업은 30개 이상이다. 1년 전의 두 배다. 국내에서는 지난해 신규 유니콘기업이 많이 나왔다. 핀테크업체 두나무, 온라인 상거래업체 컬리, 모바일 게임사 엔픽셀 등 7개 스타트업의 기업 가치가 10억달러를 넘어섰다. 국내에서도 투자 자금이 몰렸다. 한국벤처캐피탈협회에 따르면 지난해 3분기까지 벤처 투자 규모는 5조2593억원에 달했다. 사상 최대였던 2020년의 4조3045억원을 세 분기 만에 넘어섰다. VC업계 관계자는 "제조업체, 유통기업보다 혁신 스타트업의 투자 수익률이 훨씬 높아 올해도 스타트업 투자가 늘어날 것"으로 전망했다. 지난해 미국 뉴욕증시에 상장한 게임 스타트업 로블록스에 10년 전 투자한 펀드의 투자 이익은 1200배 이상이었다. 배달 앱 배달의민족을 운영하는 우아한형제들에 초기 자금으로 3억원을 투자한 VC 본엔젤스는 1000배 이상의 수익을 기록했다.

이번 CES에도 올해 기업공개가 유력한 유망 스타트업들이 참가했다. 전기차를 공개한 베트남 스타트업 빈패스트는 미국 증시 상장을 추진하고 있다. 기업 가치가 500억달러 이상이라는 분석이 나온다. 올해 CES에서 초당 176조 회의 연산이 가능한 자율주행 반도체를 소개한 자율주행 스타트업 모빌아이도 올해 미국 증시에 기업공개를 할 예정이다. 이번 CES에는 참가하지 않았지만 국내 스타트업 중에서는 컬리, 쏘카 등이 올해 국내에 상장할 계획이다.

상장사의 향후 가치를 스타트업 투자 분석을 통해 가늠해볼 수도 있다. 어떤 회사에 투자했는지는 기존 사업과의 시너지, 미래 먹거리 등을 보여주는 척도이기 때문이다. 네이버와 카카오가 대표적이다. 두 업체가 투자한 스타트업들이 올해 CES에서 주목받았다. 경도 치매환자를 위한 디지털 치료제를 내놓은 이모코그, 인공지능(AI) 요리 솔루션을 개발한 비욘드허니컴 등 네이버가 투자한 11개 스타트업이 CES에 참가했다. 카카오가 투자한 AI 기반 학습 데이터 플랫폼 기업 셀렉트스타, 공기 살균정화 장비업체 어썸레이 등도 올해 CES에서 눈길을 끌었다.

베트남 스타트업 빈패스트가 공개한 전기차.

XR 타고 팽창하는 메타버스

: 메타버스 구현의 핵심 기술 XR(확장현실)이 화두로 떠올랐다.
메타버스를 미래 핵심 사업으로 내세운 기업들은 XR 기기와 서비스 개발에 집중하고 있다.

'메타버스(3차원 가상공간) 기업으로 탈바꿈하겠다'고 선언한 메타(옛 페이스북)는 CES 2022에 모습을 드러내지 않았다. 미국 현지에서 코로나19가 재확산한 탓이다. 하지만 행사장에서 메타의 빈자리는 크게 느껴지지 않았다. 메타버스를 미래 핵심 사업으로 내세운 기업이 늘어나서다. 메타버스를 구현하는 핵심 기술인 확장현실(XR) 기기와 서비스를 선보인 기업도 많았다. 코로나19 사태로 대면 만남이 어려워진 가운데 현실 세계에서 불가능한 활동을 대신 실현해주는 메타버스 플랫폼이 급부상하고 있는 것이다. 회계·컨설팅업체 프라이스워터하우스쿠퍼스(PwC)에 따르면 글로벌 메타버스 시장은 지난해 1485억달러(약 178조원)에서 2030년 1조 5429억달러(약 1851조원)로 성장할 전망이다.

여행 산업에도 메타버스 접목

메타버스 시장은 XR 기술의 발전과 함께 성장하고 있다. XR은 가상세계를 뜻하는 VR(가상현실)과 현재의 시공간에 가상의 이미지를 덧입힌 AR(증강현실), 이들을 합친 MR(혼합현실)을 아우른 개념이다. VR과 AR이 제공하는 몰입감과 상호작용성을 한층 발전시켜 사용자의 경험 범위를 오감의 영역으로 넓힌다. XR을 통해 현실과 가상세계의 경계가 완전히 무너지는 것이다.

현대자동차그룹은 달리는 자동차에서 현실과 가상세계의 융합을 경험할 수 있다고 밝혔다. 현대차의 자율주행 차량에 탑승했다고 가정해보자. 메타버스에 구축된 가상의 집에 접속한 뒤 집에 있는 로봇에 명령을 내리면 현실세계를 마음대로 움직일 수 있다. 차 안에서 로봇을 통해 반려동물에게 먹이를 주는 식이다. 현대차는 이를 '메타 모빌리티'라고 표현했다. 정의선 현대자동차그룹 회장은 "로보틱스를 기반으로 미래 모빌리티 솔루션을 메타 모빌리티로 확장할 것"이라며 "현대차의 로보틱스 비전이 인류의 무한한 이동과 진보를 가능하게 할 것"이라고 했다.

메타버스를 여행산업에 적용하려는 노력도 진행되고 있다. LG전자 북미 이노베이션센터(LG NOVA)는 스타트업 I3M과 협력해 실제로 여행을 떠나지 않고도 초현실적인 경험을 가능하게 하는 서비스를 개발하고 있다. 일상에 메타버스를 접목한 기업도 있었다. 메타버스 기반 회의 플랫폼 'XR판도라'를 선보인 한글과컴퓨터그룹이다. 가상세계의 '또 다른 나'인 아바타를 통해 직장 동료와 자료를 공유하고 회의에 참가할 수 있다는 설명이다. SK텔레콤은 130명이 동시에 참여할 수 있는 대형 메타버스 플랫폼 '이프랜드'를 공개했다.

"XR, 메타버스 가는 티켓 될 것"

해외 기업들은 메타버스의 근간이 될 XR에 관한 청사진을 밝혔다. 반도체업체인 퀄컴과 IT업체인 마이크로소프트(MS)는 XR 분야에서 업종을 뛰어넘는 초협력을 발표했다. 양사는 MS의 메타버스 협업 솔루션 'MS 메시'와 퀄컴의 AR 플랫폼 '스냅드래곤 스페이스'를 통합해 XR 개발자 플랫폼을 공동 개발하겠다고 밝혔다. 크리스티아누 아몬 퀄컴 최고경영자(CEO)는 "XR은 메타버스로 가는 티켓이 될 것"이라고 했다. 퀄컴은 2019년부터 스냅드래곤 XR이라는 XR 전용 칩셋을 만들고 있다.

그래픽카드 제조사 엔비디아는 CES 개막에 앞서 온라인 스페셜 이벤트를 열고 AR·VR 기반 3D 디자인 협업 플랫폼 옴니버스를 개인 개발자에게 무상으로 활용할 수 있도록 하겠다고 선언했다. 옴니버스를 사용하면 지포스 RTX스튜디오를 이용해 메타버스 콘텐츠 등을 제작할 수 있다. 이를 무료로 제공해 메타버스 구현을 위한 개발자 생태계 잠금(록인) 효과를 노렸다는 설명이다. 엔비디아는 XR 그래픽 향상 기술인 클라우드XR, XR 기기용 그래픽처리장치(GPU) 등 다양한 XR 기반 제품을 보유하고 있다.

AR·VR 기기 중에선 메타버스의 차세대 솔루션 중 하나로 평가받는 AR 안경이 가장 큰 주목을 받았다. 한국 스타트업 레티널은 이번 CES에서 2021년 11월 세계 최초로 개발한 초경량 양안 플라스틱 AR 광학계인 T-글래시스 제품을 공개했다. 자체 '핀 미러' 기술을 통해 OLED(유기발광다이오드) 마이크로디스플레이가 렌즈 내부의 작은 거울에 반사돼 실감 나는 이미지를 제공한다.

퀄컴은 MS와 AR 안경에 장착될 AR용 스냅드래곤 칩을 공동 개발하기로 했다고 밝혔다. 이외에도 스마트안경 전문기업 뷰직스는 소프트웨어(SW) 업체 팀뷰어와 함께 스마트안경을 활용한 원격 작업 솔루션을, 쿠라테크놀로지스

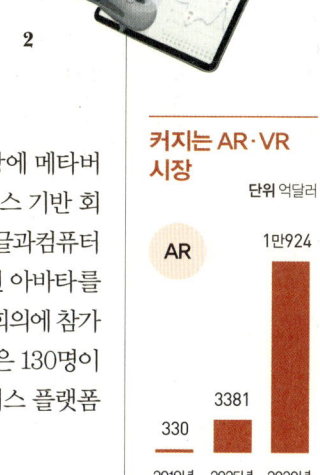

커지는 AR·VR 시장
단위 억달러

AR
- 2019년: 330
- 2025년: 3381
- 2030년: 1만924

VR
- 2019년: 125
- 2025년: 1383
- 2030년: 4505

자료 하나금융경영연구소

글로벌 메타버스 시장 규모
단위 억달러

- 2021년: 1485
- 2024년: 3676
- 2027년: 8553
- 2030년: 1조5429

자료 PwC

1. 메타버스를 테마로 한 현대모비스의 부스.
2. 헬스케어 스타트업 룩시드랩스의 루시.
3. 150도 시야각을 지원하는 AR안경 갈리움.

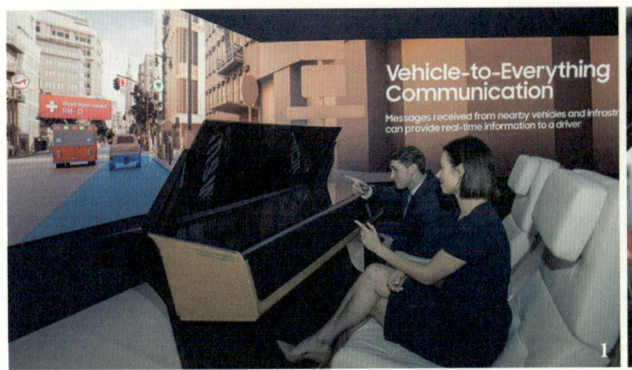 

는 150도 시야각과 최대 8K 해상도를 지원하는 AR 안경 '쿠라 갈리움'을 선보였다.

AR·VR, 기존 산업 패러다임 바꾼다

AR·VR 기술은 산업 현장을 바꿔놓을 것으로 기대된다. 한국앤컴퍼니그룹의 계열사 모델솔루션은 산업용 AR 디스플레이 기기(HMD)의 양산 제품을 전시했다. 작업자가 머리에 착용한 디스플레이를 통해 설비 작동 가이드라인 등을 현장에서 전달받으며 작업할 수 있도록 고안된 장치다.

서울바이오시스는 패키지와 와이어가 필요 없는 LED(발광다이오드) 제품인 와이캅이 적용된 마이크로LED를 선보였다. 마이크로LED는 직경 100㎛(마이크로미터) 이하의 초소형 LED를 일컫는다. 크기는 작지만 고휘도, 고해상도, 전력 효율, 설계 유연성 등의 특성을 모두 갖춘 만큼 AR·VR 시장에서 LCD(액정표시장치)나 OLED를 대체할 수 있다는 게 회사 측 설명이다.

사용자의 편의성을 증대시킬 기술도 있다. 삼성전자는 부스에서 AR 기술과 전장 자회사 하만의 기술을 접목해 자동차 운전의 미래를 소개했다. 반투명한 운전석 디스플레이를 통해 운전자를 방해하지 않으면서도 운전 정보와 내비게이션, 도로 상황, 위험 등의 정보를 실시간으로 확인할 수 있는 시스템이다. 차량 내부 카메라를 갤럭시 스마트폰과 스마트워치의 삼성헬스에 연동하면 스트레스, 졸음, 주의 산만 등 운전자의 상태도 차량이 감지할 수 있다.

일본 파나소닉은 운전자의 눈동자 위치를 파악해 시선이 가는 곳에 차량 주행 정보를 띄우는 'AR HUD(헤드업 디스플레이) 2.0'을 선보였다. 차 앞 유리 밑에 AR 카메라와 광학 장치를 설치해 운전자 시야를 인식해 화면을 띄워주는 방식이다.

급팽창하는 XR 시장

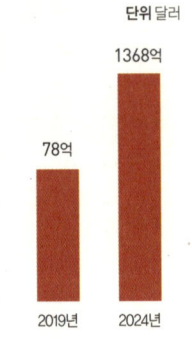

단위 달러
78억 (2019년)
1368억 (2024년)
자료 IDC

1. 삼성 AR 기술 기반 미래차량 모델.
2. 뷰직스 팀뷰어 스마트글라스.
3. 메타의 호라이즌 워크룸.
4. 모델솔루션 AR HMD.

AR·VR 산업별 규모

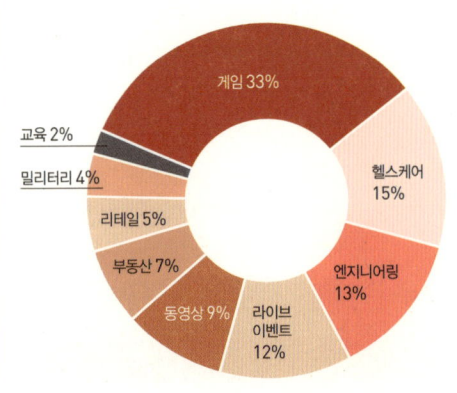

게임 33%
헬스케어 15%
엔지니어링 13%
라이브 이벤트 12%
동영상 9%
부동산 7%
리테일 5%
밀리터리 4%
교육 2%

자료 스태티스타, 삼성증권

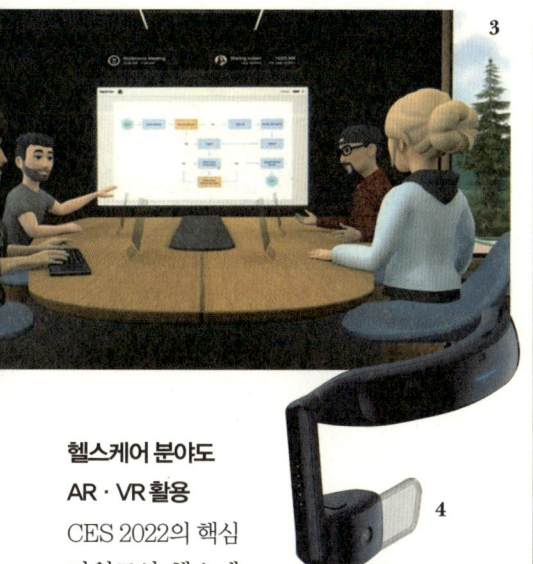

헬스케어 분야도 AR·VR 활용

CES 2022의 핵심 키워드인 헬스케어 부문에서도 VR 기술이 활용됐다. 국내 스타트업 룩시드랩스는 VR 기반 인지 건강관리 코치 루시(LUCY)로 CES 2022 혁신상을 받았다. 루시는 경도인지장애 위험에 노출된 노인들을 조기에 발견하고 인지 건강 관리에 도움을 줄 수 있는 VR 인지 기능 평가·훈련 시스템이다. 사용자가 VR 게임을 즐기는 동안 뇌파, 안구 운동 등 신경생리학적 반응을 포착하고 분석하는 방식을 활용한다.

미국 XR업체 헤루는 AR, VR 소프트웨어를 활용한 웨어러블 헤드셋으로 비대면 시력 진단 플랫폼을 선보였다. 환자가 헤드셋을 착용하면 자동으로 시력 검사가 진행되고 시력은 물론 녹내장, 황반변성 등 안과 질환을 쉽게 찾아낼 수 있다.

미국 MR업체 서드아이의 X2는 의사와 현장 구조대가 실시간으로 소통할 수 있는 MR 안경이다. 응급 구조원이 이 안경을 착용하면 사고 현장이 라이브 스트리밍 형태로 의사와 연결된다. 구조원은 의사의 지시에 따라 적절한 구조 조치를 할 수 있다는 설명이다.

INSIGHT

메타버스 기업들의 다음 과제는 콘텐츠 개발

글로벌 기업들이 대거 메타버스 시장에 뛰어들고 있다. 이들은 같은 화두를 꺼내들었지만 엄밀히 따지면 서로 다른 메타버스 밸류체인에 속한다. 메타버스 플랫폼을 구축하는 기업이 있는가 하면 메타버스로 진입하는 매개체인 확장현실(XR) 기기를 생산하는 곳도 있다. 메타버스에서 즐길 수 있는 콘텐츠를 개발하는 업체도 따로 있다. 플랫폼, 기기, 콘텐츠 등 메타버스 전 밸류체인으로 사업을 확장하고 있는 기업은 메타버스 시장 확대와 함께 안정적으로 성장할 것이란 분석이 나온다.

메타버스 밸류체인을 장악한 대표적인 기업으로는 메타(옛 페이스북)가 꼽힌다. 메타는 2014년 가상현실(VR) 기기 업체 오큘러스를 인수했다. 2020년 출시된 오큘러스 퀘스트2는 1년 만에 판매량 1000만 대를 돌파했다. 메타는 선글라스 업체 레이밴과 협력해 스마트 선글라스도 개발했다. 음성으로 작동되는 이 제품은 사진과 동영상도 찍을 수 있다. 메타는 2021년 8월 아바타로 활동하는 VR 협업 플랫폼 호라이즌 워크룸을 베타 버전으로 출시했다.

마이크로소프트(MS)도 메타버스 전 밸류체인에 발을 걸치고 있다. MS는 고사양 증강현실(AR) 헤드셋 홀로렌즈2를 출시하고 기업을 상대로 판매를 이어가고 있다. 2021년 3월에는 홀로렌즈와 연동되는 업무용 메타버스 플랫폼 메시도 공개했다. 송용주 대신증권 책임연구원은 "MS와 메타는 각각 웹1.0 시대와 웹2.0 시대를 이끈 기업"이라며 "이들은 웹3.0 시대에도 살아남아 메타버스 생태계를 장기적으로 이끌어갈 것"이라고 전망했다. 그러면서 "메타의 호라이즌과 MS의 메시가 사용자 저변을 얼마나 넓혀나갈지가 관전 포인트가 될 것"이라고 했다.

플랫폼 밸류체인에선 게임엔진 업체 유니티가 수혜를 입을 가능성이 크다는 평가가 나온다. 송 연구원은 "메타버스를 구축할 수 있는 유니티의 플랫폼은 게임회사를 넘어 다양한 산업군에서 판매되고 있다"며 "유니티 플랫폼에선 디지털 휴먼도 제작할 수 있기 때문에 당분간 이 회사를 뛰어넘는 곳은 나오기 어려울 것"이라고 했다.

XR 기기 시장에서는 애플을 주목해야 한다는 평가가 나왔다. 애플이 올 하반기 XR 기기를 처음으로 출시하면서 XR 시장에 본격적으로 뛰어들 것이란 전망에서다. 현재 글로벌 XR 기기 시장은 메타가 약 70%의 점유율을 차지하고 있다.

메타의 VR 기기 오큘러스 퀘스트2를 착용한 모습.

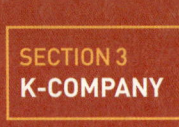

SECTION 3
K-COMPANY

REMARKABLE

삼성전자, 현대자동차, LG전자, SK이노베이션 등 국내 주요 기업들이 미국 라스베이거스에서 1월 5일(현지시간) 개막한 세계 최대 IT·가전 전시회 CES 2022에 출격했다. 오미크론의 확산으로 참여 기업이 예년의 절반 수준으로 줄었지만 한국만은 예외였다. 올해 행사에 참여한 'K기업'은 502개로 역대 최대 규모다. 마지막 오프라인 행사였던 2020년(390개)보다 100개 이상 늘어난 수치다. 전체 CES 참가 기업(2200여 개) 중 한국 기업 비중이 4분의 1에 달했다.

①

INDIVIDUAL EXPERIENCES

삼성전자는 개인의 경험과 고도화된 연결성을 강조했다. 비스포크 가전제품을 출시한 이후 새로운 경험을 강조하며 개인 맞춤형 제품에 초점을 맞추고 있다. 현대차그룹은 로보틱스와 메타버스를 결합한 메타모빌리티라는 새로운 개념을 소개하며 사용자의 이동 경험을 확장했다. LG전자는 제품 실물 없이 QR코드를 인식해 가상 체험을 하는 부스를 마련했다. SK그룹의 숲을 모티프로 한 부스 '그린 포레스트 파빌리온'은 게임·체험·미디어아트로 꾸며 핫플레이스가 됐다.

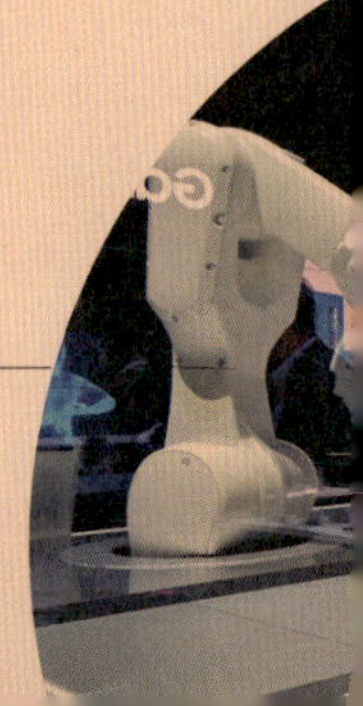

AI 기술을 기반으로 한 사용자 맞춤형 인터랙션 로봇인 '삼성봇 아이'와 가사 보조 로봇인 '삼성봇 핸디'는 사용자의 영상 회의를 준비해주고 저녁 식사를 위한 테이블 세팅을 한다.

'Your Galaxy, Your Way'를 주제로 전시 공간을 조성해 '갤럭시 Z 플립 비스포크 에디션'과 'One UI 4'를 통해 나만의 갤럭시를 꾸밀 수 있는 특별한 경험을 선사한다.

K-COMPANY

CES에 첫 참가한 현대중공업그룹 부스는 LED를 활용해 넘실대는 파도를 형상화했다.

SK그룹의 '그린 포레스트 파빌리온' 친환경을 주제로 부스를 꾸며 마치 숲속에 있는 것 같은 느낌을 준다.

② AI & ROBOT COMPETITION

한국 스타트업은 사상 최대 규모인 290여 개사가 참가했다. 스타트업 전용관인 '유레카파크'에 자리 잡았으며 국내외 기업 관계자와 투자자들의 관심을 모았다. 로보틱스, 소프트웨어&모바일 앱, 스마트 홈, 헬스&웰니스 등 다양한 분야에서 혁신상을 수상하며 기술력을 뽐낸 스타트업들이 눈길을 끌었다.

책 속 캐릭터와 그림을 AR로 구현해 생동감 넘치는 독서 경험을 제공하는 AR피디아.

수퍼톤은 AI에 음정·어조를 비롯한 '감성 정보'를 학습시켜 적은 양의 음성 데이터만으로 합성 음성을 만들어 실제 사람과 같은 목소리를 구현한다.

CES 한국기업 참가 현황
단위 개

- 대기업, 중견기업, 중소기업
- 스타트업

연도	스타트업	대기업·중견·중소	합계
2017년	28	118	146
2018년	47	165	212
2019년	113	185	298
2020년	200	190	390
2021년	260	85	345
2022년	292	210	502

자료 CTA(미국소비자기술협회)

SECTION 3 *STORY*

2년 만에 활기 되찾은 'CES의 도시' 라스베이거스

: 오미크론 확산으로 불거진 CES 흥행에 대한 우려와 달리 2200여개 기업이 현장에 참가했다.

'CES의 도시' 미국 라스베이거스가 활기를 되찾았다. 코로나19 팬데믹 여파로 온라인으로 CES가 열린 지난해의 을씨년스러운 분위기와는 완전히 다른 모습이었다. 지난해 12월 오미크론 확산으로 구글, 웨이모, 제너럴모터스(GM), 엔비디아 등 다수의 글로벌 기업이 '오프라인 전시 불참'을 선언했을 때만 해도 흥행에 대한 우려가 있었다. 하지만 삼성전자 현대자동차 등 국내 대형사를 포함해 전 세계 총 2200개 이상의 기업이 참가해 미래 기술과 혁신 제품을 선보이면서 관람객 사이에선 '역시 CES'라는 평가가 나왔다.

오미크론 뚫은 CES 열기

CES의 흥행 조짐은 기자가 1월 1일 라스베이거스에 도착했을 때부터 감지됐다. 라스베이거스의 관문 매캐런국제공항은 패스트푸드점에 10m가 넘는 줄이 생길 정도로 북적였다. 기자가 타고 온 샌프란시스코발 75석 규모 여객기엔 빈자리가 2~3개뿐이었다. 이날 라스베이거스에서 만난 우버 기사 존은 "오미크론 때문에 올해 CES도 취소될 줄 알았는데 천만다행"이라며 "지역 경제에 큰 도움이 될 것"이라고 말했다. 시내 음식점엔 빈 테이블이 없을 정도였다. 2일 점심 때 방문한 멕시코 음식점 '카보 와보 칸티나'는 30여 개 테이블이 꽉 차 있었다. 서빙 직원은 "각종 전시 행사가 재개되면서 분위기가 달라졌다. CES 특수에 대비해 임시 직원을 더 뽑았다"고 설명했다.

CES 주최사인 미국 소비자기술협회(CTA)는 개막 전부터 CES 2022가 '혁신의 장'이 될 것이라며 자신감을 드러냈다. 게리 샤피로 CTA 회장은 "현장 행사에 불참한 대기업의 빈자리는 스타트업이 차지할 것"이라며 "CES 2022에서 공개될 새로운 혁신과 기술이 더 나은 세상을 만들고 인류의 큰 문제를 해결할 것"이라고 강조했다. 이어 "쇼는 계속돼야 한다"고 덧붙였다.

가전을 넘어선 혁신기술

참가 기업들은 행사장 라스베이거스 컨벤션센터(LVCC)를 찾은 관람객에게 화답하듯 과거에 볼 수 없었던 혁신적인 신제품을 대거 선보였다. 행사장 곳곳에선 스마트 안경 등을 쓰고 가상현실(VR) 세계를 탐험하거나 미래형 자동차 견본 차량에 타고 엔터테인먼트를 즐기는 관람객의 탄성이 가득했다.

매년 CES의 주인공 자리를 놓치지 않고 있는 삼성전자는 올해도 관람객들을 실망시키지 않았다. LVCC 메인 전시관인 센트럴홀에서도 한가운데 대형 부스를 차린 삼성전자는 혁신 가전뿐만 아니라 로봇과 메타버스, 미래 자동차 등을 선보이며 '더 이상 가전 기업에 그치지 않는다'는 것을 천명했다. 라이프 컴패니언(Life Companion) 로봇 2종은 삼성전자 부스에서

> 66
> 전 세계 2200개 이상의 기업이 미래기술과 혁신 제품을 선보이며 관람객에게 잊지 못할 '경험'을 선사했다.
> 99

1.
CES를 앞두고 라스베이거스에서 열린 불꽃놀이.

2.
테슬라가 미래형 대중교통 시스템을 표방하며 설계한 '베가스 루프(loop)'.

관람객이 가장 많이 몰린 제품이다. 이 로봇들은 사용자의 영상 회의를 준비해주거나 저녁 식사를 위한 테이블 세팅을 해주는 등의 기능을 선보였다.

CES의 터줏대감 중 한 곳인 LG전자는 전시에 들였던 힘을 약간 빼고 첨단 기술을 체험해볼 수 있는 경험을 관람객에게 주는 데 주력했다. 매년 부스 전면에 조성했던 OLED(유기발광다이오드) 폭포를 'VR 영상'으로 대체하는 대신 인공지능(AI) 기반 미래 자율주행차 콘셉트 모델인 'LG 옴니팟'을 공개했다. 차량 내부를 오피스 공간뿐만 아니라 영화 감상, 운동, 캠핑 등 여러 활동을 즐길 수 있는 개인 공간으로도 활용 가능한 것이 특징이다.

첨단 모빌리티 경연장

LVCC 웨스트를 가득 채운 모빌리티 전시는 'CES가 더 이상 가전만의 잔치가 아니다'는 것을 관람객들에게 확실하게 각인시켰다. 웨스트홀은 지난해 완공된 새 전시 공간으로 건설 비용만 10억달러(약 1조2000억원)가 투입됐다. 연면적은 서울 삼성동 코엑스의 세 배 수준인 13만㎡다. 웨스트홀에서 가장 눈길을 끈 부스는 현대차와 스텔란티스였다. 제너럴모터스(GM)와 메르세데스벤츠, 아우디 등이 오미크론 변이 확산을 이유로 부스를 내지 않기로 결정하면서 더욱 주목받았다.

현대차의 전시장은 통념과 정반대였다. 전시장

의 주인공은 신차나 콘셉트카가 아니라 메타버스와 로봇이었다. 가전업체는 모빌리티와 로봇을, 자동차업체는 디지털 세계를 겨냥하는 '기술융합의 시대'가 열리면서 업종 간 칸막이가 무너지고 있다는 걸 생생히 보여주는 현장이었다.

현대차는 이번 전시의 주제가 메타버스와 증강현실(AR)임을 예고하는 영상을 대형 스크린으로 내보냈다. 보스턴다이내믹스의 로봇 '스폿'을 화성에 보낸 뒤 메타버스 기술을 접목하면 사람이 화성을 찾은 것과 똑같은 경험이 가능하다는 메시지를 담았다.

현대중공업도 웨스트홀에 부스를 차렸다. 현대중공업은 이번이 첫 CES 참가다. 부스는 로봇과 풍력발전기 등 미래 산업 관련 제품으로 채워졌다. 한 관람객은 "웨스트홀을 현대(Hyundai)가 장악했다"며 "이번 CES를 통해 한국 기업들의 존재감이 더 커졌다"고 말했다.

야외 전시장에서 눈길을 끈 제품은 단연 시에라 스페이스의 '드림체이서' 우주 비행선이다. LVCC 센트럴 야외 광장에 마련된 전시장에 자리 잡은 드림체이서엔 아침부터 저녁까지 관람객이 몰렸다. 이 비행선은 우주 왕복선의 4분의 1 정도 크기로, 국제우주정거장에 물자를 수송하는 용도로 개발되고 있다.

새로운 명물도 탄생했다. 일론 머스크 테슬라 최고경영자(CEO)가 설립한 보링컴퍼니가 미래형 대중교통 시스템을 표방하며 설계한 '베가스 루프(loop)'다. CES가 열리는 LVCC의 주요 장소를 지하터널로 연결하고, 그곳을 전기차로 이동하는 방식이다. 차량 운전자는 "루프가 라스베이거스 전역에 깔리면 시속 240km로 주요 지점을 오가며 지하철을 대체하는 새로운 교통수단이 될 것"이라고 말했다. 테슬라는 당초 자율주행 기술인 오토파일럿을 적용할 계획이었지만, 교통당국의 규제로 실현하지 못했다.

1

글로벌 관심 끈 'K기업'

달라진 한국의 위상도 확인할 수 있었다. 이번 CES 2022에 참가한 한국 기업은 502개에 달했다. 1300여 개 기업이 참가한 미국 다음 규모다. CES의 꽃이라 불리는 키노트 연설의 첫 스타트를 삼성전자가 끊었고, 행사장 곳곳 주요 길목에는 한국 기업들의 로고가 선명하게 존재감을 발산했다.

1월 3일 라스베이거스 만달레이베이호텔에서 열린 현대차 프레스 콘퍼런스에는 500명이 넘는 사람이 몰렸다. 약 50명의 국내 기자와 100여 명의 현대차 관계자를 제외한 나머지는 모두 해외 매체 소속 기자들이었다. 정의선 회장을 비롯한 발표자들의 주제발표가 끝날 때마다 박수 소리가 나왔다. 발표가 끝나자 국내외 매체를 가릴 것 없이 기자들이 정 회장 주변으로 모였다. 정 회장은 이어지는 기자들의 질문에 답하기 위해 약 20분을 행사장에 머물렀다.

한 미국 매체 기자는 "몇 년 전만 해도 현대차는 CES에서 그렇게 인상적이지 않았지만, 올해는 가장 주목받는 업체 중 하나로 떠올랐다"며 "정보기술(IT) 및 모빌리티 분야의 대기업들이

CES에 참가한 한국기업 수
단위 개
390 (2020년)
345 (2021년)
502 (2022년)
자료 KICTA

1.
보스턴다이내믹스의
로봇개 '스폿'.
2.
엔지니어드 아트의
휴머노이드 로봇
'아메카'.
3.
자신의 뇌와 신장을
보여주는 다쏘시스템
전시관.

대거 불참한 데다 현대차의 발표 주제인 로보틱스와 메타버스가 워낙 많은 관심을 받고 있어 취재진이 더 몰렸다"고 말했다.

같은 날 라스베이거스 시저스팰리스호텔에선 한종희 삼성전자 부회장의 키노트 연설이 있었다. 호텔 행사장 앞은 키노트 한 시간 전부터 100여 명의 IT업계 관계자들과 취재진이 장사진을 이뤘다. 한 부회장은 CES 2022의 첫 번째 키노트 연설을 맡았다. 행사를 기다리던 스페인 한 IT 기업 소속 엔지니어는 "삼성이 가리키는 방향이 업계 트렌드가 된다"며 "그 트렌드 파악은 CES 행사에서 다른 무엇보다 중요하다"고 말했다.

전시장에서도 존재감 빛난 한국

전시장 부스에서도 한국 기업에 대한 관심은 지대했다. 행사가 본격적으로 시작되기 전부터 삼성, 현대차 등 한국 기업에 대한 현지 참가자들의 반응은 뜨거웠다. 다른 기업과는 다르게 행사 전 부스 준비 과정에서 삼성전자, 현대중공업 등은 천막으로 부스를 가리기도 했다. 현장에서 준비하고 있던 삼성전자 관계자는 "취재진이나 다른 기업에서 관심이 많다 보니 몰래 살피러 자주 온다"며 천막을 내린 이유를 설명했다.

전시가 시작되고 나서도 관심은 식지 않았다. 메인 전시장인 LVCC의 모든 입구에는 LG전자, 삼성전자, 현대중공업 등의 전시 부스가 포진해 있었다. 이외에도 롯데정보통신, 한글과컴퓨터 등 낯익은 로고들이 전시장 곳곳에서 눈에 띄었다. 사람들이 몰리는 오후 시간대에는 이 기업들의 기술을 관람하기 위해 대기줄이 생기는 장관이 연출되기도 했다.

'K스타트업'으로 이목이 집중되기도 했다. 오미크론 변이 바이러스의 확산으로 기존 CES에서 스타트업 업계 터줏대감이던 미국, 프랑스 등의 참여가 저조한 반면 한국 스타트업 참여 수는 역대 최대인 260여 개에 달할 만큼 열기가 뜨거웠다.

AR 글라스 스타트업 레티널의 김재혁 대표는 "행사 3일 동안 매시간 단위로 예약이 꽉 차 있을 만큼 바쁜 시간을 보냈다"며 "AI, 메타버스 등 선도 기술을 쏟아내는 한국 스타트업에 대한 관심이 그 어느 때보다도 컸다"고 말했다.

58%

CES에 참가한
502개 한국 기업 중
스타트업 비율

SECTION 3 *Company 1*

개인의 취향 담은 제품으로
최고의 경험 선사하는 삼성전자

: 스마트폰부터 각종 가전과 대화면 기기에 이르기까지
개인의 라이프스타일과 취향을 반영한 혁신 제품을 대거 공개했다.

한종희 삼성전자 부회장이 '미래를 위한 동행'을 주제로 기조연설을 하고 있다.

CES 2022 스케치

POINT 01 라이프스타일
POINT 02 디스플레이 기술력
POINT 03 팀삼성

1월 5~7일 열린 CES 2022를 관통하는 삼성전자의 키워드는 '라이프스타일'이었다. 개개인의 취향과 경험에 딱 맞는 제품과 서비스를 통해 소비자에게 최고의 경험을 선사하겠다는 철학을 담았다. 라이프스타일 제품과 서비스를 제공하기 위해 삼성전자가 제시한 것은 두 가지다. 인공지능(AI)과 사물인터넷(IoT)을 활용해 스마트폰, TV, 생활가전 등 제품의 경계를 무너뜨리고 시너지 효과를 극대화하겠다는 전략이 첫 번째다. 스마트폰으로 공기청정기를 제어하고, 냉장고에 붙은 모니터로 가족 건강을 위한 레시피를 찾아보는 식이다. 제품의 기능에만 집중하지 않고 탁월한 디자인을 통해 아트와 인테리어의 한 부분으로 활용하는 게 두 번째다. TV에서 영상을 보지 않을 때는 선명한 화질로 예술 작품을 감상할 수 있게 하는 것이 대표적인 예다.

새로운 시대를 위한 혁신

삼성전자가 CES 2022 기간 내내 강조한 단어는 '맞춤형'과 '경험'이다. 집에서 보내는 시간이 늘어나면서 집 안에서의 경험이 중요해지고 있기 때문이다. 한종희 삼성전자 부회장은 CES 2022로 출발하기 전 삼성전자 뉴스룸에 올린 기고문 'CES 2022: 새로운 시대를 위한 혁신'에서 "이번 CES에서 언제 어디서나 크고 작은 화면을 시청할 자유를 주고, 각각의 공간을 아름다운 풍경이나 예술작품으로 만들

SECTION 3 Company 1

수 있게 하는 혁신 제품과 경험을 제시할 것"이라고 했다.

삼성전자는 맞춤형 제품 경험을 소비자에게 제공하기 위해 라스베이거스컨벤션센터(LVCC)에 CES 참가 업체 중 가장 넓은 3596㎡ 규모의 전시관을 마련했다. 전시장에는 각각 16m와 8m에 달하는 2개의 초대형 LED 사이니지월을 설치해 각종 신기술을 소개했다. 삼성전자는 이곳에서 AI와 IoT 기술로 구현한 '스마트싱스(SmartThings)'를 기반으로 TV와 가전, 모바일 제품까지 다양한 기기를 연결해 고객에게 하나의 팀처럼 유기적인 경험을 제공했다.

예를 들어 AI 아바타는 가상공간을 관리하는 '집사' 역할을 한다. 오늘 해야 할 일을 안내하고 저녁식사 레시피를 설명해 줄 수도 있다. 가전제품을 켜고 꺼달라는 주문도 처리한다. 현실 세계에서 아바타의 주문을 처리하는 것은 로봇이다. 눈 역할을 하는 '삼성 봇 아이', 팔 역할을 하는 '삼성 봇 핸디'가 냉장고 문을 여닫고 오븐 온도를 조절한다.

디스플레이 기술력 우월성 강조

삼성전자는 CES에서 2022년형 마이크로

1, 2.
자발광 기술이 적용된 마이크로 LED.

3.
기능과 색상 등을 취향에 따라 고를 수 있는 맞춤형 가전 '비스포크 홈'.

4.
S자 형태로 안팎으로 접는 '플렉스S'.

5.
안쪽으로 두 번 접는 '플렉스G'.

커지는 세계 OLED TV 시장

단위 만대

2019년	300
2020년	365
2021년	650
2022년	800
2023년	900
2024년	940

자료 옴디아
※2021년부터는 전망치

LED 110형, 101형, 89형의 세 가지 모델을 처음 공개했다. 110형이란 디스플레이의 대각선 길이가 110인치라는 뜻이다. 마이크로 LED는 마이크로미터(㎛) 단위의 LED가 백라이트, 컬러필터 없이 스스로 빛과 색을 내 선명한 화질을 구현한다. 현존하는 디스플레이 중 자발광 기술이 적용된 것은 마이크로 LED와 OLED 두 가지뿐이다.

마이크로 LED 신제품은 밝기와 색조를 100만 단계로 미세하게 조정했다. 명암을 세밀하게 분석해 사람의 눈으로 보는 것과 비슷한 수준으로 영상을 보여주는 HDR(high dynamic range) 기술력을 가늠할 수 있는 제품이다.

삼성디스플레이는 CES 2022에서 OLED 기반 QD-디스플레이를 공개했다. 지금까지 OLED TV 시장은 LG전자가 독보적인 1위를 지키고 있다. LCD TV보다 화질은 뛰어나면서 눈 피로도는 덜하다는 게 강점이다.

LG와 삼성의 제품은 OLED 기반이라는 점은 같지만 발광원과 QD 적용 등 기술적 차이가 있다. LG의 OLED와 삼성 QD 디스플레이는 유기화합물이 자체 발광하는 것은 동일하다. 다만 삼성 QD-디스플레이의 발광원은 청색, LG

의 OLED는 발광원은 백색 소자다. 삼성디스플레이 관계자는 "QD-디스플레이는 기존 OLED보다 색 표현력, 시야각, 명암비 등 화질 특성이 뛰어나다"고 소개했다.

삼성디스플레이는 이번 전시에서 TV용 65인치·55인치 패널과 모니터용 34인치 패널 등 올해 출시하는 QD-디스플레이 라인업을 모두 선보였다. 크기별 QD-디스플레이를 이어 붙인 터널, 경쟁사의 기존 OLED와의 비교 시연 등을 통해 QD-디스플레이가 LCD(액정표시장치)는 물론 기존 OLED보다 기술적으로 우월하다고 강조하는 데 주력했다.

맞춤형 스크린 시대

중소형 OLED 패널은 폼팩터(형태)가 다채로워졌다. S자 형태로 안팎으로 접는 '플렉스S'는 두

성장하는 글로벌 가전 시장
단위 억달러

- 2020년 4218
- 2021년 4480
- 2022년 4768
- 2023년 5068
- 2024년 5386

자료: 시장조사업체 스태티스타
※2021년부터는 전망치
TV를 제외한 가전제품 기준

번 접을 수 있어 휴대성이 뛰어나다는 평가를 받았다. 스마트폰과 태블릿PC 등에 쓰일 수 있다. '플렉스G'는 G자 형태로 안쪽으로 두 번 접는 멀티폴더블 제품이다. 외부 충격에 상대적으로 강하다. '플렉시블 노트'는 펴면 17인치로 커지고, 접으면 13인치로 줄어든다.

신개념 프로젝터 '더프리스타일'도 주목할 만한 제품이다. 한 손에 들어오는 미니멀한 디자인으로 180도 자유자재로 회전해 벽, 천장, 바닥 등 다양한 공간에서 원하는 각도로 비추어 사용할 수 있다. 테라스와 캠핑지 등 야외에서도 쓸 수 있다.

'비스포크 홈' 해외 본격 보급

삼성전자는 CES 2022를 계기로 기능과 색상 등을 취향에 따라 자유롭게 고를 수 있는 맞춤형 가전 '비스포크 홈'을 해외 시장에 본격적으로 보급할 계획이다. 이번 행사에서 냉장고와 오븐, 전자레인지, 식기세척기 등을 포함한 비스포크 패키지를 전시했다. 비스포크 냉장고 신제품은 푸드 AI 기능이 강화됐다. 냉장고 스크린으로 삼성 TV 플러스를 무료로 시청하고, 소모품 교체 시점도 확인할 수 있다.

삼성전자는 이 자리에서 '팀삼성(Team Samsung)' 개념도 제시했다. 팀삼성은 차별화된 AI·IoT 기술 스마트싱스(SmartThings)를 기반으로 TV와 가전부터 모바일 제품까지 다양한 기기를 서로 연결해 고객에게 하나의 팀처럼 유기적인 경험을 제공한다는 뜻을 담고 있다. 구체적으로 △IoT 허브 기능으로 집안 내 여러 기기를 간편하게 제어하는 스마트TV △사용자 선호도와 냉장고 속 식자재를 분석해 조리법을 추천하고 조리 기기와 연결하는 '스마트싱스 쿠킹' △전력 사용량을 분석해 에너지 절약 계획을 제안하는 '스마트싱스 에너지' 등이 대표적이다.

SECTION 3 *Company 1*

신개념 IoT로 미래 일상 제시…신성장 동력 주목

연결성 기반으로 스마트홈 콘텐츠 강화

"식사 준비는 됐지?" 외국인 진행자가 묻자 냉장고 앞 스크린에 떠오른 아바타가 "저는 다 됐어요"라고 답했다. 이어 아바타가 식탁 앞에 있던 로봇 팔을 향해 "삼성봇 핸디, 테이블 세팅해줘"라고 지시하자 로봇 팔이 접시를 건조대에서 꺼내 테이블 자리에 맞춰 내려놨다. 삼성전자가 세계 최대 IT·가전 전시회 'CES 2022'에서 공개한 미래의 일상이다. 개막 하루 전 공개한 이 현장에선 감탄사와 박수가 쏟아졌고, 투자 전문가들의 시선도 이곳을 향했다.

성장동력은 AI·IoT 기술

투자 전문가들은 삼성전자가 올해 CES에서 처음 공개한 홈 로봇 '삼성봇 아이(i)'를 인상적인 대목으로 꼽았다. 동그란 얼굴과 몸통으로 구성된 삼성봇 아이는 인공지능(AI) 최신 기술이 적용돼 사용자 곁에서 함께 이동하며 상호작용이 가능한 로봇이다. 그 옆으로는 삼성전자의 미래형 냉장고와 조리 공간, 식탁, 팔 형태의 키친 로봇 '삼성봇 핸디'가 자리했다. 삼성봇 아이는 하루 일정을 안내하거나 저녁 메뉴를 취향에 따라 제안하기도 한다.

정원석 하이투자증권 연구원은 "삼성전자의 AI와 사물인터넷(IoT) 접목이 한 단계 발전했다는 것을 확인했다"고 말했다. 그는 "AI 비서가 명령을 내리고 그 업무를 수행하는 핸디봇이라는 새로운 IoT 개념을 제시한 점이 돋보였다"며 "스마트폰에서 작동 버튼을 누르든 음성 명령을 하든 사람이 지시를 내리고 구동하는 식이던 기존 IoT 체계와는 확연히 달랐다"고 말했다. 이 시스템은 삼성전자가 CES 2022에서 제안한 미래 '가전 경험'의 핵심이다. 메타버스와 로봇 플랫폼을 통해 집 전체를 하나의 제품처럼 관리하는 '사용자 맞춤형 미래 홈' 기술을 선보인 것이다.

삼성전자의 AI와 IoT 접목이 한 단계 발전했다는 것을 확인했다.

정 연구원은 "현존하는 AI 비서 대부분이 음성 인식으로 사람과 AI가 소통하는 것을 보여주는 수준"이라며 "AI 비서가 사람의 상황을 스스로 인지하고 판단해 IoT 기기에 명령을 내릴 정도로 기술 진화를 이뤄낸 점도 주목할 만하다"고 말했다. 그는 "생활의 편리함을 일부 도와주는 매개체로 여겨졌던 '스마트홈'이 삶의 질을 직접적으로 높여주게 됐다"며 "삼성전자의 새 성장동력으로 자리 잡을 가능성이 높다"고 했다.

스마트홈 날개 달까

삼성전자는 CES 2022에서 소개한 것처럼 향후 연결성을 기반으로 스마트홈 콘텐츠를 강화할 방침이다. AI와 IoT 기술로 구현한 스마트홈 플랫폼 '스마트싱스(SmartThings)'를 기반으로 TV와 가전, 모바일 제품까지 다양한 기기를 연결 중이다. 삼성전자는 "연결을 통해 소비자 맞춤형 서비스를 강화할 것"이라며 "AI를 기반으로 제품을 최적 상태로 관리해주는 서비스를

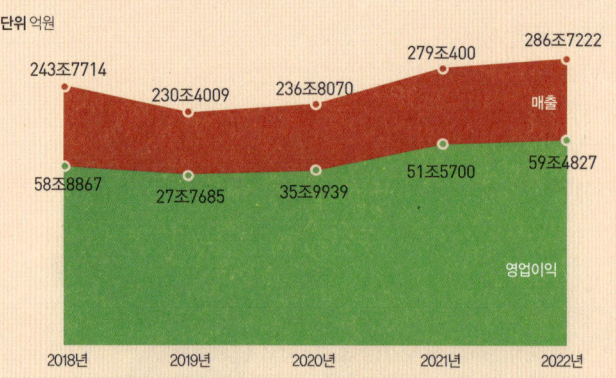

삼성전자 매출·영업이익 추이

단위 억원

자료 삼성전자, 에프앤가이드 ※2021년은 잠정치, 2022년은 전망치

삼성봇 핸디가 테이블 세팅을 시연하는 모습.

투자 전문가들은 삼성전자가 TV, 세탁기 등 각각의 제품을 제조하는 데서 벗어나 기기 간 연결성을 강화하는 것에도 주목했다. 삼성전자는 작년 12월 스마트폰과 가전을 통합한 DX(디지털경험)부문을 출범시켰다. 기존 하드웨어 플랫폼으로는 성장 동력을 확보하기 어렵다고 판단했다는 전언이다. 올해부터는 기기 간 융합을 통해 시너지를 낼 수 있는 새로운 제품이 출시될 것이란 예상도 나온다.

김지산 키움증권 리서치센터장은 "구글, 아마존 등이 CES 2022에 불참하면서 스마트홈은 삼성전자 '스마트싱스'와 LG전자 '씽큐'가 주도하는 형태였다"며 "스마트홈 경쟁력도 중요 투자 포인트로 고려할 부분"이라고 했다. 김 센터장은 "삼성전자는 CES 2022에서 최상위 프리미엄 TV로 2022년형 마이크로LED TV를 공개하면서 앞선 기술력을 내보였다"며 "프리미엄 TV로 얼마나 성과를 내느냐도 눈여겨볼 만하다"고 덧붙였다.

반도체도 중요 투자 포인트

정 연구원은 "삼성전자의 주가는 반도체 관련 움직임이 가장 중요하다"며 "똑똑한 가전 기기를 위해 비메모리 반도체 사업을 확장하는 식의 시도가 이어진다

삼성전자가 CES 2022에서 공개한 주요 기술·제품

TV
—
마이크로LED
101형·89형

가전
—
스마트싱스
기반 서비스

스마트폰
—
갤럭시
S21 FE

자료 삼성전자

면 상승 모멘텀이 더 클 것"이라고 말했다.

삼성전자 DS(디바이스솔루션)부문은 CES 2022에서 데이터 처리 속도를 두 배가량 개선한 차세대 서버용 솔리드스테이트드라이브(SSD)를 소개했다. PCIe(고속 입출력 인터페이스) 5.0 규격인 'PM1743'의 강점은 원활한 데이터 처리다. 기존 표준인 PCIe 4.0 대비 데이터를 처리할 수 있는 대역폭이 두 배가량 넓다.

삼성전자는 이번 제품에 6세대 V낸드와 자체 개발한 PCIe 5.0 컨트롤러를 장착해 업계 최고 수준의 성능을 구현했다. 연속읽기 속도는 이전 세대 제품보다 약 1.9배 빠른 초당 12.7GB(기가바이트)다. 임의읽기 속도는 1.7배, 연속쓰기와 임의쓰기 속도는 각각 1.7배와 1.9배 빨라졌다. 삼성전자 관계자는 "AI, 메타버스 등 많은 양의 데이터를 처리해야 하는 데이터센터를 겨냥한 제품"이라고 설명했다. 이 같은 기술력을 토대로 보면 올해도 삼성전자의 존재감은 높을 것이란 분석이다.

이 밖에 한동안 정체됐던 삼성전자의 스마트폰 사업 동향도 주가 흐름에 영향을 줄 수 있다는 전언이다. 삼성전자는 갤럭시S21 FE 5G를 CES 2022에서 처음 공개했다. 지난해 출시된 플래그십 스마트폰 갤럭시S21의 기능 가운데 갤럭시 팬이 가장 선호하는 기능을 엄선했다. 1월 11일 공식 출시 후 유럽 등 해외 시장 공략에 얼마나 성공하느냐도 살펴볼 부분으로 꼽혔다.

SECTION 3 *Company 2*

현대차 새 성장동력은 '메타 모빌리티'

현대자동차는 메타버스를 활용해 이동성의 개념을 확장한 '메타 모빌리티' 개념을 제시했다. 사용자가 가상과 현실의 세계를 자유롭게 넘나들며 궁극의 이동 경험을 할 수 있는 세상을 만들겠다는 계획이다.

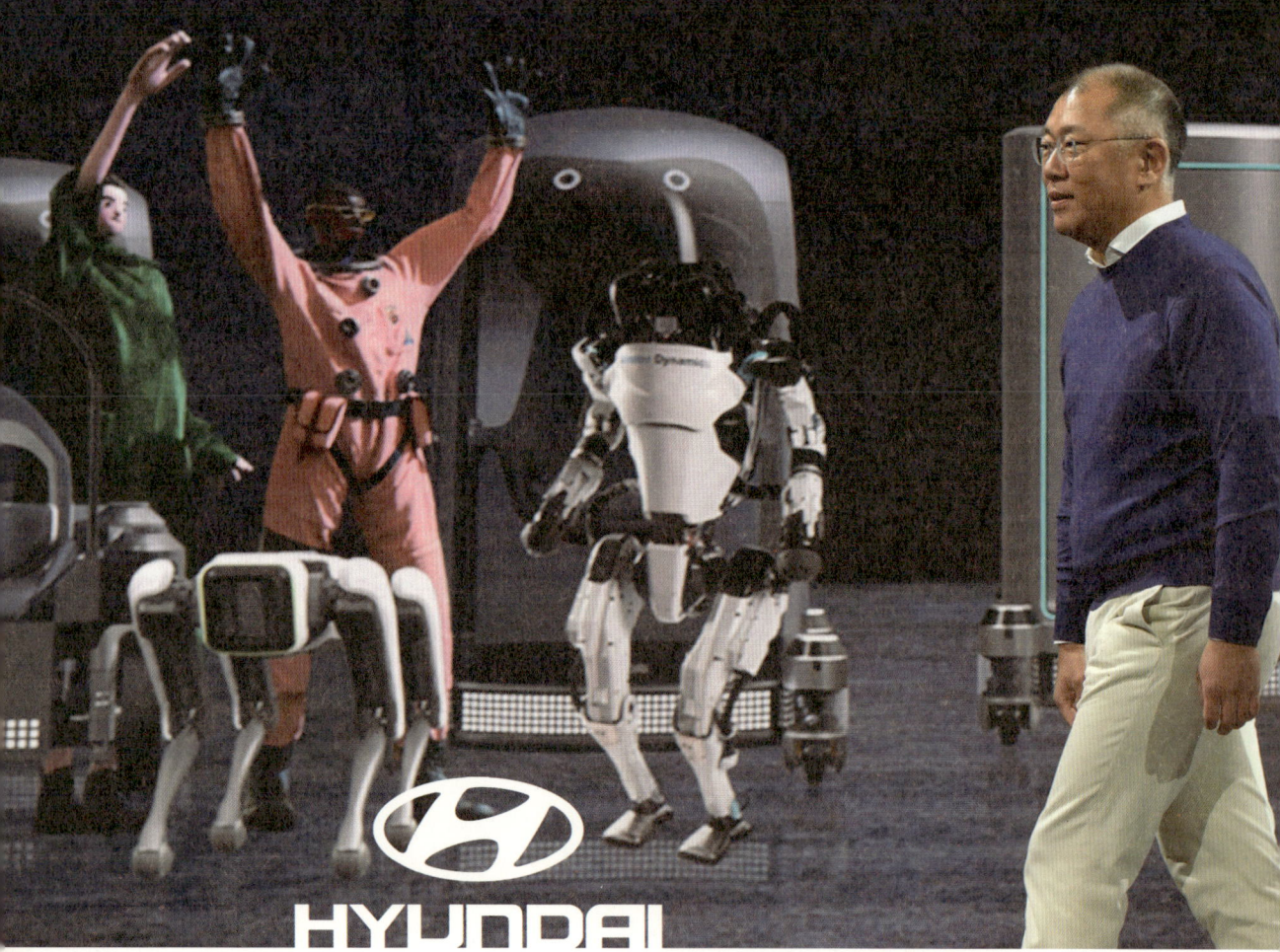

POINT 01 **메타 모빌리티**
POINT 02 Mobility of Things
POINT 03 **지능형 로봇**

정의선 현대차그룹 회장이 1월 4일(현지시간) 미국 네바다주 라스베이거스 만달레이베이 호텔에서 프레스 콘퍼런스를 열었다.

몇 년 전만 해도 CES가 열리는 미국 라스베이거스에서 현대자동차는 크게 주목받지 못하는 업체였다. 글로벌 정보기술(IT) 기업이 대거 참가하는 데다 굵직한 자동차 기업도 여럿 나왔기 때문이다. 분위기가 바뀐 것은 2년 전인 CES 2020. 현대차는 당시 도심항공모빌리티(UAM) 사업에 진출한다고 선언했고, 전시장에 대형 개인용·비행체(PAV) 모형을 전시했다.

현대차의 존재감은 CES 2022에서 더 커졌다. 현대차 부스는 라스베이거스컨벤션센터(LVCC) 웨스트홀에서 가장 주목받는 곳 중 하나가 됐다. 제너럴모터스(GM), 도요타, 메르세데스벤츠 등이 오프라인 전시장을 설치하지 않은 것도 하나의 원인이겠지만 궁극적으로는 현대차의 전시물과 발표에 대한 관심이 높아진 결과로 해석된다. 전시장을 찾은 한 관람객은 "단순히 차를 전시하면 CES에서 주목받지 못한다"며 "현대차는 미래 비전을 보여줬기 때문에 더 관심이 갔다"고 말했다.

"로봇을 휴대폰처럼 가까이하는 시대 온다"
현대차는 이번 CES 발표 및 전시 주제를 로보틱스와 메타버스로 잡았다. 이번 CES를 관통하는 주제이기도 하다. CES를 진두지휘한 인물은 2년 전과 마찬가지로 정의선 현대차그룹 회장이었다.

정 회장은 2022년 1월 4일 라스베이거스 만달

레이베이호텔에서 열린 프레스 콘퍼런스에서 로보틱스를 통해 모빌리티(이동성)의 영역을 확장하겠다는 비전을 공개했다. 보스턴다이내믹스가 개발한 로봇 개 '스폿'과 함께 무대에 오른 정 회장은 로보틱스의 중요성을 거듭 강조했다. 그는 "로봇을 휴대폰처럼 들고 다니는 시대가 온다"며 "로보틱스는 더 이상 꿈이 아니라 현실이고 현대차는 로보틱스를 통해 위대한 성취를 이룰 것"이라고 말했다. 이어 "로봇은 점점 인간과 가까워지고 있다"며 "우리는 로봇이 인류를 돕는 미래를 꿈꾸고, 인간과 협업하는 반려로봇이 우리의 목표"라고 설명했다.

자동차를 비롯한 이동 수단에 로봇을 결합하면 더 효율적이고 안전하게 업그레이드되고, 반대로 로봇에 이동성을 부여하면 더 강력해진다는 게 현대차의 설명이다. 정 회장은 "자동차에도 자율주행 로봇 기술이 포함돼 있다"며 "로보틱스와 모빌리티는 서로 시너지를 내는 관계"라고 강조했다.

로봇으로 채워진 현대차 부스
현대차 부스도 로봇으로 채워졌다. 자동차는 한 대도 전시되지 않았다. 현대차가 제시한 개념은 사물이동성(MoT: Mobility of Things). 기존에 고정돼 있던 각종 사물을 움직이게 만들어 활용도를 극대화하겠다는 의미다.
어떤 사물에라도 부착하기만 하면 움직이게 하는 'PnD(플러그앤드드라이브) 모듈'이 대표적이다.
PnD 모듈이 적용된 목적기반모빌리티(PBV)는 시연되기도 했다. PnD 모듈 4개가 장착된 이 모빌리티에 사람이 올라타 조정을 했는데, 기어나 페달이 아니라 조이스틱으로 조작이 이뤄졌다. 관람객 사이에서 "놀이기구 같다"는 평가가 나왔다. 현대차의 로봇 개발을 주도하고 있는 현동진 로보틱스랩 상무는 "12인치로 확대된 PnD 모듈이 적용된 L7 콘셉트는 평평한 실내뿐 아니라 공공도로에서도 시속 80km의 속도로 달릴 수 있다"고 설명했다.

현대차는 'DnL(드라이브앤드드리프트) 모듈'도 함께 공개했다. 이 모듈은 4개의 바퀴와 이를 연결하는 판으로 구성됐는데, 각 바퀴에 장착된 모터가 제각각 보디를 들었다 났다 할 수 있다. 이 때문에 차체를 원하는 기울기로 조절할 수 있고, 경사진 길에서도 보디를 수평으로 유지할 수 있다.

앞서 현대차가 공개한 스케이트보드 플랫폼 '모베드'도 이 DnL 모듈을 활용해 만들었다. 모베드는 너비 60cm, 길이 67cm의 모빌리티 플랫폼이다. 시속 30km의 속도를 낼 수 있고, 배터리를 한 번 충전하면 약 4시간 주행할 수 있다. 현대차는 모베드도 CES 부스에 전시했다.

현대차가 인수한 로봇기술기업 보스턴다이내믹스의 제품도 전시 리스트에 이름을 올렸다. 네 발로 걸어다니는 로봇 스폿과 인간형 로봇 아틀라스가 대표적이다. 스폿은 보스턴다이내믹스가 2015년 선보인 로봇으로 초당 1.58m를 뛸 수 있고 계단을 오를 수도 있다. 장애물이 앞에 있으면 몸통에 부착된 8개의 카메라를 통해 인지하고 비켜간다. 넘어져도 관절을 유연하게 사용하며 스스로 일어나고, 살아있는 개처럼 웅크려 앉거나 재롱을 부리기도 한다. 달리는 모

1.
1. 현대자동차가 PnD(플러그 앤 드라이브) 모듈을 탑재한 퍼스널 모빌리티.
2. 현대자동차가 선보인 소형 모빌리티 플랫폼 '모베드'.

2

습은 실제 개와 큰 차이가 없을 정도다. 아틀라스는 두 발로 걸어다니는 로봇이다. 공중회전 등 사람이 하기 힘든 동작을 능숙하게 한다.

"메타버스로 이동성 한계 뛰어넘는다"
현대차의 CES 2022 구상은 로봇에 그치지 않았다. 로봇기술이 모빌리티의 영역을 확장시킬 수 있는 것은 분명하지만 한계도 있다. 지구 반대편에 있는 곳으로 순식간에 이동하는 것은 불가능하고, 회사와 집 두 공간을 동시에 갈 수도 없다. 현대차는 이 문제를 메타버스(3차원 가상현실)로 풀겠다는 계획이다. 로보틱스 및 모빌리티 기술에 메타버스를 결합한 기술을 선보이겠다는 의미다. 3차원(3D) 가상공간이라고도 불리는 메타버스는 가상과 현실이 상호작용하는 혼합현실을 의미한다.

현대차는 이 기술을 '메타 모빌리티'라고 이름 붙였고, 이를 차세대 성장동력으로 삼겠다고 발표했다. 메타버스를 통해 멀리 떨어져 있는 로봇을 '제2의 나'로 만들면 이동성의 한계를 극복할 수 있다는 설명이다. 이 로봇은 현장의 감각을 생생하게 전해주고, 동시에 이용자의 팔과 다리 역할도 한다.

현대차는 메타버스와 로봇 기술을 활용하면 차 안에서 집 안의 물건 또는 사람과 교감할 수 있

META FACTORY

현대차는 3차원(3D) 메타버스 플랫폼에 현실의 스마트팩토리를 그대로 구현한 디지털 가상공장 '메타팩토리'를 구축한다. 이곳은 차량 주문과 생산, 인도 등 자동차 생애주기 가치사슬 전반을 연구하고 실증하는 개방형 혁신 기지다.

다고 설명했다. 메타버스에 구축된 가상의 집에 접속하면 현실의 집에 있는 로봇과 동기화해 실제로 집에서 행동하는 것처럼 움직일 수 있다는 의미다.

또 집 안에 있는 로봇을 통해 반려동물에게 먹이를 주거나 함께 산책을 나갈 수도 있다. 로봇을 이용해 멀리 떨어진 곳을 경험할 수도 있다. 현대차는 이번 CES에서 화성에 있는 스폿을 통해 집 안에 앉아 그곳의 바람을 느끼고 암석을 집어드는 시대가 올 수 있다는 내용의 영상을 공개했다.

현대차는 이를 '로봇 아바타'라고 표현했다. 영화 '아바타'의 주인공이 다른 행성에 있는 아바타와 동기화된 것처럼 이용자와 로봇이 하나로 묶일 수 있다는 의미에서다. 사용자가 가상과 현실의 세계를 자유롭게 넘나들며 궁극의 이동 경험을 할 수 있는 세상을 만들겠다는 게 현대차의 계획이다.

정 회장은 "현대차의 모빌리티는 물리적인 세계에서 끝나지 않고, 최종적으로는 가상세계로 확장된다"며 "그것이 바로 우리가 생각하는 메타버스"라고 강조했다. 이어 "현재 메타버스는 게임 플랫폼으로 인식되고 있지만, 우리는 그 가능성이 무한하다고 생각한다"고 말했다. 메타버스를 활용하면 이동성의 개념이 완전히 달라진다는 뜻이다. 메타버스와 로봇을 활용하면 동시에 두 공간에 존재하는 것처럼 움직일 수 있다. 순식간에 지구 반대편에 있는 공간의 로봇과 자신을 동기화할 수도 있다.

이 과정에서 자동차와 UAM 같은 모빌리티는 메타버스에 접속하는 매개체 역할을 한다. 이용자는 모빌리티 내부에서 멀리 떨어진 로봇이 제공하는 경험을 느끼고, 로봇을 조종할 수도 있다. 차량 내부가 엔터테인먼트를 위한 공간이 됐다가 업무를 위한 회의실로 바뀔 수 있다. 3D 게임을 위한 플랫폼이 될 수도 있다.

SECTION 3 Company 2

Zoom in

"현대차를 자동차 회사로만 봐선 안돼"

소프트웨어, 자율주행, 로보틱스 등 미래 기술에 주목해야

올해 현대자동차·기아의 주가 방향은 전기자동차 전환 속도에 달려 있다. 글로벌 완성차업체들보다 전기차 전환을 더 빨리 할 수 있는지가 관건이다.

현대차·기아는 올해 747만3000대 판매 목표를 세웠다. 지난해보다 12.1%(80만4963대) 더 팔겠다는 공격적인 계획이다. 2015년 801만 대로 정점을 찍은 뒤 7년간 판매량이 감소하다 이번에 전년 실적을 크게 웃도는 목표를 내놓은 것이다. 반도체 공급난의 여파가 가시지 않은 상황에서 드러낸 현대차의 자신감은 투자자들의 이목을 끌었다. 2026년 전기차 판매 목표도 170만 대로 확 늘렸다. 애초 2025년 100만 대 판매에서 1년 새 70만 대나 높인 목표치다.

현대차·기아의 판매 목표 상향 조정은 주가 상승의 좋은 재료다. 이를 달성하기 위한 전기차 전환 계획을 지금보다 구체적으로 제시해야 주가가 탄력을 받을 것이라고 전문가들은 지적한다. 현대차 주가는 2021년 1월 11일 28만9000원으로 최고치를 찍은 뒤 꾸준히 하락해 19만~22만원대 박스권을 벗어나지 못하고 있다.

김진우 한국투자증권 연구원은 "현대차·기아는 2020년까지만 해도 제너럴모터스(GM), 폭스바겐 등과 함께 세계 1위 전기차업체 테슬라의 대항마로 꼽혔으나 지난해엔 4~5위권으로 내려온 게 주가 부진의 원인"이라며 "전기차 상품성이 우수한데도 전기차 생산라인 확충 속도가 경쟁사보다 더뎌 시장의 기대치가 떨어졌다"고 설명했다.

차량용 반도체 공급난으로 인한 출고 지연을 어떻게 극복할지 해결책을 찾는 것도 완성차

유기적으로 변화하는 메타버스와 현실 세계의 관계를 읽는 데 로봇이 굉장히 많은 역할을 할 것이다.

업체의 주가를 끌어올릴 방법으로 꼽힌다. 전기차는 내연기관차보다 반도체가 10배 이상 많이 쓰이기 때문에 반도체 공급원을 다양하게 확보하는 것이 중요하다.

올해 완성차업체들은 반도체 부족으로 1000만 대에 가까운 차량을 생산하지 못했다. 지난해 글로벌 완성차 판매량의 10% 이상이다. 시장조사업체들은 반도체 품귀 현상이 2023년까지 지속될 것으로 전망하고 있다. 송선재 하나금융투자 연구원은 "반도체 부족에 따른 생산 차질 등 실적 하회에 대한 우려가 점진적으로 개선되고 있다"며 "주가가 박스권인 가운데 현대차·기아가 상승 동력을 모색하는 시기로 보고 있다"고 말했다.

장기적인 관점에선 전기차 판매 확대에 이어 소프트웨어, 자율주행, 로보틱스 등 미래차 기술 기반을 갖추는 게 필요하다. 이런 점에서 현대차 주가는 긍정적인 평가를 받는다. 임은영 삼성증권 수석연구위원은 "CES

현대차·기아의 연간 글로벌 자동차 판매량
단위: 대

2017년	2018년	2019년	2020년	2021년	2022년
724만9420	740만1492	724만6703	635만1569	666만8037	747만3000

자료: 현대차 ※2022년은 목표치

고 평가했다. 현대차는 전기차 신차를 선보인 GM, 스텔란티스, BMW 등과 달리 차를 하나도 내놓지 않았다. 대신 로보틱스와 메타버스를 통한 모빌리티 서비스를 구현하겠다고 밝히는 등 미래차 경쟁력에 대한 설명에 집중했다. 투자자들의 평가는 좋았다. 소프트웨어, 자율주행 등 미래 성장 동력에 대한 시장의 관심이 커지고 있기 때문이다. 김 연구원은 "현대차가 이번 CES에서 제시한 매력적인 사업 모델을 어떻게 구체화하는지 주목해야 한다"고 분석했다.

임 연구위원은 "보스턴다이내믹스의 로봇개 스폿을 (발표 현장에) 데리고 나와 흥미를 끌었다"며 "유기적으로 변화하는 메타버스와 현실 세계의 관계를 읽는 데 로봇이 굉장히 많은 역할을 할 것"이라고 내다봤다. 또 "로보틱스 기술을 적용한 소형 모빌리티 플랫폼 모베드는 경사로에서도 흔들리지 않고 물건을 운반할 수 있어 활용도가 높다"고 했다.

현대차는 연말 완공 예정인 싱가포르의 글로벌혁신센터(HMGICS)에 메타버스 기반 디지털 가상공장을 구축한다. 또 실제 공장과 동일한 쌍둥이 공장인 '디지털 트윈'을 가상공간에 설립해 차를 설계한다.

전문가들은 CES 2022에서 보여준 완성차업체들의 전기차 전환 전략에 대해서도 전반적으로 호평하고 있다. 임 연구위원은 "CES 2020만 해도 완성차업체들이 어떻게 수익을 낼지 걱정이 됐는데 올해는 각자 방향성을 갖고 차별점을 찾고 있다는 느낌이 들었다"고 말했다. 이어 "반도체 공급난으로 전체적으로 판매 대수가 줄긴 했으나 코로나19로 개인 차량 수요가 증가하며 대당 판매 단가는 상승하고 있다"고 진단했다. '카플레

2021년 미국 완성차 판매 순위

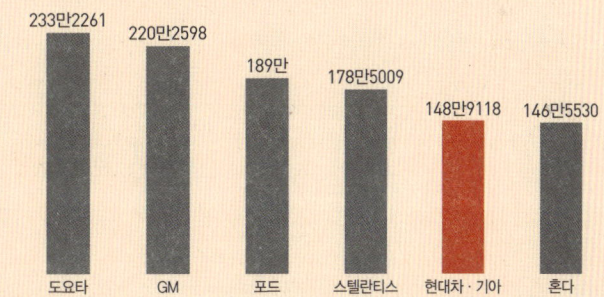

단위 대
- 도요타: 233만2261
- GM: 220만2598
- 포드: 189만
- 스텔란티스: 178만5009
- 현대차·기아: 148만9118
- 혼다: 146만5530

자료 오토모티브뉴스

1. 모베드의 적재 중량은 40kg으로, 꽤 무거운 짐도 나를 수 있다.
2. 2022년 말 완공 예정인 현대자동차그룹 싱가포르 글로벌혁신센터(HMGICS)에서는 개인의 취향에 맞춘 차를 주문하고 인수할 수 있다.

이션(카+인플레이션)'으로 거둔 의외의 호실적을 바탕으로 완성차업체들이 어떤 분야에 구체적으로 돈을 쏟아붓는지를 지켜봐야 한다는 주문도 나왔다. 통상 차값은 1년에 2~3%가량 올랐으나 올해 신차 가격은 이전 모델보다 5% 이상 상승할 것으로 전망된다.

현대차·기아가 미국 인도 등 세계 각국에서 경쟁사의 판매량을 앞지르고 있는 점은 주가 상승의 긍정적인 기반으로 꼽힌다. 현대차·기아는 지난해 미국에서 148만9118대를 팔며 현지 진출 35년 만에 혼다(146만6630대)를 제치고 6위에서 5위로 올라섰다. 중국 점유율은 지속적으로 떨어져 합산 2%대지만, 인도와 러시아에서 점유율 2위를 기록하는 등 신흥 시장에서 선전하고 있다. 특히 일본차 점유율이 90% 이상인 동남아시아 시장에서 전기차로 활로를 뚫고 있어 이 지역에서의 판매량 및 점유율 상승세도 관전 포인트다. 이들 시장은 신차 판매가 크게 증가할 것으로 전망되는 곳이다.

SECTION 3 *Company 3*

더 나은 일상을 향한 LG전자의 발걸음

: 제품 실물 없는 온라인 전시관, 세계 최대 크기의 OLED, 차세대 기술력을 선보인 LG전자는 소비자의 미래 라이프스타일에 주목했다.

LG전자

POINT 01 제품 실물 없는 전시관
POINT 02 OLED TV 최강자 재확인
POINT 03 차세대 디스플레이 기술

LG전자 CES 영상 모음

LG전자가 CES 2022에서 내세운 주제는 '모두가 누릴 수 있는 더 좋은 일상(The Better Life You Deserve)'이다. 누구나 LG전자의 제품과 서비스로 일상을 더 나은 모습으로 바꿔나갈 수 있도록 한다는 철학을 담았다. LG전자의 기술 혁신이 지금뿐 아니라 다음 세대에까지 영향을 미칠 것이라는 자신감의 표현이기도 하다. LG전자는 코로나19로 집 안에 머무는 시간이 늘어나면서 변화한 소비자의 라이프스타일에 주목했다. 안에서 다양한 식물을 키우는 식물생활가전 'LG 틔운', 원하는 장소로 간편하게 이동해가며 시청할 수 있는 무선 이동식 스크린 'LG 스탠바이미' 등 신규 가전을 발굴했고, 공기청정기와 같은 기존 가전의 기능은 세분화했다.

온라인 전시관으로 꾸며

LG전자는 이번 CES 2022 현장에 제품 실물을 아예 내놓지 않았다. 대신 관람객이 가상현실(VR), 증강현실(AR) 등 디지털 기술을 활용해 제품과 서비스를 체험하는 공간을 준비했다. 이와 별도로 CES 온라인 전시관도 운영했다. LG전자 부스는 미국 라스베이거스 컨벤션센터(LVCC)에 마련됐다. 2000㎡의 공간은 전자제품 없이 QR코드와 사진이 부착된 기둥들로 구성됐다. 관람객들은 스마트폰으로 QR코드를 인식해 연결되는 전용 앱을 통해 가상 체험을 할 수 있었다.

박형세 LG전자 HE사업본부장이 2022년 TV 신제품을 글로벌 유튜브 채널에 소개하고 있다.

1. 제품 없이 QR코드가 부착된 목재로 꾸며진 LG전자부스.
2. 스마트 가전이 설치돼 있는 주방.
3. 요리 레시피와 조리법을 알려주며 가전과도 연동되는 LG 씽큐.
4. 고화질과 편의성을 잡은 프리미엄 모니터.

LG전자는 환경을 생각하는 ESG(환경·사회·지배구조) 경영의 일환으로 전시 부스를 친환경 공간으로 조성했다. 접착제를 사용하지 않고 나무찌꺼기를 압착해 만든 OSB(Oriented Strand Board) 합판을 활용했다. 페인트와 니스 등을 칠하지 않은 미송 합판 등 재활용 자재도 사용했다.

LG전자는 가상인간 '김래아(Reah Keem)'의 첫 앨범도 발표했다. 김래아는 CES 2021에서 처음 공개된 가상인간이다. LG전자가 모션 캡처 작업과 딥러닝 기술, 자연어 학습 등을 통해 외모와 목소리, 움직임 등을 만들었다. 이름 래아(來兒)는 '미래에서 온 아이'라는 뜻이다.

OLED TV 최강자 재확인

CES 2022는 LG전자가 OLED TV 및 패널 부문 세계 1위임을 다시 한번 확인한 자리였다. LG전자는 세계 OLED TV 시장 점유율 60%를 넘는다. LG디스플레이는 OLED TV 패널을 독점 생산하고 있다.

LG전자는 CES 기간에 맞춰 온라인 기자간담회를 열고 OLED TV의 새 라인업을 소개했다. 세계 최대인 97형과 세계 최소인 42형이 추가됐다. 97형이란 OLED TV 패널의 대각선 길이가 97인치(약 246㎝)라는 뜻이다. 코로나19 사태 장기화로 온라인동영상서비스(OTT) 등 TV 시청 시간이 길어지면서 대형 TV 수요가 늘었다는 설명이다.

대각선 길이가 106㎝인 42형 제품은 책상에 올려놓고 사용하기에 적합해 '세컨드 TV'나 '게이밍 TV' 수요를 타깃으로 출시됐다. 발광 효율이 뛰어난 차세대 OLED 패널을 사용하는 '올레드 에보'는 지난해보다 밝기와 화질이 개선됐다. 작년 1개 시리즈, 3개 모델에서 2개 시리즈, 11개 모델로 에보 라인업을 대폭 늘렸다.

차세대 디스플레이 기술도 선보여

LG디스플레이는 중수소·개인화 알고리즘으로 화질을 혁신한 OLED.EX와 투명 OLED 솔루션을 대표 기술과 제품으로 선보였다. OLED.EX 디스플레이는 유기발광 소자의 주요 요소인 수소 원소를 더 강력하고 안정된 구조의 중수소로 바꿔 더 밝은 빛을 내는 고효율 소자를 개발하는 데 성공했다. 밝기를 높여도 고효율을 유지하고, 오랫동안 안정적으로 작동하는 효과가 있다.

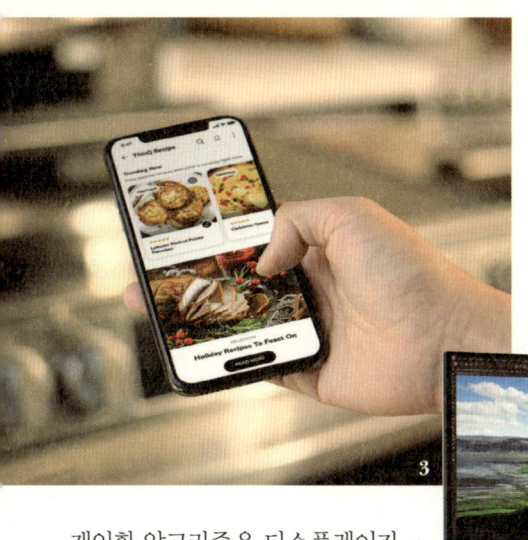

60%
LG전자 세계 OLED TV
시장 점유율

지 온라인 전시관을 열었다. 온라인 전시관은 H&A(생활가전)와 HE(TV 등 홈엔터테인먼트)로 나뉘었다. H&A는 오브제컬렉션으로 꾸민 LG 홈과 LG 씽큐로 구성됐다. HE는 메타버스 올레드, 가상 쇼룸, 올레드 아트 등 3개 부문으로 이뤄졌다.

LG 홈은 소비자가 일상생활을 하는 집과 흡사하게 꾸며졌다. 집을 둘러보면서 선택한 제품을 더 세밀하게 들여다볼 수 있게 만들었다. 틔운과 스탠바이미, 스타일러와 냉장고 등의 상세 정보뿐 아니라 적용 기술까지 알 수 있게 했다. 제품 색상을 바꿔가며 인테리어 분위기가 어떻게 달라지는지도 확인할 수 있도록 했다.

LG전자는 스마트홈 플랫폼 'LG 씽큐'에서 요리 레시피 등을 알려주는 '씽큐 레시피' 서비스도 미국에서 선보이기로 했다. 씽큐 레시피는 오븐, 전자레인지 등 LG전자의 스마트 가전과 연동돼 음식의 온도와 조리 시간 등 레시피를 원격으로 전송할 수 있다. 소비자가 식습관과 알레르기 음식 등을 미리 설정하면 개개인의 취향에 맞는 서비스를 제공한다. LG전자는 미국 유명 레시피 기업인 사이드셰프와 협업해 1만8000여 개의 레시피와 음식 관련 콘텐츠를 씽큐 레시피에서 제공할 계획이다.

개인화 알고리즘은 디스플레이가 사용자 개개인의 시청 패턴을 학습한 뒤 3300만 개에 이르는 유기발광 소자의 개별 사용량을 예측해 에너지 투입량을 제어하는 기술이다. 회사 측은 "기존 OLED 디스플레이보다 화면이 30% 밝고 색도 더 정교해졌다"고 강조했다. 투명 OLED 솔루션으로 일상생활 공간의 미래상도 제시했다. 기존 유리를 대체할 수 있을 만큼 투명도가 높으면서도 선명한 화면을 구현한다. 쇼핑몰에선 상품 정보를, 지하철에선 운행 시간과 위치정보 등을 보여줄 수 있다.

쇼핑몰에서는 55인치 투명 OLED 4대를 상하좌우로 이어 붙여 매장 외부에 투명 쇼윈도를 설치할 수 있다. 투명 OLED에 진열대를 결합한 투명 쇼케이스도 가능하다. 사무실에서는 외부 창문에 투명 OLED를 적용해 탁 트인 전경을 보는 동시에 화상회의, 프레젠테이션, 엔터테인먼트 등의 용도로 사용할 수 있다. 일명 '투명 스마트 윈도'다. 기존 TV, 모니터 등이 차지하던 공간을 절약할 수 있다.

최고급 음질 사운드바 공개

LG전자는 CES 2022에서 2022년형 사운드바 신제품도 공개했다. LG 사운드바 신제품은 처음으로 사운드바 본체에 업파이어링 스피커 3개를 장착했다. 소리가 벽에 부딪쳐 반사돼 돌아오는 것을 파악해 공간 구조에 맞게 소리를 보정, 기존보다 더 풍부하고 정교한 음향을 구현한다는 평가다. 이 제품은 본체를 포함해 중저음을 내는 서브우퍼, 입체음향을 내는 리어 스피커 등으로 구성돼 LG 사운드바 중 최다 채널(9.1.5)을 지원한다. 최대 출력은 810W다.

온라인 전시관에서 '나만의 가전' 체험

LG전자는 CES 기간에 맞춰 1월 4일부터 31일까

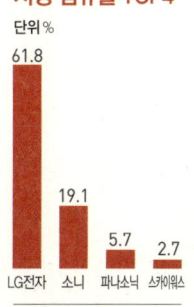

세계 OLED TV
시장 점유율 TOP4
단위 %

LG전자	소니	파나소닉	스카이워스
61.8	19.1	5.7	2.7

자료 옴디아

SECTION 3 *Company 3*

모빌리티·로봇 분야 혁신 '큰 그림'…주도권 확보가 관건
소프트웨어와 서비스 중심, 전장사업 투자 확대

LG전자가 CES 2022에서 내놓은 대표 신(新)무기는 인공지능(AI) 기반 자율주행차 콘셉트 모델 'LG 옴니팟'으로 꼽힌다. 장착된 전자제품과 대형 디스플레이를 통해 사용자는 차내에서 영화 감상과 캠핑은 물론 운동까지 할 수 있다. 예컨대 자율주행 중인 차내 화면에 가상인간이 등장해 탑승자에게 피트니스 동작을 알려주는 식이다. 김지산 키움증권 리서치센터장은 "LG전자는 스마트홈 플랫폼 '씽큐'의 적용 대상을 모빌리티까지 확대해 자동차가 생활공간으로 진화할 수 있는 가능성을 제시했다"고 말했다.

AI 자율주행 기술 주목

투자 전문가들은 LG전자가 자동차 시장으로 더 깊숙

> 신(新)무기는 인공지능 기반 자율주행차, 승부처는 스마트홈.

하게 발을 들여놓은 게 CES 2022에서 확인됐다고 입을 모았다. LG전자는 스마트폰사업을 접고 전장사업을 강화하는 등 사업 포트폴리오를 조정하고 있다. TV, 생활가전 분야의 경쟁력을 소프트웨어와 서비스 중심으로 확대하고 전장사업 투자 확대 등에 나설 것이란 예상이 많다. 전장사업 확대 추이는 LG전자 주가 흐름에 상당한 영향을 줄 것으로 관측되고 있다.

LG전자는 "완성차 시장 진출은 절대 없다"고 선을 긋는다. 옴니팟 역시 완성차 시장에 진입하려는 게 아니라 그 안에 구현된 AI, 인포테인먼트 시스템 등을 통해 LG전자 전장사업의 경쟁력을 보여주려는 의도라는 것이다. 일본 소니가 CES 2022에서 전기차 시장 진출을 선언한 것과는 결이 다르다는 전언이다.

1

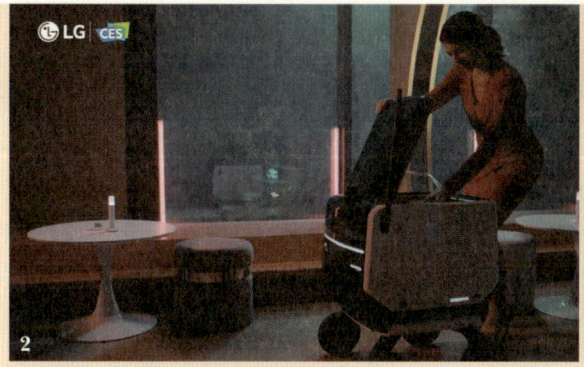

LG전자가 새로운 가전 무대로 꼽은 자동차에서 신사업을 본격화하는 것은 주가에 호재로 작용할 수 있다. 정원석 하이투자증권 연구원은 "LG전자는 CES 2022에서 모빌리티 홈, 모빌리티 오피스의 가능성에 불을 지핀 게 인상적이었다"며 "차 안에서 롤러블(돌돌 말리는) 디스플레이로 인포테인먼트를 제공하는 것은 기본이고 스타일러까지 들여놓는 것을 보여줬다"고 말했다. 정 연구원은 "가전업체가 AI나 사물인터넷(IoT) 기술을 활용해 자동차와 연결하는 실험을 가속화하고 있다"며 "이런 변화에서 얼마나 제대로 우위를 선점하느냐가 중요하다"고 덧붙였다.

새 승부처는 스마트홈

스마트홈도 LG전자의 중요 사업 확장 요소로 꼽혔다. 김 센터장은 "연결을 통한 소비자 맞춤형 서비스가 발전하고 있다"며 "스마트홈은 가전업체의 핵심 승부처가 될 것"이라고 말했다. 권성률 DB금융투자 연구원은 "집 안에 머무는 시간이 길어지면서 스마트홈 영역은 단순히 사용자 편의성을 높이는 서비스 개념에서 벗어나 하나의 독립된 산업이자 시장으로 자리 잡았다"고 분석했다.

향후 스마트홈 경쟁에서 LG전자가 얼마나 주도권을 확보하느냐는 글로벌 가전 1위 경쟁에도 많은 영향을 줄 전망이다. 가전업계에 따르면 2021년 1~3분기 글로벌 가전시장 매출 1위는 LG전자가 차지했다. LG전자는 이 기간 20조5692억원의 매출을 올려 '전통 강자' 미국 월풀(18조2900억원)을 앞섰다. 2020년엔 5964억원 차이로 월풀(22조8655억원)이 1위, LG전자(22조2691억원)가 2위였다. 가전 경쟁의 새로운 축인 스마트홈 경쟁에서 우위를 점하는 업체가 확고한 1위가 될 것이란 전망도 나온다.

LG전자 주가 추이

※2022년 1월 7일 종가 기준

1. 지하철 창문으로 쓰인 LG디스플레이의 투명 OLED.
2. LG 월드 프리미어에서 선보인 통합배송로봇.
3. LG전자의 자율주행차 콘셉트 모델 'LG 옴니팟'.

OLED TV 대중화 도전

LG전자는 OLED TV 대중화에도 속도를 낼 계획이다. LG전자는 CES 2022에서 세계 최대(97형), 세계 최소(42형) OLED TV를 소개했다. 97형은 초대형 시청 경험을 원하는 프리미엄 수요를 공략한다는 설명이다. 기존 최대 사이즈인 88인치보다 대각선 길이가 20㎝ 이상 길어져 약 246㎝에 달한다. 42형은 세컨드 TV나 게이밍 TV 수요를 노렸다.

김 센터장은 "LG전자는 OLED TV 대중화를 위해 크기 라인업을 확대했다"며 "프리미엄 TV를 더 많이 알리고 보급하겠다는 의지가 강해 보인다"고 말했다. LG전자는 42형부터 97형에 이르는 업계 최다 OLED TV 라인업을 구축했다.

박성순 케이프투자증권 연구원은 "LG전자 TV와 가전은 수요 변동성이 낮은 프리미엄 제품 비중이 높은 편"이라며 "OLED TV는 프리미엄 시장에서 점유율을 확대하면서 올해 500만 대 이상의 판매량을 기록할 것으로 예상된다"고 했다.

SECTION 3 *Company 4*

탄소 없는 삶,
그 길을 함께 걸어갈 동반자 SK

: SK그룹은 탄소감축을 위한 비전을 제시하고 실천 의지를 밝혔다. 특히 올해는 탄소중립을 주제로 6개 계열사가 다양한 파트너들과 탄소감축을 위해 기울이는 노력과 효과를 주제별로 소개했다.

SK그룹 전시관 '그린 포레스트 파빌리온'에는 탄소감축을 향한 노력이 담겼다.

SK이노베이션 CES 뉴스

POINT 01 **탄소중립 동행**
POINT 02 **카본 투 그린**
POINT 03 **수소 밸류체인**

SK그룹은 CES 2022에서 세계 탄소 감축에 기여하기 위한 SK의 약속과 비전을 제시하고, 구체적인 전략과 실천 의지를 밝혔다. SK그룹이 이번에 선보인 주제는 '동행'(탄소 없는 삶, 그 길을 당신과 함께 걸어갈 동반자 SK). SK의 기술과 혁신으로 각고의 노력을 기울이겠다는 다짐, 다양한 파트너와 동행하며 관련 생태계를 조성하겠다는 의지 등을 CES 전시를 통해 드러냈다. CES 2022를 글로벌 탄소 감축을 위한 약속을 공표하는 장이자 향후 여정을 시작하는 출발점으로 삼겠다는 게 회사 측 설명이었다.

탄소중립 주제로 공동 전시

CES 2022엔 SK㈜, SK이노베이션, SK텔레콤, SK E&S, SK하이닉스, SK에코플랜트 등 계열사 여섯 곳이 참여했다. SK 전시관인 '그린 포레스트 파빌리온'은 4개 구역으로 나뉘어 관람객들이 SK의 탄소 감축 노력을 하나의 여정처럼 체험할 수 있도록 구성됐다. SK가 오랜 시간 조림 사업을 해온 충북 인등산을 모티프로 전시관 전체를 하나의 숲속 길처럼 꾸몄다. 중앙에는 대형 나무 모형을 설치해 지속 가능한 미래를 향한 SK의 의지를 보여줬다.
전시 주제가 탄소중립을 향한 '여정'과 '동행'에 맞춰진 만큼 전시 방식도 기존과 크게 달라졌다. 계열사들이 한 공간에서 회사별로 제품을 전시하던 것과 달리 올해는 탄소중립을 주제로 6개 계열사가 다양한 파트너들과 탄소 감축을 위해 기울이는 노력과 효과를 공동 주제별로 소개했다.

4개 구역 중 첫 번째인 '그린 애비뉴'에서는 △청정(clean) △안전(safe) △편의(convenient) △건강(healthy) 등 네 가지 핵심 가치별로 SK의 반도체·정보통신기술(ICT), 전기차 배터리 및 소재, 수소에너지 영역의 친환경 혁신 기술과 제품을 전시했다. 두 번째 구역인 '생명의 나무'에서 SK그룹 계열사들과 SK가 투자 및 협력하고 있는 파트너들의 다양한 탄소중립 비즈니스와 이를 통한 탄소 절감 효과를 9개 생태계 영역으로 나눠 소개했다.

SK그룹은 전시 주제인 '동행' 취지를 살려 관람객이 탄소 감축에 참여하고 기여할 체험 기회도 제공했다. '내일로 가는 발걸음'과 '그린 플레이그라운드' 구역에 관람객이 생활 속에서 실천할 수 있는 탄소 절감 방법을 배우고 체험하는 공간을 마련했다. 체험을 통해 지급한 '그린포인트'는 베트남의 맹그로브 숲을 살리는 데 쓰인다. 관람객들은 SK가 투자한 대체식품 기업의 시식 코너에서 다양한 식품을 맛보기도 했다.

친환경 배터리 앞세운 SK이노베이션

SK이노베이션은 배터리 사업을 중심으로 '카본 투 그린(Carbon to Green)' 전략을 달성할 미래 친환경 혁신 기술을 공개했다. SK이노베이션의 감축 기여 목표 탄소량은 2030년 기준으로 매년 1100만t에 이른다. 구체적으로 △배터리·분리막 사업 417만t △배터리 재활용·BaaS(Battery as a Service) 사업 136만t △폐플라스틱 재활용 사업 500만t △이산화탄소 저장(CCS) 사업 50만t △전기차용 윤활유 사업 1만t 등이다. 우리나라 국민 한 명이 최근 1년간 배출한 탄소가 약 12.5t인 점을 고려하면

> "'카본 투 그린' 혁신으로 2030년 탄소중립 달성하겠다."

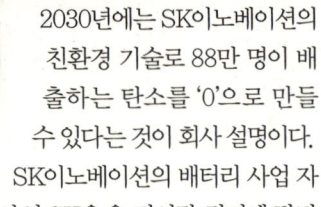

2030년에는 SK이노베이션의 친환경 기술로 88만 명이 배출하는 탄소를 '0'으로 만들 수 있다는 것이 회사 설명이다. SK이노베이션의 배터리 사업 자회사인 SK온은 전시장 정면에 탈탄소 전략의 핵심인 배터리 사업을 소개했다. 대표 제품 NCM9은 리튬이온 배터리의 주원료인 니켈(N), 코발트(C), 망간(M) 중 니켈 비중이 약 90%에 달하는 고성능 배터리다. 니켈 비중이 높은 배터리는 성능이 뛰어나지만 불안정해지는 특징이 있다. SK온은 안정성 기술로 NCM9을 2019년 세계 최초로 개발했다. NCM9은 올해 출시되는 포드의 픽업트럭 'F-150 라이트닝'에 장착될 예정이다.

SK이노베이션은 또 다른 자회사인 SK아이이테크놀로지의 리튬이온배터리 분리막도 공개했다. 분리막은 배터리 양극과 음극 사이를 막는 필름 형태 소재로, 화재가 발생하지 않도록 한다. 그러면서도 이온은 잘 통과시켜야 해 튼튼하면서 얇게 만드는 게 관건이다. SK아이이테크놀로지는 세계 최초로 개발한 축차연신 기술로 분리막 두께를 자유자재로 조절하고, 세라믹 코팅 기술로 튼튼하면서도 열에 잘 견딜 수 있는 분리막을 제작했다.

SK이노베이션은 기존 주력인 정유·화학 사업

1. 모델들이 SK텔레콤의 메타버스 플랫폼 '이프랜드(ifland)'를 소개하고 있다.

2. SK텔레콤의 이프랜드 로고.

3. SK그룹이 라스베이거스 컨벤션센터(LVCC) 내부에 다양한 탄소중립 비즈니스와 그 효과를 소개하기 위해 설치한 '생명의 나무'.

의 탄소 감축 기술도 소개했다. 화학사업 자회사인 SK지오센트릭(옛 SK종합화학)은 폐플라스틱을 재활용하는 해중합, 열분해, 고순도 폴리프로필렌(PP) 추출 등 3대 기술을 활용해 폐플라스틱을 직간접적으로 연간 250만t 처리할 수 있는 시설을 2027년까지 구축한다는 청사진을 내놨다.

그룹 수소 사업 비전 공개

SK E&S는 그룹의 수소 사업 비전을 실행하는 주축 계열사로서 수소 생산부터 유통, 소비에 이르는 친환경 수소 밸류체인 구축 전략을 소개했다. SK E&S는 2025년까지 부생수소 기반의 액화수소 3만t과 이산화탄소를 제거한 청정수소 25만t(액화 5만t, 기화 20만t) 등 연간 28만t의 수소 생산 능력을 확보하고, 생산한 수소는 액화수소충전소 약 100곳과 파이프라인을 통해 각 수요처에 공급할 계획이다.

승용차, 버스, 지게차, 드론 등 각종 모빌리티와 연료전지 발전소까지 수요처를 확대해 수소 생태계 조기 구축을 돕고, 수전해 설비를 활용한 재생에너지 기반의 그린수소 생산을 추진하는 내용도 담았다. 태양광 풍력 등 재생에너지를 생산하고, 에너지솔루션 기술을 통해 재생에너지 공급의 안정성을 높이는 친환경에너지 생태계 구축 전략을 선보였다.

SK E&S는 CES 2022에서 글로벌 수소 사업 파트너사인 플러그파워와 공동 전시에 나서 이 회사가 생산하는 수소연료전지 파워팩 '젠드라이브(GenDrive) 3000' 제품 실물을 전시했다. 수소연료전지 파워팩은 이산화탄소 등 유해물질을 배출하지 않고 높은 에너지 효율과 내구성을 지닌 것이 특징이다.

통신 분야도 친환경 IT에 박차

SK텔레콤은 통신 분야 친환경 정보기술(IT)을 선보였다. '싱글랜(Single Radio Access Network)' 기술이 대표적이다. 싱글랜은 하나의 기지국·중계기로 3G(3세대)·4G(4세대) 이동통신 등 다양한 무선 통신을 모두 지원하는 기술이다. SK텔레콤은 2020년 전국 78개 시에 있는 기지국과 중계기에 싱글랜을 적용해 전력 사용량을 평균 53% 줄이고, 약 1만t의 탄소배출권을 확보했다. 1만t은 2019년 기준 서울 시내 7600여 가구가 1년간 사용할 수 있는 전력량이다.

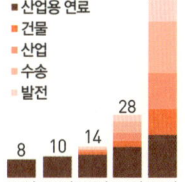

급증 예상되는 글로벌 수소 소비량
단위 EJ(1EJ=석유 약 1.7억 배럴·전력 278Wh)

- 산업용 연료
- 건물
- 산업
- 수송
- 발전

2015년	2020년	2030년	2040년	2050년
8	10	14	28	78

자료 맥킨지, HMG저널

저전력 고효율 AI 반도체로 글로벌 시장 공략

데이터 처리 속도 끌어올린 사피온 X330도 연내 공개

SK텔레콤은 CES 2022에서 독자 개발한 인공지능(AI) 반도체인 사피온을 선보였다. AI 반도체는 AI 서비스 구현에 필요한 대규모 연산을 가능하게 하는 고성능·저전력 반도체다. 데이터를 차례로 처리하는 폰노이만 방식의 기존 반도체와 달리 AI 반도체는 대량의 데이터를 동시에 병렬 처리한다. 빠른 시간 안에 복잡한 상황 인식과 판단 등에 최적화된 제품이다.

AI 반도체는 모바일, 가전 등을 넘어 4차 산업혁명 핵심 분야인 디지털 헬스케어, 자율주행차, 스마트시티, 스마트 팩토리의 핵심 부품으로 꼽힌다. 반도체 기업부터 구글, 아마존, 테슬라 등 비(非)반도체 글로벌 기업까지 AI 반도체 기술 경쟁에 뛰어든 이유다. 시장조사업체 가트너에 따르면 지난해 184억5000만달러였던 세계 AI 반도체 시장 규모는 2030년 1179억달러에 이를 것으로 전망된다.

현재 AI 개발용 반도체 시장은 미국 엔비디아가 사실상 독점하고 있다. 이 회사의 주력 제품인 그래픽처리장치(GPU)는 PC·게임기 등 정보기술(IT) 기기에 광범위하게 쓰이는 범용 반도체다. 방대한 데이터를 빠르게 처리할 수 있다는 특성 때문에 AI 개발 용도로도 널리 쓰이고 있다. 문제는 AI용 GPU가 비싸고 전력 사용량이 많다는 점이다. 엔비디아의 최신 AI 슈퍼컴퓨터 슈퍼팟은 도입 비용이 수백억원에 이른다.

사피온은 가격이 GPU의 절반 수준이면서 AI 딥러닝(심층학습) 연산 속도는 GPU보다 1.5배 빠르다. AI 연산에 특화된 신경망처리장치(NPU) 구조로 설계했기 때문이다. NPU는 뇌의 신경망 작동 원리를 본떠 개발한 반도체다. 전력 사용량도 기존 GPU의 80% 수준이어서 환경 친화적이다.

SK텔레콤 관계자는 "CES 2022에서 사피온을 선보임으로써 글로벌 AI 반도체 시장 개척을 본격화하고 탄소 감축에도 앞장설 것"이라고 강조했다. 회사는 2020년 말 사피온을 개발한 뒤 SK텔레콤의 AI 스피커 등 그룹사의 AI 서비스 개선에 사용해왔다. 앞으로는 글로벌 기업을 상대로 한 판매에도 속도를 내겠다는 얘기다.

SK텔레콤은 CES 2022에서 AI 반도체 사업 전략도 공개했다. 1월 4일 설립한 사피온코리아를 통해 AI 반도체 사업을 체계적으로 추진한다. 사피온코리아는 반도체 판매뿐 아니라 사피온을 기반으로 개발한 AI 알고리즘과 AI 서비스까지 공급하는 사업을 벌일 계획이다. AI 반도체도 업그레이드한다. 현재 모델인 사피온 X220의 데이터 처리 속도, 전력 사용량 등을 한 단계 끌어올린 사피온 X330을 연내 공개할 예정이다.

SK텔레콤을 바라보는 시장의 시선은 긍정적이다. 신

AI 반도체 시장 규모

단위 억달러

연도	규모
2020년	184.5
2022년	326.1
2024년	439.2
2026년	657.3
2028년	927.2
2030년	1179.0

자료: 시장조사 전문회사 가트너

1.2.
SK텔레콤이 CES 2022에서 선보인 AI 반도체 '사피온'.

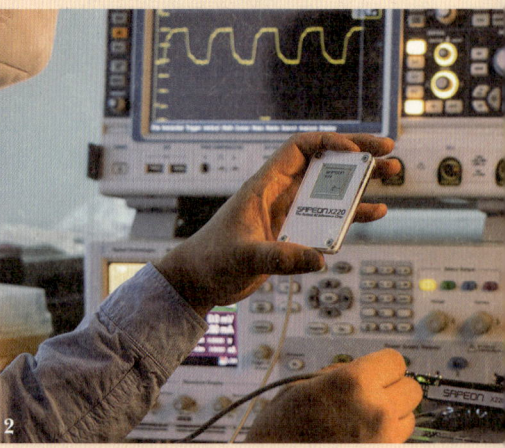

사업인 AI 반도체 분야를 빼놓고 평가해도 매력적인 요소가 많다는 설명이다. 지난해 SK텔레콤은 전년보다 약 11% 늘어난 1조5000억원의 영업이익을 냈다. 가입자당 평균매출(ARPU)이 높은 5세대(G5) 가입자가 크게 늘어난 덕분이다. 작년 활짝 열린 5G 시대의 수혜를 톡톡히 본 셈이다.

CES 2022에서도 5G 산업에 대한 긍정적인 전망이 이어졌다. 5G는 메타버스·초연결 시대의 핵심 인프라로, 확산세가 가속화할 것이란 분석이 많이 나왔다. 이에 따라 SK텔레콤의 수익성과 투자 가치도 계속 커질 것이라는 게 전문가들의 설명이다.

김홍식 하나금융투자 연구원은 "SK텔레콤의 무선전화 ARPU 상승폭은 작년 1%대에서 올해 4~5%로 확대될 것"이라며 "영업이익 성장세가 계속될 가능성이 높다"고 말했다. 안재민 NH투자증권 연구원은 "올해 투자가 늘어날 28㎓ 대역 5G 기지국 관련 주파수 비용을 지난해 손상 처리했고 마케팅 비용이 안정적으로 유지될 가능성이 높다는 점도 수익에 긍정적"이라고 했다.

김 연구원은 "SK텔레콤의 주당배당금(DPS)이 오를 가능성이 낮다는 점은 투자 매력을 다소 떨어뜨린다"고 지적했다. 메타버스, AI 등 비(非)통신 신사업의 경

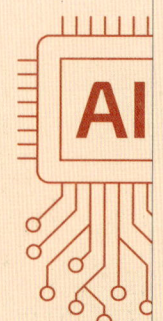

3.
SK의 공동전시 부스에 전시된 AI 반도체 '사피온'.

시스템반도체 시장서 커지는 AI 반도체 비중

자료 가트너

우 중장기적인 성장은 기대되나 당장 유의미한 실적을 내기엔 이르다는 분석도 있다.

지난해 말 SK텔레콤에서 분할 설립된 SK스퀘어는 자회사들의 사업 확장이 관건이 될 전망이다. SK스퀘어는 보안·콘텐츠·커머스 등 신사업 추진을 전담하는 회사로 SK하이닉스, 원스토어, 11번가, SK쉴더스(옛 ADT캡스) 등을 자회사로 보유하고 있다. 안 연구원은 "올해 원스토어, SK쉴더스 등 자회사의 상장과 인수합병(M&A) 등이 본격화하면 SK스퀘어의 기업 가치도 상승할 것"이라고 말했다.

CES 첫 참가한 현대중공업그룹 AI·로보틱스로 미래 선점

● 현대중공업그룹은 올해 처음으로 CES에 전시관을 운영하고 자율운항 등을 포함한 미래 해상모빌리티 기술을 선보였다.

2021년 현대중공업그룹은 바쁜 한 해를 보냈다. 연초부터 그룹의 미래 성장 계획을 내놓으며 신호탄을 쐈다. 2019년 조선 계열사를 총괄하는 중간지주사 한국조선해양을 세운 데 이어 지난해 국내 1~2위 건설기계업체 현대두산인프라코어와 현대건설기계를 거느린 현대제뉴인을 설립했다. 여기에 올해 기업공개(IPO)에 나서는 현대오일뱅크까지, 조선·건설기계·정유화학이란 그룹의 '3대 사업'을 구축했다.

중공업 대표주자인 현대중공업그룹이 CES에 참가한 것은 이번이 처음이다. 인공지능(AI), 사물인터넷(IoT), 로보틱스 등 첨단 기술과의 접목 없인 앞으로 펼쳐질 시장에서 생존하기 힘

2조 5000 억달러
2050년 글로벌 수소 시장 규모

들다는 판단 아래 CES 참가를 결정했다는 것이 회사 측 설명이다.

축구장 서너 개를 합친 것보다도 큰 초대형 선박에도 자율운항 기술과 탄소 감축을 위한 하이브리드 엔진이 장착되는 시대다. 굴착기, 휠로더 등 건설기계에도 무인화·전동화 바람이 불고 있다. 화석연료의 시대가 저물어가면서 정유사들 역시 수소 등 친환경 연료 사업에 나섰다. 현대중공업그룹은 이번 행사에서 3대 사업의 미래 청사진을 소개했다.

아비커스, '바다 위 테슬라' 만든다

건조량뿐 아니라 기술력에서도 세계 1위를 자

현대중공업그룹 수소사업 밸류체인

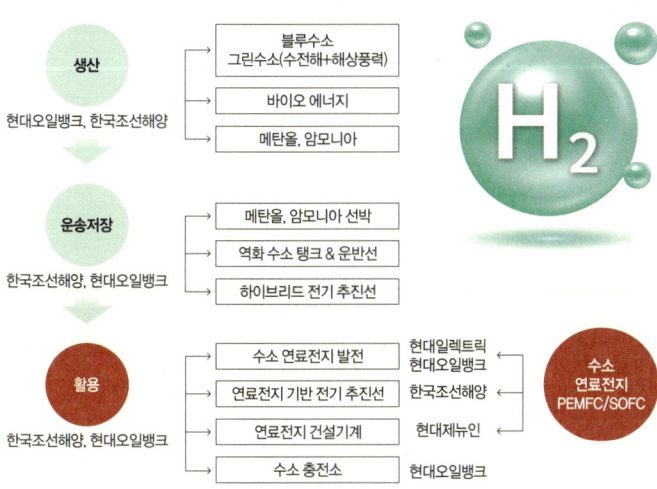

자료 현대중공업그룹

랑하는 현대중공업그룹의 조선 부문을 대표해 CES에 나온 기업은 자율운항 기술 전문 개발사인 아비커스다. 아비커스는 현대중공업그룹이 2020년 12월 설립한 사내벤처 1호 자율운항 전문기업이다. AI를 활용한 자율운항 솔루션과 항해 보조시스템을 개발한다.

아비커스는 자율운항 기술이 적용된 레저보트를 선보였다. 이 회사는 2021년 6월 포항 운하에서 12인승 크루즈를 40분간 완전 자율운항하는 데 성공했다. 길이 10㎞의 포항 운하는 수로의 평균 폭이 10m에 불과하다. 선박이 밀집해 있어 운항 환경이 복잡하고 까다로운 곳으로 꼽힌다. 이 레저보트를 올해 상용화하는 것이 목표다. 성공한다면 세계 최초다.

선박 자율운항은 국제해사기구(IMO)의 4단계 구분법을 사용한다. 1단계는 운항 보조 역할로, 선장이 주변 환경을 감지하고 선체를 제어해야 하는 수준이다. 아비커스는 지난해 1단계 기술을 상용화했다. CES 2022에서 선보인 것은 자율운항 2단계 기

18%
2050년 수소가 세계 에너지 수요 중 차지하는 비중

1. 아비커스 자율주행보트.
2. 현대건설기계와 현대두산인프라코어의 미래형 건설로봇.

술이다. 목적지를 입력하면 경로를 탐색해 시스템이 경로에 맞춰 제어한다. 운항 중 장애물이 나타나면 보트가 스스로 피하고 마리나에서는 자동으로 도킹까지 마무리한다. 임도형 아비커스 대표는 "레저보트에 자율운항 기술을 적용하면 접안·이안 때 소요되는 시간과 운항 중 사고 위험을 크게 줄일 수 있다"고 설명했다.

올해는 이 기술을 대형 상선에 적용해 세계 최초로 대양 횡단에 도전할 예정이다. 아비커스가 개발한 항해보조시스템 HiNAS는 인공지능이 선박 주변을 자동으로 인식해 충돌 위험을 판단하고 이를 증강현실(AR) 기술로 보여주는 솔루션이다. 6개의 광학 및 열화상 카메라를 이용해 시간과 해무 여부에 관계없이 전방 180도 안의 장애물을 자동으로 탐지한다. 아비커스는 사내벤처 조직 시절인 2020년 4월 대형 상선에 HiNAS를 처음으로 설치했다. 2021년엔 70여 척분을 추가 수주했다.

안전한 미래 건설현장 주역 스마트 굴착기

현대중공업그룹의 건설기계 부문 쌍두마차인 현대건설기계와 현대두산인프라코어는 '산업의 로봇화: 스마트 건설'을 주제로 첨단 스마트 건설 솔루션과 미래의 무인화 건설장비를 전시했다. 작업 현장에 대한 모든 정보를 디지털화한 뒤 이를 분석해 관리하는 미래형 건설현장 구현을 위한 'Concept-X 프로젝트'를 소개했다. 이 프로젝트의 첫 상용화 제품인 'XiteCloud 솔루션'도 내놨다.

현대중공업그룹은 전시장에 '인터랙티브 미디어 테이블'을 만들었다. 친환경 해양도시를 건설하는 과정을 관람객이 체험하며 미래 건설기계의 모습을 이해하기 쉽게 도와주는 공간이다. 관람객들은 데이터화된 현장 정보를 바탕으로 자재 투입,

안전 관리 등 의사 결정을 내릴 수 있는 XiteCloud 솔루션을 체험했다. 두 건설기계회사의 주력 제품인 굴착기, 휠로더 등을 가상의 건설 현장에 투입하며 미래 건설 현장을 경험했다.

자동화·무인화된 건설현장의 모습을 보여주는 Concept-X 프로젝트도 소개했다. 아직 개발 단계인 이 프로젝트는 드론을 활용한 3차원(3D) 스캐닝으로 시작된다. 스캐닝을 통해 작업 현장 지형을 조사하고 얻은 지형 데이터를 기반으로 건설 계획을 짠다. 작업 현장엔 원격 조종이 가능한 굴착기, 휠로더가 투입된다. 측량부터 장비 운용까지 전 과정을 세계 최초로 무인·자동화한 제어 솔루션이다.

현대중공업그룹은 Concept-X를 현장에 적용하면 시간과 비용을 절약해 생산성을 높이고 안전성도 향상시킬 것으로 기대하고 있다. 2025년까지 상용화하는 것이 목표다. 조영철 현대두산인프라코어 대표이사 사장은 "미래 건설기계 시장은 AI, 빅데이터, 클라우드 등 정보통신기술(ICT)을 접목한 자동화, 무인화 장비가 주를 이룰 것으로 예상된다"고 말했다.

'제조업 강자'의 역량 결집한 해양수소 밸류체인

현대중공업그룹이 전사 역량을 결집해 추진 중인 해양수소 밸류체인의 모습도 공개했다. 현대중공업그룹은 지난해 9월 '수소모빌리티+쇼'에서 그룹의 수소사업 비전인 '수소 드림 2030'을 소개한 바 있다. 2030년까지 수소의 생산부터 운송, 저장, 활용까지 밸류체인 전반을 아우르는 비즈니스 모델을 구축한다는 것이 핵심이다.

수소 생산은 조선·에너지 계열사가 맡는다. 현대중공업은 2030년까지 세계 최고 수준의 기술력을 토대로 그린수소 생산을 위해 풍력에너지를 이용한 1.2kW급 수전해 플랜트를 제작한다.

현대일렉트릭은 발전용 수소연료전지 패키지를 개발해 친환경 그린포트를 구축할 계획이다. 한국조선해양 현대중공업 현대미포조선 등 조선 계열사는 수소의 안정적인 운송을 위한 수소운반선, 수소연료전지와 수소연료 공급 시스템을 적용한 수소연료전지추진선, 액화수소탱크 등을 개발한다. 선박 사후관리(AS) 계열사인 현대글로벌서비스는 선박용 수소연료전지 시스템 패키지를 개발해 기존 화석연료 선박을 수소연료 선박으로 대체하는 친환경 서비스를 제공할 예정이다.

저장된 수소는 수소충전소, 수소 건설장비 등에 활용된다. 현대오일뱅크는 블루수소를 생산해 차량, 발전용 연료로 판매할 계획이다. 2030년까지 전국에 180여 개의 수소충전소를 설치한다는 계획도 갖고 있다. 굴착기 등 건설장비를 생산하는 현대건설기계는 최근 수소연료전지 건설장비 테스트 모델을 완성했다. 2023년 상용화를 목표로 기술을 개발 중이다.

자율운항선박 도입 효과

- 연료비 절약
- 정비·고장 시간 단축
- 인적 과실 감소
- 사고대응 시스템 강화

용접에서 카페 서빙까지…로봇 3종 공개

현대중공업그룹의 로봇 계열사인 현대로보틱스는 완전 무인화된 로봇 카페를 비롯해 다양한 일상 영역에 특화된 서비스 로봇 3종을 공개했다. 커피제조로봇과 AI 기술로 완전 자율주행이 가능한 서빙로봇으로 구성된 로봇 카페는 음료 주문에서 서빙까지 2분 안에 완료될 정도로 신속하고 청결한 서비스를 제공한다.

방역로봇도 선보였다. 현대로보틱스의 방역로봇은 자외선 살균과 소독약 분사 방식의 기존 로봇과 달리 공기 정화 방식을 채택했다. 인체에 무해하다는 장점과 함께 더 강화된 방역 효과를 자랑한다. 강철호 현대로보틱스 대표는 "지속적인 기술 발전을 통해 인간이 더 안전하고 가치 있는 삶을 영위할 수 있는 비전을 선보일 것"이라고 말했다.

탈탄소 퍼스트무버로 나선다

조선·건설기계·화학 등 3대 산업에 AI 등 첨단기술 녹여

현대중공업그룹은 탈탄소 친환경 패러다임의 전환기를 맞아 친환경 시장 선점에 나서는 '퍼스트무버' 전략을 적극 추진해 포스트 코로나 시대를 돌파하겠다는 계획이다. 핵심 미래 성장동력의 하나인 수소사업은 2030년까지 육상과 해상에서 친환경 수소 생태계를 구축하는 것을 목표로 세웠다. 현대중공업그룹은 탄소중립 실현을 위한 이산화탄소의 포집과 활용, 저장(CCUS) 관련 시장도 선점하겠다는 계획이다. 글로벌 시장조사회사인 인더스트리아크에 따르면 CCUS 시장 규모는 올해부터 연평균 29.2% 성장해 2026년 253억달러에 달할 전망이다.

현대중공업그룹이 △자율운항 선박 △무인화·전동화 건설기계 △해양수소 밸류체인을 CES에 소개하기까진 험난한 사업구조 개편 작업이 있었다. 현대중공업그룹은 2015년 조선업 불황을 계기로 비상경영을 선포하고 구조조정에 나섰다. 2016~2017년 당시 그룹 내 거의 모든 사업이 집중돼 있던 현대중공업에서 조선 부문만 남기고 현대일렉트릭(변압기), 현대로보틱스(로봇), 현대건설기계(건설기계), 현대글로벌서비스(AS)로 분할했다.

여기에 2019년 대우조선해양을 인수하며 현대중공업을 조선업 중간지주사인 한국조선해양으로 재탄생시키고, 조선사업을 분할 자회사 현대중공업으로 재편했다. 이후 연구개발(R&D) 컨트롤타워인 미래기술연구원을 설립하며 인공지능(AI) 등 첨단 기술 연구를 대폭 강화했다. 이번 CES에서 자율운항 솔루션을 선보인 계열사 아비커스는 이때 기술 혁신을 위해 사내벤처로 설립한 회사다.

신사업 투자 자금 여력도 충분하다. 현대중공업그룹의 조선계열사인 현대중공업은 지난해 유가증권시장 상장을 성공적으로 마무리했다. 전통적인 제조업으로 분류되는 조선주(株)에 대한 일각의 우려를 씻어내고, 기관투자가 수요예측에서 유가증권시장 역대 2위의 경쟁률을 기록했다. 일반투자자 대상 청약에서도 청약 증거금 55조8891억원을 모아 역대 6위의 경쟁률을 나타냈다. 현대중공업은 기업공개(IPO)로 조달한 자금 1조800억원 중 7600억원을 미래 비전 달성을 위한 초격차 기술 확보에 투자할 계획이다.

건설기계 부문은 '빅딜'을 통해 단번에 국내 대표 기업으로 올라섰다. 2021년 약 8500억원을 들여 국내 건설기계업계 1위 두산인프라코어를 인수하며 현대건설기계와 함께 국내 양대 기업을 모두 거느린 업체가 됐다.

2019년엔 그룹 화학사업의 중추인 현대오일뱅크가 사우디아라비아 국영석유회사 아람코로부터 1조4000억원에 달하는 지분 투자를 유치했다. 지난해 두 회사는 사우디아라비아에서 수입한 액화석유가스(LPG)로 현대오일뱅크가 블루 수소를 생산하는 사업 모델을 만들어냈다. 현대중공업그룹 관계자는 "과감한 R&D와 투자를 통해 미래 시장을 선점할 것"이라고 말했다.

> 과감한 R&D와 투자를 통해 미래 시장을 선점하겠다.

친환경 사업 확대하는 현대중공업그룹

SECTION 3 *Company 6*

수소드론부터 협동로봇까지 두산그룹 첨단기술 총출동

: 연료 전지 시스템 '트라이젠'을 비롯, 리듬에 맞춰 드럼을 연주하는 로봇, 자동 운전이 가능한 무인지게차 등 두산의 전시장에는 첨단 미래 기술의 향연이 펼쳐졌다.

두산그룹의 CES 2022 전시 주제는 '행복한 삶(Delightful Life)'이다. 첨단 미래기술을 바탕으로 사람들의 일상을 유쾌하고 행복하게 만들겠다는 뜻이다.

지난해에 이어 두 번째로 CES에 참가한 두산그룹에서는 ㈜두산, 두산중공업, 두산밥캣, 두산퓨얼셀, 두산산업차량, 두산로보틱스, 두산모빌리티이노베이션(DMI) 등 7개 계열사가 참여했다. 450㎡ 규모 부스를 차리고 수소연료전지와 수소 드론, 완전 전동식 로더, 카메라 로봇 등을 선보였다.

수소·전기·열 생산하는 트라이젠

두산은 첨단 제품과 미래 기술이 일상에 어떻게 적용될지 관람객들이 체험해 볼 수 있도록 부스를 꾸몄다. 부스 한가운데에는 3.5m 높이의 모형 '트라이젠'을 설치했다.

두산퓨얼셀이 개발 중인 트라이젠은 천연가스를 연료로 활용해 수소와 전기, 열 등 세 가지 에너지를 동시에 생산하는 연료전지 시스템이다. 하루 최대 수소 220kg, 급속 충전용 350~440kW 규모의 전기를 생산할 수 있으며 열은 주변 지역 난방용으로 공급할 수 있다. 많은 에너지와 비용이 들어가는 기존 수소 유통 시스템과 달리 트라이젠은 연료전지의 빠른 응답 속도를 바탕으로 필요한 만큼의 수소와 전기, 열을 즉시 공급할 수 있다는 설명이다.

두산 부스는 트라이젠의 에너지원이 세 개 경로로 각각 전달되는 모습을 확인할 수 있도록 꾸몄다. 트라이젠에서 생산된 수소는 DMI의 수소 드론을 띄우고, 전기는 두산밥캣의 완전 전동식 로더 T7X를 급속 충전시키며, 열은 스마트팜에 전달돼 농작물 재배에 활용되는 식이다. 회사 관계자는 "그레이·블루·그린수소가 공존하는 수소경제 초기에 가장 적합한 복합 충전 솔루션"이라며 "올해 트라이젠을 상용화할 예정"이라고 말했다.

DMI는 수소드론 DJ25를 선보였다. DJ25는 세계 1위 수직이착륙 고정익드론 제조사 조유에

두산로보틱스가 선보인 협동로봇의 드럼 공연.

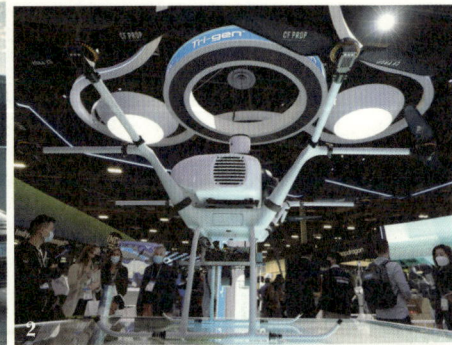

이브이(JOUAV)와 공동 개발한 수소연료전지 하이브리드 드론이다. 수직 상승할 때는 연료전지와 배터리가 동시에 작동해 강한 추진력을 얻는다. 비행할 때는 연료전지만 사용한다. DJ25를 활용하면 6만6000㎡ 규모 태양광 단지에 있는 수십만 개의 태양광 패널을 2시간 안에 점검할 수 있다. 엔진 하이브리드 시스템 대비 적은 소음과 진동으로 안정적인 비행이 가능하다.

완전 전동 트랙로더, 무인지게차도 선보여

두산밥캣은 세계 최초의 완전 전동식 트랙로더 T7X를 선보였다. T7X는 내연기관과 유압시스템을 모두 없앤 뒤 구동하는 모든 부위를 전동화해 에너지 효율을 극대화하고 소음과 진동을 줄인 친환경 제품이다.
건설기계업계 최초로 디젤 등 내연기관은 물론 유압 시스템까지 배터리로 대체해 기술력을 인정받았다는 설명이다. 두산밥캣 관계자는 "T7X는 모든 부품 전동화에 성공하면서 현존하는 전기 건설장비를 한 단계 업그레이드했다는 점에서 의미가 큰 제품"이라며 "자율주행, 전동화 트렌드가 자동차에서 건설 및 소형 장비 시장으로 빠르게 확산하고 있는 만큼 기술혁신에 속도를 낼 계획"이라고 말했다.
무인화 기술도 소개됐다. 두산산업차량은 무인

1.
두산퓨얼셀이 개발 중인 연료전지 시스템 트라이젠. 천연가스를 연료로 활용해 수소, 전기, 열 3가지 에너지를 동시에 생산한다.
2.
두산그룹이 전시한 드론.
3.
차세대 플랫 케이블 '두산 PFC'.
4.
두산밥캣의 완전 전동식 트랙로더 T7X. 에너지 효율을 극대화하고 소음과 진동을 크게 줄인 친환경 제품이다.

지게차를 활용한 물류 자동화 기술을 선보였다. 무인지게차에 부착된 5개 센서는 작업자와 장애물을 신속하게 감지하고 충돌을 방지한다. 또 원격 관제 시스템과 모니터링 시스템으로 동선을 효율적으로 설정하고 관리할 수 있다. 회사 관계자는 "자동 운전이 가능한 무인지게차는 스마트팩토리의 주요 구성 요소 중 하나로 주목받으며 수요가 계속 증가할 것으로 전망된다"며 "이에 대응하기 위해 판매 중인 입승식 전동 무인지게차 외에 팰릿 트럭, 전동 카운터 밸런스 등으로 무인 제품 라인업을 꾸준히 확대할 계획"이라고 설명했다.
㈜두산의 전자BG는 구리전선과 연성인쇄회로기판의 장점을 결합해 세계 최초로 개발한 케이블 PFC(Patterned Flat Cable)를 선보였다. 저렴하게 대량 생산할 수 있는 롤투롤 연속 공정을 적용해 고객이 필요한 만큼 길게 제작할 수 있다는 설명이다. PFC는 가볍고 얇아 주로 전기차 배터리의 최소 단위를 구성하는

셀을 모듈로 묶는 전자 소재로 활용된다.

차세대 카메라 로봇도 소개

이번 CES에서 주목받은 또 다른 주제는 로봇이었다. 세계 협동로봇기업 가운데 가장 많은 라인업을 보유하고 있는 두산로보틱스는 로봇과의 유쾌한 일상을 퍼포먼스를 곁들여 소개했다. 협동로봇 드러머가 전시장에 설치된 드럼을 연주하며 관람객을 맞이했고, 별도 스튜디오 공간에서는 공연 촬영 등에 특화된 카메라로봇을 경험할 수 있었다. 카메라 로봇은 두산로보틱스가 협동로봇을 활용해 개발한 영상 솔루션으로 로봇 공학이나 촬영 경험이 없는 사람도 전문가 수준의 콘텐츠를 제작할 수 있게 한 점이 특징이다. 기존 산업용 로봇을 활용한 카메라 시스템과 달리 사람과 함께 작업할 수 있는 안전기능을 갖췄으며 최대 25kg의 카메라 무게까지 견딜 수 있다. 복잡한 카메라 움직임은 데이터로 공유돼 초보자가 다운로드받아 사용할 수 있게끔 했다. 두산로보틱스의 카메라 로봇은 트라이젠, 수소드론과 함께 CES 2022 혁신상을 수상하기도 했다.

두산로보틱스는 지난해 국내 최초로 협동로봇(사람과 함께 작업하는 로봇) 연간 판매량 1000대를 넘어섰다. 2015년 설립된 두산로보틱스는 독자적으로 기술을 개발해 협동로봇을 생산해 왔으며, 2018년부터 줄곧 국내 협동로봇 시장 점유율 1위를 지켜왔다. 판매 대수와 매출은 연평균 70%씩 증가하고 있다는 설명이다. 두산로보틱스는 전 직원의 약 40%를 연구개발(R&D) 인력으로 구성해 제품 개발 및 소프트웨어 혁신을 주도하고 있다. 서비스산업에 쓰이는 협동로봇은 다양한 기술, 제품 등과 융합해 활용해야 한다는 점에서 두산로보틱스의 폭넓은 R&D 인력이 핵심 경쟁력으로 자리잡았다.

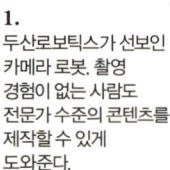

1.
두산로보틱스가 선보인 카메라 로봇. 촬영 경험이 없는 사람도 전문가 수준의 콘텐츠를 제작할 수 있게 도와준다.

2.
DMI의 수소 멀티콥터 드론. 수소전지의 높은 에너지 밀도를 활용해 일반 배터리 드론 대비 최대 4배 긴 비행이 가능하다.

3.
CES 2022 혁신상을 수상한 DMI의 수소 드론 DJ25. 최대 5시간 30분 비행이 가능하다.

카페, 아이스크림 로봇으로 라인업 '확장'

두산로보틱스는 카메라 로봇 외에도 모듈러 로봇카페, 아이스크림 로봇, 의료 보조 로봇 등 다양한 서비스 로봇으로도 라인업을 확장 중이다. 최근에는 무인 음료제조 시스템 전문기업 플레토로보틱스와 파트너십을 맺고 무인로봇 카페 시스템인 모듈러 로봇카페를 개발했다. 모듈러 로봇카페는 최고급 원두를 사용한 15종의 커피와 3종의 에이드를 만들 수 있고, 옵션을 추가하면 컵뚜껑을 닫을 수도 있다. 또 43초 정도년 아이스 아메리카노를 제조할 수 있을 정도로 속도가 빠르다. 주요 장비가 정상 작동하는지 실시간으로 모니터링할 수 있으며 휴대폰으로 주문할 수 있는 원격 시스템도 도입할 예정이다.

두산로보틱스는 서울 연세의료원과 업무협약(MOU)을 맺고 의료로봇 시장에 진출하기도 했다. 연세의료원이 연구 중인 의료기술을 로봇에 적용하기 위한 가능성 검토와 기술 개발을 담당하고 이에 대한 의학적 자문과 임상시험은 연세의료원이 수행한다. 또 서비스 로봇 스타트업 라운지랩과도 MOU를 체결하고 아이스크림 서비스 로봇 솔루션을 개발했다. 지난해 라운지랩이 국내 최초로 선보인 아이스크림 로봇 아리스는 두산로보틱스의 협동로봇을 활용해 제작했다. 류정훈 대표는 "국내 1위 협동로봇 제조업체인 두산로보틱스는 지금까지 제품의 완성도와 생산성 제고에 집중해왔다"며 "두산 협동로봇이 보유한 정밀성과 신속성, 그리고 가장 많은 제품 라인업을 바탕으로 고객의 니즈에 최적화된 다양한 로봇 솔루션을 제공하겠다"고 설명했다.

친환경 기업으로 변신하는 두산중공업

2025년까지 대형 수소혼소 및 소형 수소터빈 개발

두산중공업은 기존의 화석연료 중심에서 수소, 가스터빈, 차세대 원전, 신재생에너지를 4대 성장사업으로 삼고 사업 포트폴리오 전환에 속도를 내고 있다. 이번 CES 2022에서도 해상풍력터빈과 친환경 수소터빈 모형을 전시하며 친환경 에너지 기업으로의 변신을 예고했다.

두산중공업은 CES 부스에서 수소 비즈니스 솔루션을 선보였다. 해상풍력터빈에서 생산된 전기로 물을 전기분해해서 그린수소를 생산하는 과정을 보여주고 폐자원을 수소화하는 기술도 소개했다. 그린수소는 생산 단계부터 탄소가 배출되지 않아 수소 중에서도 차세대 에너지원으로 분류된다.

이상현 IBK투자증권 연구원은 "제9차 전력수급기본계획에 따라 국내 풍력 보급은 2020년 1.8GW(기가와트)에서 2034년 24.9GW로 늘어날 전망"이라며 "두산중공업은 전체 발전기의 절반을 생산하는 것을 목표로 하고 있다"고 말했다.

세계 다섯 번째로 발전용 대형 가스터빈 개발에 성공한 두산중공업은 수소가스터빈 개발 분야로도 사업 영역을 확장하고 있다. 이번 CES 부스에서는 국내 기술 기반으로 개발 중인 친환경 수소터빈을 6분의 1 크기 모형으로 전시했다. 두산중공업은 2019년 수소터

두산 부스에 전시된 실물 6분의 1 크기의 수소터빈 모형.

빈 중간 단계로 불리는 가스터빈 개발을 완료했다. 최근에는 한국서부발전 김포열병합발전소에 공급할 초도품의 성능 시험을 마쳤으며, 이 초도품은 올 상반기 발전소에 설치돼 실증이 진행될 예정이다. 앞서 한국서부발전과는 '국내 기술 기반 차세대 친환경 수소터빈 상호협력 협약'을 맺었다. 두산중공업이 개발하고 있는 중·소형 수소터빈 실증을 위한 기반을 구축하고 관련 부품 생산 기술도 확보한다는 계획이다. 회사 관계자는 "2025년까지 대형 수소혼소 및 소형 수소 100%(전소) 터빈 개발을 완료하겠다"고 말했다.

두산중공업은 수소터빈 개발에 속도를 내기 위해 지난해에만 발전공기업 5개사와 수소터빈 분야 상호협력 협약을 체결했다. 산·학·연 협력체계 강화를 위해 국내 대학들과도 손잡았다. 서울대, 인하대 등 10여 개 대학 연구실이 가스터빈의 압축기, 연소기, 터빈, 열유체 등 핵심 기술 개발에 힘을 쏟았다. 업계에 따르면 2030 국가온실가스 감축목표(NDC)에 따라 무탄소 연료인 수소를 사용하는 수소터빈 분야는 빠르게 성장할 것으로 전망된다.

연도별 국내 풍력 발전량
단위 GW

- 2020년: 1.8
- 2025년: 9.2
- 2030년: 17.7
- 2034년: 24.9

자료 산업통상자원부

SECTION 3 *Zoom in 1*

BODYFRIEND

01

바디프랜드

의학의 발달로 기대수명이 증가한 가운데 질병 없이 건강하게 사는 건강수명에 대한 관심도 커지고 있다. 바디프랜드는 사물인터넷(IoT), 인공지능(AI) 기술과 융복합을 통해 메디컬 체어, 더 나아가 헬스케어 로봇을 만드는 등 연구개발과 기술 혁신에 나섰다.

2914건
2021년 7월 기준으로 국내 특허, 상표, 실용신안, 디자인 등 지적재산권 2914건을 출원, 그중 1724건을 등록해 치료 보조기기 분야 특허출원 1위를 기록했다.

50.4%
한국리서치가 2021년 가정의 달에 명절에 받고 싶은 선물을 주제로 전국의 20세 이상 남·여 1000명을 대상으로 조사한 결과(복수응답), 50.4%가 안마의자를 꼽았다.

산소 공급으로 사용자의 정신·육체적 피로 해소를 돕는 안마의자가 있다. 바디프랜드가 최근 공개한 안마의자 '더파라오 오투(O2)'는 의료용 산소발생기에 적용되는 첨단 기술을 활용해 깨끗한 고농도 산소를 사용자에게 공급하는 기능(O2케어)을 갖춘 제품이다. 바디프랜드가 세계 최대 IT·가전 전시회 CES 2022에서 처음 공개한 이 제품은 혁신상을 받았다.

바디프랜드, CES 2022 혁신상 수상
안마의자 더파라오 오투가 수상한 데는 O2케어 기능이 결정적으로 작용했다는 평가다. 제품 공기 흡입구의 프리필터로 걸러진 깨끗한 공기를 에어컴프레서를 이용해 제올라이트 필터에서 고압으로 통과시키면 고농도 산소가 만들어진다.
제품에는 멘탈 마사지, 명상 마사지, 심상 마사지 등 정신 치유를 위한 기술도 적용됐다. 멘탈 마사지는 감정을 다독여주는 기능을, 명상 마사지는 명상 수련 프로그램 기능을 갖추고 있다.
바디프랜드의 CES 혁신상 수상은 이번이 처음이 아니다. 2019년 '람보르기니 안마의자(LBF-750)'를 시작으로 2020년 'W냉온정수기 브레인', 2021년 '퀀텀', 2022년 더파라오 오투까지 매년 혁신상을 수상하며 이목을 모으고 있다.
바디프랜드는 CES 2022에서 다른 최신 안마의자도 첫선을 보였다. 로봇 형태의 안마의자 '팬텀 로보'가 그것이다. 팬텀 로보는 회사가 약 50억원을 투입해 개발한 미래형 헬스케어 제품이다. 제품을 '착용'한다는 콘셉트로 양쪽 다리 마사지부가 독립적으로 구동하는 게 특징이다. 사용자의 상황에 따라 양쪽 다리에 서로 다른 움직임과 마사지를 구현할 수 있다.
아울러 한번에 성인 평균 엄지손가락 너비의 10분의 1보다 작은 1.25㎜씩 움직이며 정교하게 마사지하는 핑거 무빙 기술을 적용한 'XD-Pro

마사지 모듈'도 적용됐다. 사람의 손맛에 가까운 마사지를 위해서다. 정밀한 체형 인식과 함께 안마 각도가 세밀하게 조절돼 디테일한 안마를 받을 수 있다. 바디프랜드는 이 제품을 시작으로 재활치료 영역으로의 확장을 꾀하겠다는 계획이다.

CES에서 공개된 또 다른 안마의자는 체성분 측정과 LED(발광다이오드) 테라피를 할 수 있는 안마의자 '다빈치'다. 안마의자에 생체 전기 저항을 통해 체성분을 측정하는 BIA(Bio-electrical Impedance Analysis) 기술을 적용해 사용자의 근육량, 체지방률, 체질량지수(BMI), 체수분 등 일곱 가지를 분석할 수 있다. 팔 안마부에는 LED 손지압 기능을 적용했다. 손과 팔목의 관절 부위에 특정 파장대 LED를 조사하는 LED 테라피를 제공한다. LED 플레이트 상단에는 발열부를 추가해 손바닥에 열을 효과적으로 전달할 수 있도록 했다.

의료기기 인증받은 안마의자도

이번 CES에선 안마의자를 넘어 헬스케어와 접목한 의료기기인 '팬텀 메디컬 케어'도 주목받았다. 팬텀 메디컬 케어는 경추 추간판(목디스크) 탈출증, 퇴행성 협착증 완화를 위한 견인과 근육통 완화 기능을 갖춘 제품이다.

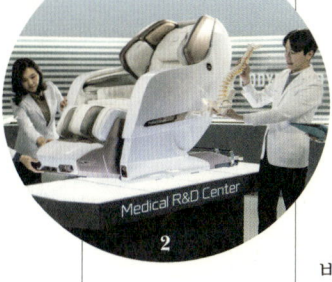

1.2. 메디컬 R&D센터에서는 한방재활의학과, 정형외과, 신경외과, 가정의학과, 정신과 등 각 분야 전문의들이 연구·개발을 진행한다.
3. 깨끗한 고농도 산소를 사용자에게 공급하는 기능을 갖춘 안마의자 '더파라오 오투(O2)'.

견인 기능이 포함된 메디컬 모드가 적용된 게 두드러진 특징이다. 목·허리, 허벅지 자극 등 부위별로 다양한 케어 프로그램으로 구성됐다. 경추를 견인할 수도 있다.

근육 통증 완화 역시 주요 기능이다. 펄스 전자기장(PEMF)을 발생시키는 바디프랜드만의 PEMF 전자석 발생장치 등이 척추 라인을 따라 이동하며 근육통을 완화해준다. 전신에 진동과 압박 자극을 주고 등과 허리에 열을 가해 경미한 근육통을 완화하는 기능 역시 의료기기로 인증받았다. 바디프랜드 관계자는 "팬텀 메디컬 케어는 정형외과뿐 아니라 한방, 정신의학 등 각 분야 연구진이 개발에 참여해 탄생한 제품"이라고 밝혔다.

의료진으로 구성된 메디컬 R&D센터

바디프랜드는 각 분야 전문의들이 안마의자 하드웨어와 소프트웨어를 개발한다. 의사들이 마사지 모듈의 구조를 연구하고, 전문 지식을 접목한 마사지 프로그램 로직을 개발하고 있다. 이를 통해 바디프랜드는 '고객의 건강수명을 10년 연장하겠다'는 가치를 내세우고 있다. 건강수명, 즉 환자로 사는 기간을 제외한 수명을 늘리겠다는 뜻이다.

이런 목표를 달성하기 위해 5년 전 정형외과 전문의 조수현 센터장을 영입하며 메디컬 R&D센터를 설립했다. 메디컬 R&D센터는 한방재활의학과, 정형외과, 신경외과, 가정의학과, 정신과 등 각 분야 전문의와 의료 전문인력으로 채워져 있다. 기술연구소, 디자인연구소까지 더한 융합 연구조직을 통해 진보적인 기술 연구에 속도를 내고 있다.

SECTION 3 *Zoom in 2*

AMORE PACIFIC

02

아모레퍼시픽

뷰티업계에서도 기술이 뜨거운 화두다.
맞춤형 화장품부터 집에서
쉽게 관리할 수 있는 제품까지
뷰티테크의 제품군이 다양해지고 동시에
시장 점유율도 높아지고 있다.

158.2%
아모레퍼시픽의 사내벤처 프로그램 린스타트업을 통해 육성한
남성메이크업 브랜드 '비레디(BeREADY)'의 연평균 성장률
(2019년 9월 론칭 이후부터 2021년 12월 기준)

1 MINUTE
CES 2022 헬스 & 웰니스 부문에서 혁신상을 수상한 아모레퍼시픽의
'마인드링크드 배스봇'은 8개의 센서로 사용자의 뇌파를 측정한
데이터를 분석해 1분 만에 맞춤형 배스밤(입욕제)을 만든다.

2년 전 아모레퍼시픽이 CES에 처음 참가했을 때만 해도 "화장품업체가 왜 IT·가전 전시회에 오느냐"는 반응이 많았다. 하지만 지금은 그런 의문을 품는 사람이 드물다. 공장에서 대량으로 찍어내는 화장품으로는 글로벌 뷰티 시장에서 살아남을 수 없다는 공감대가 형성됐기 때문이다. 뷰티테크의 중요성이 커졌다는 점을 보여주는 사례이기도 하다.

뇌파 측정해 '맞춤형 입욕제' 제조
아모레퍼시픽은 올해까지 3년 연속 CES 혁신상을 받았다. CES 2022 헬스 & 웰니스 부문에서 혁신상을 받은 '마인드링크드 배스봇'은 뇌파로 사람의 감정을 분석하고, 이에 맞는 입욕제를 즉석에서 로봇이 제조해주는 솔루션이다. 사용자가 8개의 센서가 달린 헤드셋을 착용하면 실시간으로 뇌파를 측정하고, 이 데이터를 분석해 개인에게 최적화된 향과 색을 찾아준다.
아모레퍼시픽은 3년여간 세계적인 연구기관인 반도체 비영리 국제연구기관인 IMEC (Inter-university Microelectronics Centre)와 협업해 뇌파 헤드셋을 개발했다. 소비자는 측정된 정보를 바탕으로 로봇이 현장에서 맞춤형 입욕제를 제조하는 과정을 지켜볼 수 있다.
아모레퍼시픽의 또 다른 수상작인 '마이스킨 리커버리 플랫폼'은 매일 간편하게 피부 상태를 측정하고, 맞춤 솔루션을 제공해 피부 개선 효과

성장하는 홈뷰티기기 시장
단위 조원

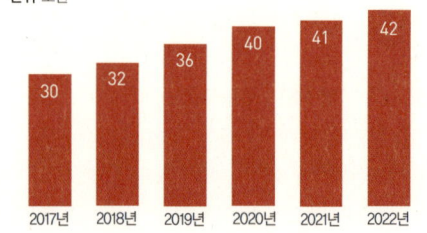

자료 KOTRA, 한국은행, BNK투자증권

를 지속적으로 살펴볼 수 있는 통합 플랫폼이다. 사용자가 조명 거울이 장착된 기기에 스마트폰을 올려놓으면, 일정한 각도와 조도의 진단 환경에서 피부 측정이 이뤄진다.

맞춤형 화장품이 차별화 전략

서경배 아모레퍼시픽그룹 회장은 맞춤형 화장품의 중요성을 줄곧 강조하고 있다. 서 회장은 지난해 창립 76주년 기념사를 통해 "아모레퍼시픽은 고객 데이터와 디지털 기술을 바탕으로 개개인을 위한 최적의 답을 제안할 것"이라며 "맞춤형 화장품 중심의 초개인화 뷰티 솔루션 또한 적극 연구하고 발전시키겠다"고 말했다.

맞춤형 파운데이션·쿠션 제조 서비스인 '베이스 피커'는 아모레퍼시픽의 뷰티 체험공간 '아모레성수'에서 체험할 수 있는 대표적인 뷰티테크다. 아모레퍼시픽은 KAIST와 함께 3년여간 소비자의 피부톤과 파운데이션 색상을 연구해 이 서비스를 개발했다.

베이스 피커를 활용하면 20단계 밝기와 5가지 톤으로 구성한 100가지 베이스 메이크업 색상 중에서 자신에게 가장 잘 어울리는 컬러를 찾을 수 있다. 소비자는 피부톤 측정 프로그램과 메이크업 전문가 상담을 통해 본인의 피부에 적합한 컬러와 제형을 선택한 뒤 즉석에서 만든 맞춤형 파운데이션 쿠션 제품을 받아볼 수 있다.

아모레성수에선 CES 2021에서 혁신상을 받은 '립 팩토리 바이 컬러 테일러' 기술도 체험할 수 있다. 립 팩토리 바이 컬러 테일러는 AI를 활용해 소비자의 피부톤에 적합한 입술 색상을 추천하고, 현장에서 바로 립메이크업 제품을 제조해 주는 온·오프라인 연계 맞춤형 기술이다.

사내 스타트업 적극 육성

아모레퍼시픽은 새로운 기술력을 확보하고, 사업 영역을 확대하기 위해 사내 스타트업 육성에 적극 나서고 있다. 창립 70주년인 2015년부터 사내벤처 프로그램 린스타트업을 시작했다. 린스타트업 프로그램은 짧은 시간에 제품을 만들고 성과를 측정해 다음 제품 개선에 반영하는 과정을 반복하면서 성공 확률을 높이는 전략을 쓰고 있다. 아모레퍼시픽은 작은 규모의 민첩하고 새로운 시도를 통해 창의적인 브랜드를 육성하겠다는 구상이다. 린스타트업을 통해 발굴한 남성 메이크업 브랜드 비레디와 이너뷰티 브랜드 큐브미 등은 뷰티업계에서 아모레퍼시픽이 그동안 발견하지 못했던 새로운 영역을 찾아 개척해 나가고 있다.

잠재력 있는 스타트업과의 협업도 적극 추진하고 있다. 아모레퍼시픽은 지난해 마이크로바이옴 헬스케어 스타트업인 에이치이엠파마, 라이브커머스 원스톱 솔루션 서비스 플랫폼 운영사인 알엑스씨에 30억원씩을 투자했다. 2020년에는 뷰티 전문 다중채널 네트워크(MCN) 기업 디퍼런트밀리언즈(디밀)에 30억원 규모의 전략적 투자를 하기도 했다. 디밀과는 뷰티인플루언서 콘텐츠와 커머스 영역에서 적극적인 협업을 추진 중이다.

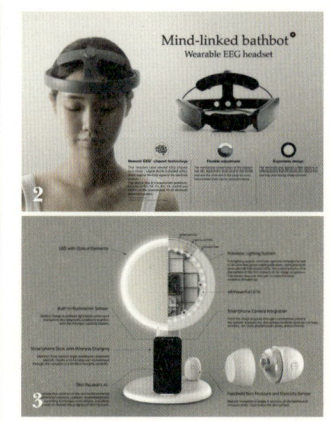

1. 맞춤형 파운데이션·쿠션 제조 서비스 '베이스 피커'.
2. 헬스&웰니스 부문에서 혁신상을 받은 '마인드링크드 배스봇'.
3. 피부 상태를 측정하고, 맞춤 솔루션을 제공하는 '마이스킨 리커버리 플랫폼'.

03

KOTRA

KOTRA는 CES 2022 통합한국관 운영을 통해 국내 스타트업이 레퍼런스를 확보하고 제품 및 기술의 브랜드 밸류를 높이는데 도움이 되고자 적극 지원하고 있다.

78개
CES 2022에서 국내 첨단기업으로 구성된 통합한국관을 운영하며 국내 기업 78개사의 성과 창출을 위해 힘썼다.

2618개
2021 대한민국 온라인 수출산업대전에서 국내기업 2618개사를 대상으로 비대면 마케팅에 필수적인 디지털 콘텐츠 제작, 온라인 전시관 상품전시, 해외 바이어와 온라인 영상상담 주선을 지원했다.

KOTRA는 한국전자정보통신산업진흥회(KEA)와 공동으로 CES 2022에서 78개 첨단기업으로 구성된 통합한국관을 운영했다. 중소기업의 수출 및 마케팅을 지원하는 KOTRA는 2000년부터 CES에 참가하고 있다. 2017년부터는 CES에 범부처 통합한국관을 구성해 참가하고 있다. 이번 통합한국관에도 부산창조경제혁신센터, 경기도경제과학진흥원, 경남테크노파크, 성남산업진흥원, 창원산업진흥원 등이 지원하는 지방 소재 핵심 미래기술 보유 기업 38곳이 참가했다.

중소 수출기업 전폭 지원

KOTRA 한국관은 세계 스타트업들이 모두 모이는 '유레카 파크'에 자리잡았다. 전시 분야는 5세대(5G) 이동통신, 스마트홈, 증강현실·게임, 로봇, 전기바이크 등으로 다양했다.

KOTRA는 2년 만에 오프라인으로 참가한 CES 통합한국관의 성과를 극대화하기 위해 전시회 준비 단계부터 사후까지 전 과정을 지원했다. 우선 실질적인 사전 마케팅 전략 수립을 위해 지난해 10월 열린 'KES 2021(한국 전자전)'에서 'CES 2022 유레카 통합한국관 프리뷰 쇼케이스'를 추진해 국내 산업계와 소비자의 반응을 사전 점검했다. CES는 일반 상담보다 투자 상담과 기술 제휴를 희망하는 경우가 많아 일반 전시회와는 차별화된 준비가 필요하다는 것이 KOTRA 설명이다. 이에 따라 KOTRA는 CES 2022 참가 전 국내 산업계와 소비자 반응을 점검해 기업이 더 구체적이고 정교한 마케팅 전략을 수립할 수 있도록 사전 행사를 기획했다.

KOTRA는 코로나19로 확대된 비대면 온라인 마케팅을 강화하기 위해 B2B(기업 간 거래) 온라인 플랫폼 '바이코리아'에도 한국관을 개설했다. 바이코리아는 온라인 사이트를 통한 국내 기업 상품정보 프로모션과 해외 바이어 구매 오퍼 등의 정보를 제공하고 있다. 5만여 개 국내 기업의 26만여 개 상품이 등록돼 있다. 이곳에선 제품 결제 및 물류 배송도 가능하다. KOTRA에 따르면 2020년부터 연간 2000만 명 이상이 바이코리아를 방문하는 등 활용 사례가 급증하고 있다. 거래 규모는 1억달러에 달한다. 이와 함께 KOTRA는 바이어 발굴 및 상담 주선을 위한 랜딩페이지와도 연결해 통합한국관 제품 홍보, 참가사 피칭 영상 업로드, 전시 기간 및 사후 온·오프라인 상담 주선 등 다양한 온라인 마케팅을 지원했다. KOTRA의 무역·투자 빅데이터 서비스인 트라이빅(TriBIG)을 활용해 바이어와의 매칭을 강화했다.

혁신 제품 선보인 스타트업

KOTRA에 따르면 통합한국관에 참가한 스타트업 9곳이 CES 혁신상을 받았다. 미국 소비자기술협회(CTA)가 기술, 디자인이 뛰어난 제품에 수여하는 CES 혁신상을 받으면 해당 제품과 기업의 인지도가 올라가고 바이어와 투자자의 관심을 받게 된다. 혁신상을 받은 제품은 반려동물 신원 확인 스마트폰 앱, 3차원 거리센서를 활용한 자세 개선 유도 스마트 모니터 거치대, 인공지능(AI) 미니 의류건조기, 뇌파·시선 추적 기반 인지상태 분석 가상현실(VR) 기기 등이다.

힐스엔지니어링은 AI 기반 방역 안내로봇인 '헤이봇'으로 혁신상을 받았다. 헤이봇은 컨벤션센

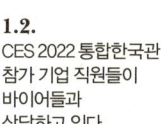

1

1.2.
CES 2022 통합한국관 참가 기업 직원들이 바이어들과 상담하고 있다.

2

> 통합한국관에 참가한 AI, VR 등 첨단기술 스타트업 9곳이 CES 혁신상을 받았다.

터, 병원, 음압병동 등 코로나바이러스 전파를 효과적으로 차단하고 비대면 업무 수행이 가능한 최첨단 지능형 안내 로봇이다. 단순히 방역 및 안내 기능뿐 아니라 테라피 기능도 있는 대표적인 휴머니즘 기술이라는 것이 KOTRA 설명이다. 닉스는 AI 기반 수면 분석 앱과 강력한 수면 유도 기능이 있는 기기로 구성된 통합 솔루션으로 혁신상의 영예를 안았다. 취침부터 기상까지 수면 전 주기 케어가 가능하며, 수면 데이터 학습(머신러닝)을 통해 사용자 맞춤형 수면 환경 피드백을 제공한다.

에이치에이치에스는 생체신호처리 기반 스마트 안전모 모듈을 선보였다. 산업현장의 안전 문제를 해결하기 위해 안전모에 생체신호 처리 장치를 적용하는 기술을 개발했다. 근로자의 생체신호(뇌파, 심박)를 통해 근로자 상황을 실시간으로 안전 관리자에게 알려주는 서비스다. 딥픽셀은 증강현실에 기반한 스타일AR로 혁신상을 받았다. 주얼리·뷰티·패션 분야에서 증강현실 커머스를 위한 가상 착용, 피팅 기술과 인공지능 추천 알고리즘을 제공하는 솔루션이다. 스타일AR을 사용하는 고객은 제품 구입 전 사이즈나 스타일에 맞는 제품을 가상으로 미리 착용해볼 수 있다. 소프트피브이는 태양전지 솔트리아로 혁신상을 받았다. 솔트리아는 나무 형태의 에너지저장장치(ESS)로, 1㎜ 크기의 구슬 모양이다. 공원, 길가의 가로수 옆에 솔트리아를 설치하면 자연경관을 해치지 않으면서 무한한 태양에너지를 적재적소에 공급할 수 있다.

유정열 KOTRA 사장은 "CES 2022를 통해 국내 벤처기업들이 미래기술 트렌드와 유망 산업을 파악할 좋은 기회를 얻었다"며 "국내 스타트업과 중소기업들이 우수한 성과를 낼 수 있도록 사후 지원까지 최선을 다하겠다"고 말했다.

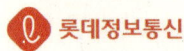

04

롯데정보통신

현실을 모방하는 메타버스 시대는 지났다. IT서비스 기업 롯데정보통신은 초실감형 라이프 플랫폼을 처음으로 공개했다. 무한한 가상 세계가 눈앞의 현실에서 생생하게 펼쳐진다.

HMD
헤드마운트 디스플레이

Head Mounted Display, 머리에 착용하는 디스플레이 장치를 말한다. 주로 가상현실 또는 증강현실의 구현을 위한 디스플레이 장치로 사용되며, 3D 디스플레이 기술과 접목되기도 한다. 모바일로 지원되는 HMD는 다이브로 불리기도 한다.

딥 인터랙티브
실제 촬영된 VR영상 콘텐츠 속 인물이나 사물이 자연스러운 상호작용을 하도록 하는 기술. VR영상 속 인물이나 사물은 사용자의 컨트롤러 터치와 음성을 인식해 상황에 맞는 리액션을 보이게 된다.

정보기술(IT) 서비스 기업 롯데정보통신은 CES 2022에서 메타버스 플랫폼을 처음으로 공개했다. 가상현실(VR) 전문 자회사 칼리버스와 관련 사업을 추진하고 있다.

롯데정보통신은 기존 메타버스 서비스를 찾는 소비자가 많지 않다고 판단했다. 상품 구입, 콘서트장 체험 등의 가상 공간에서 체감할 수 있는 경험이 실제 현실처럼 충분치 않았기 때문이다. 롯데정보통신은 실사형 콘텐츠와 헤드마운트디스플레이(HMD) 등의 VR 기기를 앞세워 온라인과 오프라인을 융합한 일명 '초실감형 메타버스 라이프 플랫폼'을 구축할 계획이다.

이 플랫폼을 구축하려면 세계 최고 수준의 실사 촬영 기술, 실제 촬영과 그래픽을 위화감 없이 합성하는 VR 합성 기술 등이 필수적이다. 시선과 시각 변화에 따른 입체영상(3D) 실시간 렌더링 기술, 사용자가 VR 영상 속 물체와 상호작용할 수 있는 일명 '딥-인터랙티브' 특허, 초고화질의 영상 품질을 최소한의 용량으로 구현하는 압축 기술 등도 필요하다.

누구나 살고 싶은 집 구현

메타버스 플랫폼에서는 집에 대한 경험 방식이 확대된다. 롯데정보통신의 메타버스 플랫폼에서 HMD를 착용하면 드넓은 집의 내부 풍경을 확인할 수 있다. 마당과 테라스, 넓은 거실, 복층 공간 등 누구나 살고 싶은 집에 대한 경험이 가능하다. 눈에 보이는 모든 물건을 정밀하게 구현해 마치 이용자가 집에 사는 것과 같은 현실감을 제공할 수 있다고 회사 측은 설명했다. 가상 공간에서 거실의 가전, 가구 등 집 안 물건들을 만지면 가상 가게, 피팅룸, 영화관 등 다른 메타버스 공간으로 연결된다.

거실의 가전제품을 만지면 층고가 높은 대형 가전매장으로 이동한다. 롯데정보통신 관계자는 "실제 오프라인으로는 구현이 불가능한 형태의

신개념 가전매장을 메타버스에서는 실현할 수 있다"며 "상상 속 세계가 현실화된 것"이라고 설명했다. 단순히 제품만 볼 수 있는 공간이 아니다. 제품의 기능이 궁금하면 오프라인 매장에서 안내 직원에게 설명을 듣는 등의 서비스도 받을 수 있다. 소비자가 매장에 가지 않고 집에서 원하는 가전제품을 실제처럼 확인하고 다른 제품과 비교하는 것도 가능하다.

가족, 친구와 함께하는 메타버스

롯데정보통신의 메타버스 플랫폼에서는 가상 피팅룸 서비스도 제공한다. 가상 공간에서 가방, 액세서리, 셔츠, 바지 등 다양한 패션 상품을 확대하면 실밥까지 눈으로 볼 수 있을 정도다. 매장에는 디지털 휴먼도 기다리고 있다. 제품을 선택하면 디지털 휴먼이 아이템을 착용한 모습으로 변한다. 360도로 회전하며 착용 모습을 확인할 수 있다. 디지털 휴먼은 이용자로 설정할 수 있어 본인이 착용한 모습을 확인하는 것도 가능하다. 롯데정보통신은 메타버스 공간에서 먼 거리에 있는 친구나 부모님을 연결해 제품에 대한 의견을 실시간으로 주고받을 수 있는 기능도 추가할 계획이다.

롯데정보통신이 구현한 가상 영화관은 실제 극장에 와 있는 듯한 경험을 제공한다. 스크린에서는 영화가 상영되고 이용자의 주변엔 100여 명의 관람객이 앉아 있다. 관객들은 모두 디지털 휴

1.
가상 콘서트 공간 Virtual concert, 디지털 휴먼으로 구현된 관중을 콘서트장에서 공연을 보고 있는 관객처럼 표현했다.

2.
물건 등을 클릭하면 가상 가게 등 다른 메타버스 공간으로 연결되는 Virtual store.

3.
롯데정보통신의 자회사 중앙제어가 CES 2022에서 선보인 전기차 충전기 풀라인업.

먼으로 구현해 사실성을 높였다. 가상 극장은 최근 비대면 문화 확산에 따른 '혼밥' '혼술' 등 1인 가구의 새로운 트렌드를 이어갈 것이란 전망이다.

인기 가수의 공연도 메타버스 공간에서 혼자서 즐길 수 있다. 롯데정보통신은 6만5000여 명의 관중을 수용할 수 있는 가상 콘서트 공간을 마련했다. 롯데정보통신은 동시 접속 기능을 추가해 친구와 같이 공연을 관람하는 듯한 경험도 제공할 예정이다. 노준형 롯데정보통신 대표는 "이번 CES는 롯데정보통신과 칼리버스가 국내를 넘어 글로벌 메타버스 기업으로 나아가기 위한 소중한 출발점이 될 것"이라며 "새로운 도전과 변화를 위한 혁신을 멈추지 않겠다"고 밝혔다.

신규 전기차 충전기도 선보여

롯데정보통신의 전기차 충전기 전문 자회사인 중앙제어도 이번 CES에 참가했다. 2021년에 이어 2년 연속 참가다. 이번에는 350㎾ 초급속, 100㎾ 급속, 25㎾ 중급속, 11㎾ 완속 충전 등을 소개했다. 중앙제어는 충전과 전력 변환 등 전기차 충전과 관련해 다수의 기술 특허를 보유하고 있다. 충전기 제조 생산부터 공급, 설치, 유지·보수까지 모두 제공 중이다.

작년에는 미국 최대 충전기 제조사 BTC파워와 급속 충전기 개발 및 원천 기술 공급 관련 계약을 체결했다. BTC파워는 중앙제어와 제조업자 개발생산(ODM) 방식으로 미국 독일 등에서 충전 테스트와 성능 검증까지 마쳤다. 중앙제어 관계지는 "정부의 친환경치 보급 확대 정책에 따라 백화점, 호텔, 아파트 등에서도 전기차 충전기 수요가 급증해 국내 전기차 충전 시장은 2025년 3조원까지 커질 것"으로 전망했다. 중앙제어는 유럽, 북미 등 해외 사업도 확대할 계획이다.

코웨이

웰빙 트렌드는 이제 대표적인 라이프스타일이 됐다. 코웨이는 이번 CES에서 현대인의 라이프스타일에 맞춘 혁신적인 홈케어 시스템 '스마트 슬립 솔루션'을 공개했다.

7년 연속
2013년부터 국내 상위 50대 기업을 선정해 발표한 인터브랜드 주관 〈베스트 코리아 브랜드 2021〉 7년 연속 선정

81%
코웨이의 브랜드 가치 2020년에 비해 81% 증가한 1조1265억원

침대에 누우면 조명이 스스로 꺼지고 매트리스 각도가 몸 상태에 맞춰 자동으로 조절된다. 가습기와 공기청정기가 수면을 위한 최적의 공기 질과 습도를 찾아준다. 아침에 눈을 뜨면 잠이 들기 전의 상태로 되돌아간다. 사람의 움직임과 빛을 감지해 조명은 켜지고 가습기와 공기청정기는 꺼진다. 영화 속 미래 이야기라고? 코웨이가 CES 2022에서 선보인 '스마트 슬립 솔루션'을 통해 이 모든 것을 체험해볼 수 있다.

수면 자세 따라 조절되는 매트리스

코웨이의 CES 2022 전시 콘셉트는 'We innovate for your better life'이다. 일상 속 가치를 높여주는 혁신 제품과 서비스로 글로벌 환경 가전 시장에 도전장을 던졌다는 평가가 나온다.

이번 CES에서는 스마트케어 에어매트리스와 가습기, 공기청정기 등을 연동해 최적의 수면 환경을 제공하는 '스마트 슬립 솔루션'을 공개했다. 스마트케어 에어매트리스는 코웨이가 독자 특허 기술로 개발한 제품이다. 매트리스 내부의 에어셀이 공기압 변화를 감지해 사용자에게 알맞은 경도를 맞춰준다.

오랜 기간 사용하면 성능이 저하되는 스프링과 달리 코웨이 에어셀은 내구성과 탄성이 뛰어나다. 개인별 맞춤 경도도 9단계까지 조절할 수 있다. 코웨이는 스마트케어 에어매트리스를 통해 기존 스프링 매트리스 시장을 혁신적인 에어셀 시장으로 재편하겠다는 목표를 세웠다. 이 제품은 올해 1분기에 국내 시장에 출시될 예정이다.

노블 청정기, 4대 디자인상 받아

코웨이는 지난해 감각적인 디자인과 혁신 기술을 겸비한 환경가전 브랜드 노블을 선보이며 프리미엄 가전 시장 공략에 고삐를 당겼다. 노블 컬렉션은 코웨이가 지향하는 프리미엄 가전의 세 요소인 공간에 녹아드는 디자인·최적화된

성능·혁신적인 사용자 경험을 모두 갖춘 제품 라인업으로 꼽힌다. 정수기 시리즈를 필두로 공기청정기, 제습기, 가습기, 인덕션 등 주요 환경 가전 제품군에 노블 컬렉션을 확보하고 있다.

CES 2022에도 노블 컬렉션 제품이 전시됐다. '노블 정수기' 시리즈는 파우셋(정수기와 연결된 수도 밸브)에 스마트모션 기술을 적용한 제품이다. 평소에는 파우셋이 제품 내부에 숨겨져 있다. 컵을 가까이 댈 때만 이를 인식해 파우셋이 외부로 노출된다. 파우셋 오염을 사전에 차단하고 디자인의 완성도를 높이기 위해 스마트모션 기술을 적용했다는 게 회사 측 설명이다. 인공지능(AI) 기술로 기기 상태와 이상 여부를 실시간 감지하고 휴대폰으로 사용 현황, 필터 교체 시기 등을 한눈에 확인할 수 있다.

'노블 공기청정기'는 건축물에서 영감을 얻은 아키텍처 디자인으로 고급스러움을 강조했다. 세계 4대 디자인 어워드(iF, IDEA, 레드닷, 일본 굿디자인 어워드)를 석권하며 그랜드슬램을 달성하기도 했다. 기술력 또한 주목할 만하다. 4면을 모두 활용해 공기를 청정하는 4차원(4D) 입체 청정 시스템으로 극초미세먼지는 물론 공기 중 부유세균과 바이러스까지 걸러준다.

'노블 인덕션 프리덤'은 국내 최초로 화구 간 경계선을 100% 없애 조리 편의성을 높인 신개념 전기레인지다. 상판 전체 면적에서 자유롭게 가열이 가능해 용기를 원하는 위치 어디에나 놓을 수 있다. 스마트 오토 센싱을 통해 상판에 용기를 올리기만 하면 자동으로 용기를 인식해 바로 사용할 수 있다.

1.
국내 최초로 화구 간 경계선을 100% 없앤 코웨이 노블 인덕션 프리덤.

2.
정수기와 연결된 수도 밸브에 스마트모션 기술을 적용한 코웨이 노블 정수기 빌트인.

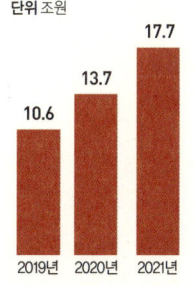

개인 맞춤형 스마트라이프 솔루션

코웨이는 2015년 업계 최초로 사물인터넷 기반 맞춤 케어 서비스인 'IoCare(Internet of Care)' 서비스를 선보이며 글로벌 스마트홈 플랫폼 구축의 포문을 열었다.

IoCare는 제품에 쌓이는 빅데이터를 기반으로 고객의 거주 환경과 생활 패턴을 분석하는 서비스다. 국내외 곳곳의 수질과 공기질 데이터베이스를 구축해 언제 어디서나 깨끗한 물과 공기를 경험할 수 있게 했다. 국내에서 분석한 수질 데이터만 2만여 건에 달한다.

코웨이는 물 연구와 더불어 어디서든 깨끗한 실내공기를 누릴 수 있도록 약 1200억 건의 공기질 데이터를 분석했다. 다양한 장소의 공기질 특성을 파악해 24종의 공기질 지표를 개발했으며, 이를 통해 오염물질이 건강에 미치는 영향을 수치화하고 각 고객에게 가장 적합한 필터를 제공하고 있다.

코웨이 관계자는 "코웨이는 사물인터넷, 빅데이터, 인공지능 등 첨단 정보통신기술(ICT)을 제품과 서비스에 접목해 스마트홈 구독경제 선도 기업으로 자리매김하고 있다"며 "지난 30년간 쌓은 업계 1위의 경쟁력과 노하우를 기반으로 혁신 경험을 제공하겠다"고 했다.

라이프케어 서비스 국내시장 규모
단위 조원

- 2019년: 10.6
- 2020년: 13.7
- 2021년: 17.7

자료 산업연구원

한글과컴퓨터

한글과컴퓨터그룹은 CES 2022를 통해 메타버스 기업으로 도약했다. 메타버스 전문 계열사 한컴프론티스는 3차원(3D) 기반 메타버스 플랫폼 XR판도라를 최초로 선보였다.

XR판도라

한컴프론티스가 선보인 3D 기반의 메타버스 플랫폼. XR판도라는 한컴오피스와 연동해 PDF를 비롯해 워드, 엑셀 등 다양한 문서를 공유·편집할 수 있고 인터넷 검색, 음성 대화 등으로도 활용할 수 있는 서비스다.

15개

한컴그룹이 CES 2022에서 운영한 전시부스는 총 15개. 메타버스, NFT, AIoT, 인공위성, 드론 등 신사업을 적극 공개했다.

이번 CES에서는 한컴인텔리전스, 한컴인스페이스 등 우량 자회사들의 기술 경쟁이 이어졌다. 인공지능(AI)과 사물인터넷(IoT)을 결합한 수도 원격 검침 서비스 관련 기기와 올해 상반기 발사될 지구관측위성 세종1호 모형도 현장에 전시됐다. 한컴그룹은 "2년 만에 오프라인으로 열린 CES인 만큼 차별화된 기술력으로 신사업 비즈니스 기회를 발굴하는 데 주력했다"고 밝혔다.

한컴오피스, 가상 공간에서도 쓴다

한컴그룹은 2018년부터 5년 연속 CES에 참가했다. 올해도 임직원 100여 명이 김상철 회장과 현장을 찾았다. 이번 CES에서 한컴그룹이 가장 집중한 플랫폼은 XR판도라다. XR판도라는 한컴오피스 프로그램과 연계해 시간과 장소에 구애받지 않고 가상공간에서 회의가 가능한 새로운 플랫폼이다. 라스베이거스컨벤션센터 노스홀에 마련된 부스엔 XR판도라를 설명하는 대형 디스플레이가 자리했다. 메타버스 전문 계열사 한컴프론티스가 CES에서 처음으로 존재감을 드러낸 것이다.

XR판도라는 셀프 카메라를 통해 자신의 3D 아바타를 구현하고, 가상 펜과 키보드를 통해 메모를 할 수도 있다. 아바타 생성에는 안면 데이터 2만 장을 학습한 딥러닝 기술이 적용돼 생생함을 더했다. 3D 형태라 다양한 커스터마이징도 가능하다. VR 공간에는 한컴오피스를 연계할 계획이다. 문서를 작성할 때는 AI 기반 음성 인식 기능이 입력 보조 역할을 하도록 AI 기능도 덧댄다. 서로 다른 언어를 사용하는 접속자를 위해 아바타 간 통역 시스템도 적용할 예정이다. 여기에는 한컴그룹 AI 기반 통·번역 서비스 지니톡 기술이 활용된다.

학교 수업과 기업 연수 등 교육 현장에서도 플랫폼을 활용할 수 있다. 이를 위해 한컴프론티스는 학습관리시스템(LMS) 기능을 강화할 예정이다. LMS는 객관식·주관식 문제 유형을 조정하거나 응시자 출결을 관리하고 시험 결과 분석 등을 제공한다. 가상 공간에 학교를 만드는 셈이다. 한컴그룹은 적용 기술을 고도화해 연내 메타버스에 가상 도시를 구현하는 XR라이프트윈 플랫폼까지 영역을 확장할 계획이다.

AI 수도 검침·드론십…다수 계열사 '약진'

한컴인텔리전스는 그룹 계열사 중 유일하게 스마트시티 부문 혁신상을 수상하며 또 다른 주역으로 떠올랐다. AI와 IoT가 결합된 수도 원격 검침 서비스 하이체크가 기술력을 인정받은 것이다. 하이체크는 아날로그 수도 계량기 지침을 사진으로 촬영한 데이터를 학습했다. 결과 데이터는 IoT 플랫폼으로 전달돼 검침의 정확도를 확보했다. 하이체크와 함께 공개된 수질 모니터링 시스템 하이아쿠아도 있다. 하이아쿠아에는 하이체크에 활용된 IoT 플랫폼 네오아이디엠(NeoIDM) 기술이 적용됐다. IoT 기기에 수집되는 데이터를 실시간으로 제어하고 관리할 수 있는 이유다.

우주·항공 전문 계열사 한컴인스페이스는 올해 상반기 발사할 지구관측위성 세종1호를 소개했다. 세종1호는 지구 저궤도(고도 500~600km)에서 지표 영상을 촬영하는 위성이다.

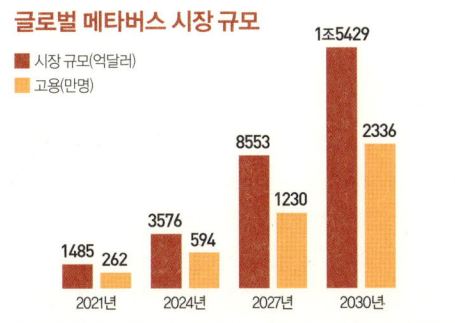

글로벌 메타버스 시장 규모
- 시장 규모(억달러)
- 고용(만명)

연도	시장 규모	고용
2021년	1485	262
2024년	3576	594
2027년	8553	1230
2030년	1조5429	2336

자료 PwC

1. 한글과컴퓨터가 부스에 전시한 '벌 드론'.
2. 한컴프론티스의 'XR판도라'에선 아바타를 통한 원격 강의 및 회의가 가능하다.
3. '싸이월드 한컴타운' 접속 장면.

> 메타버스 전문 계열사 한컴프론티스가 CES에서 처음으로 존재감을 드러냈다.

약 90분에 한 번씩, 하루 12~14회 지구를 돈다. 관측된 데이터는 농경지와 산림을 분석하는 데 쓰인다. 작황을 예측하고, 산림 훼손 정도를 분석할 수 있다는 설명이다. 이를 위해 한컴인스페이스는 2021년 12월 미국 항공우주 기업 스페이스X와 위성 발사 계약을 체결했다. 항공모함과 같은 역할을 하는 드론십 기술도 현장을 달궜다. 자체 개발한 군수용 드론 HD-850과 미션 드론 4기가 탑재되는 형태로 군용으로 납품될 예정이다.

블록체인 사업의 중추로 떠오른 한컴위드는 아로와나몰 확장을 선언했다. 아로와나몰은 귀금속과 골드바를 거래하는 한컴그룹 온라인 사이트다. 한컴위드는 이를 메타버스 공간에서 쇼핑 및 대체불가능토큰(NFT) 활용이 가능한 플랫폼으로 재구성할 계획이다.

한글과컴퓨터는 싸이월드와 협력한 '싸이월드 한컴타운' 베타 서비스도 CES에서 공개했다. 모바일 앱을 통해 아기자기한 배경과 캐릭터를 구현했으며, 소규모 미팅부터 대규모 행사까지 지원하는 플랫폼이다.

07 서울반도체

'자동차의 눈'으로 불리는 헤드램프가 첨단 기술에 힘입어 진화하고 있다. 서울반도체는 지능형 헤드램프를 비롯해 자동차 및 디스플레이 LED 혁신 기술을 소개했다.

국내 1위
서울반도체는 국내 1위, 세계 3위 글로벌 LED 전문기업이다. CES 2022에서는 광반도체 혁신 기술을 이용한 미래 자동차 LED와 레이저다이오드 기술을 대거 공개했다.

90%
바이오레즈는 자동차 실내 세균과 바이러스를 10분 안에 90% 이상 살균하는 기술이다.

헤드램프는 자동차의 눈이다. 수동적으로 한곳만 비추던 이 눈이 운전자에게 중요한 정보를 선택적으로 취하는 '능동형'으로 진화하고 있다. 전방에서 운행하는 차량이나 반대 차로에서 마주 오는 차량의 주행 상황에 따라 헤드램프를 정밀 제어하는 '지능형 헤드램프' 기술이다.

서울반도체는 CES2022에서 지능형 헤드램프를 비롯해 다양한 미래 자동차 및 디스플레이 기능 구현을 가능케 하는 LED(발광다이오드) 신기술을 대거 선보였다. 서울반도체는 올해로 3회 연속 CES에 참가했다.

LED 혁신 기술 '와이캅'

'LIGHT IS NOT THE SAME LIGHT(빛이라고 다 같은 빛이 아니다).' 서울반도체는 이 슬로건에 맞게 CES 전시장을 꾸미고 자동차 및 디스플레이 LED 혁신 기술을 소개했다.

전방산업이 어디냐를 떠나 공통분모는 와이캅(WICOP) 기술이다. 와이캅은 중간 기판 없이 LED 칩을 인쇄회로기판(PCB)에 바로 연결하는 제품으로, 서울반도체가 2012년 세계 최초로 개발했다. 중간 기판을 거치는 패키징 공정을 생략해 소형화에 유리한 것은 물론 디자인 다양성, 효율성 등을 한층 더 끌어올릴 수 있다. 서울반도체 창업자 이정훈 대표가 2015년 직접 세계에 와이캅을 공식 소개했을 정도로 공들여 개발한 기술이다.

서울반도체 관계자는 "와이캅은 기존 리드프레임과 골드와이어, 기판 등 추가 부속품을 줄여 작으면서도 섬세한 빛을 표현할 수 있다"며 "반도체 패키지 공정을 거치지 않고 LED 칩 생산이 가능해 생산비용도 낮출 수 있다"고 소개했다. 와이캅 기술은 세계 고휘도 TV 및 모바일용 LCD(액정표시장치) 백라이트, 고출력 일반 조명 등 디스플레이에 주로 사용되고 있다. 2020년 기준으로 세계 TV 출하량(약 2억2000만

대)의 18%, 태블릿(약 1억5000만 대)의 27%, 스마트폰(약 1250만 대)의 3%가량에 와이캅 기술이 적용됐다. 자동차에도 광범위하게 채택되고 있다. 2021년 기준으로 32개 기업, 102개 자동차 모델에 적용됐다.

촛불 5000개 밝기 와이캅MC

와이캅MC는 와이캅 기술을 기반으로 설계한 마이크로LED를 일컫는다. 마이크로LED는 직경 100마이크로미터(㎛) 이하의 초소형 LED로 밝기가 촛불 5000개를 모은 것과 맞먹는 5000니트(칸델라)에 육박한다. 와이캅MC는 증강현실·가상현실(AR·VR)에서 요구되는 고휘도, 고해상도, 고효율 및 설계 유연성 등의 특성을 두루 갖췄다.

서울반도체 관계자는 "LED를 50㎛ 이하로 만들 때 발생하는 효율 저하 문제를 해결하지 못해 AR·VR에 마이크로LED를 적용하는 시간이 더뎌지고 있다"고 지적했다. 그러면서 "와이캅MC는 효율 저하를 해결하고 인치당 2000픽셀이 넘는 고해상도 구현이 가능해 마이크로디스플레이 기술에 요구되는 성능을 모두 갖췄다"고 강조했다.

이 덕분에 자율주행 시스템이 보편화될수록 와이캅MC의 쓰임새가 늘어날 것으로 보인다. 와이캅MC는 LCD와 OLED(유기발광다이오드) 등 기존 디스플레이 대비 밝기가 10배 이상이면서 화질이 선명하고 칩 크기가 초소형이어서 정밀한 메시지를 구현할 수 있기 때문이다. 서울반도체는 이번 CES에서 방문객들이 마이크로LED를 체험할 수 있도록 와이캅MC 620만 개가 적용된 82인치 디스플레이 등을 마련했다. 와이캅ADB는 지능형 헤드램프에 적용된다. 칩 크기와 간격을 최소화해 정교한 개별 점등이 가능할 뿐 아니라 반대 차로 운전자 또는 보행자의 눈부심을 최소화해준다.

1. 중간 기판 없이 LED 칩을 인쇄회로기판(PCB)에 바로 연결할 수 있는 노 와이어, 노 패키지 기술 '와이캅'.
2. 자동차 내부 바이러스를 10분 만에 90% 이상 살균하는 자외선 기반 안심 청정 살균 기술 '바이오레즈'.

> 와이캅 기술은 세계 고휘도 TV 및 모바일용 LCD(액정표시장치) 백라이트, 고출력 일반 조명 등 디스플레이에 주로 사용되고 있다.

살균 솔루션 바이오레즈

서울반도체는 CES에서 바이오레즈 살균 솔루션도 대대적으로 선보였다. 바이오레즈는 자동차 내부 바이러스를 10분 만에 90% 이상 살균하는 기술이다. 서울반도체 관계자는 "바이오레즈는 공조시스템 내부 필터에 장착돼 호흡기를 통한 바이러스 감염률을 최소화하고 자동차 실내 공기 질을 개선한다"고 설명했다.

에어컨 필터를 통과하는 공기 속 바이러스를 살균해 자동차 내부에 청정한 공기를 순환하게 하는 원리다. 자동차 천장에 부착해 대면적 살균도 가능하다는 설명이다. 서울반도체는 1월 글로벌 빅5 완성차 중 한 곳에 이 기술을 공급할 계획이다.

썬라이크(SunLike)도 CES에서 눈에 띈 혁신 기술로 꼽혔다. 썬라이크는 일반 조명의 블루라이트를 낮춰 자연광과 가장 비슷한 빛을 구현하는 기술로 평가받는다.

웅진씽크빅

코로나19의 영향으로 비대면 온라인 수업이 활성화되면서 AI와 메타버스 등을 활용한 에듀테크 시장이 성장하고 있다. 웅진씽크빅은 AR을 활용한 AR 독서 인터랙티브북 서비스로 국내 교육업계 역사상 처음으로 CES 혁신상을 수상했다.

3420억달러
전 세계 에듀테크 시장은 2018년 1530억 달러에서 2025년에는 3420억 달러로 커질 것으로 예측되고 있다.

8만 3000부
AR 기술을 활용해 책 내용을 태블릿 PC와 연동한 웅진씽크빅의 '인터랙티브북'은 2021년 11월까지 약 8만3000부가 판매됐다.

증강현실(AR)은 교육업계에서도 눈여겨보는 첨단 기술로 꼽힌다. 활자와 이미지 위주인 교육 콘텐츠를 AR 기술로 다채롭게 시각화하는 방식으로 학습 효과를 높일 수 있기 때문이다. 인공지능(AI) 교육기업 웅진씽크빅은 국내 교육업계에서 손꼽히는 AR 에듀테크기업으로 통한다. 웅진씽크빅의 글로벌 AR 독서 인터랙티브북 서비스 'AR피디아'는 세계 최대 규모의 IT·가전 전시회인 CES 2022에서 혁신상을 수상하는 등 세계 무대에서 품질을 인정받고 있다.

국내 교육업계 첫 CES 혁신상

AR피디아는 국내에 출시된 인터랙티브북의 글로벌 버전이다. 책 속 캐릭터와 그림을 AR로 구현해 생동감 넘치는 독서 경험을 제공하는 게 특징이다. 태블릿PC와 기린 모양의 도서 거치대를 연결하고 AR피디아 앱으로 실물 도서를 인식시키면 도서 속 콘텐츠가 3차원(3D) 애니메이션 효과로 나타난다. 아이들은 AR피디아를 활용해 소방관이 불을 끄는 진화작업을 체험하고, 과학실에서 개구리를 해부하는 등 실감 나는 경험을 할 수 있다. 또 아이들이 자신의 사진과 목소리를 동화 속 주인공과 결합해 직접 이야기를 펼쳐나가는 방식으로 학습 몰입도를 높일 수 있는 것도 장점이다.

AR피디아는 미국과 영국 아마존에서 글로벌 혁신 제품에 부여하는 '아마존 런치패드'에 선정되는 등 글로벌 교육시장에서 품질을 인정받고 있다. 이번엔 국내 교육기업 최초로 CES 혁신상을 수상하는 성과도 냈다. 웅진씽크빅 관계자는 "2월 독일 뉘른베르크에서 열리는 완구박람회와 미국 뉴욕의 토이페어에 이어 3월 영국 런던의 세계 최대 교육박람회 베트(BETT)에도 참가하는 등 지속적으로 글로벌 소비자와의 접점을 넓혀나갈 계획"이라고 밝혔다.

AI 교육 콘텐츠도 강점

웅진씽크빅의 또 다른 강점은 AI 학습 서비스다. 학습자의 학습 패턴, 유형, 습관을 AI 기술로 분석해 최적의 학습 성과를 도출하도록 돕는 모듈을 제공하는 것이다. 이 서비스는 개인의 능력치와 문제의 체감 난이도를 기반으로 오답을 개인화해 제공한다. 학습자는 어떤 개념이 부족해 문제를 틀렸는지 분석한 정보를 제공받을 수 있다. 이를 통해 불필요한 학습 시간을 줄여주고, 학습 효율은 높일 수 있다는 게 회사 측 설명이다. 김민기 KAIST 교수팀이 발표한 논문에 따르면 웅진씽크빅 AI 학습 코칭을 경험한 학생들은 그렇지 않은 학생보다 평균 10.5%포인트 향상된 정답률을 보인 것으로 실험 결과 나타났다.

웅진씽크빅은 모바일 기기와 책을 결합한 회원제 서비스 웅진북클럽을 2014년 출시하며 디지털 교육 사업에 본격적으로 뛰어들었다. 2016년에는 IT개발실을 신설해 회원들이 학습하면서 쌓이는 빅데이터를 체계적으로 수집·관리하기 시작했다. 이 빅데이터는 AI 분석 기술을 개발하는 기반이 됐다. 2018년 미국 실리콘밸리 에듀테크기업과 협력해 독자적인 AI 머신러닝 분석 기술을 확보하면서 'AI수학' 'AI책읽기' 등 AI 학습 솔루션을 지속적으로 출시하고 있다.

웅진씽크빅은 매년 250억원 이상을 에듀테크 연구개발에 투자하고 있다. 국내 교육기업으로는 가장 많은 31건의 에듀테크 관련 기술 특허를 보유하고 있다. 이 중 15건은 AI 기술 관련 특허다. 2020년 7월 국내 우수 에듀테크기업에 교육부 이러닝 세계화 프로젝트 '리드(LEAD) 이노베이션 그룹'에 선정되면서 과학기술정보통신부 산하 한국정보화진흥원장상을 받기도 했다.

1.2. 책 속 캐릭터와 그림을 AR로 구현해 생동감 넘치는 독서 경험을 제공하는 'AR피디아'.
3. AI 학습 플랫폼 '스마트올'에 조성된 메타버스 도서관.

> 웅진씽크빅은 국내 교육 기업으로는 가장 많은 31건의 에듀테크 관련 기술 특허를 보유하고 있다.

'가상 학교' 메타버스 구축

웅진씽크빅은 '스마트올'을 중심으로 학습 서비스를 강화하고 사업 영역 확장을 통한 플랫폼 구축에도 힘을 쏟고 있다.

스마트올은 웅진씽크빅이 2019년 출시한 대표 학습 서비스로 유아부터 중학생까지 폭넓은 연령을 대상으로 연령·학년별 맞춤 AI 학습 서비스를 제공하고 있다. 스마트올 역시 AR 과학 실험을 비롯해 AI 수학 연산, 대치동 유명 학원 강의 등 다양한 서비스 항목을 제공하고 있다.

웅진씽크빅은 코로나19 사태로 비대면 온라인 학습이 확산하면서 생긴 학력 격차를 해소하는 데도 앞장서고 있다. 지난해 서울·부산·대구·인천교육청과 업무협약을 맺고 관할 초등학교에 AI 수학 학습 프로그램인 '스마트올 AI 학교 수학'을 제공한 게 그 일환이다.

또 가상의 교실과 도서관을 3D 아바타로 자유롭게 돌아다니면서 학습 및 상호 교류가 가능한 '가상 학교' 메타버스 플랫폼을 구축하는 데도 공을 들이고 있다.

웅진씽크빅은 1980년 도서출판 헤임인터내셔널로 출발했다. 이후 헤임고교학습, 어린이마을, 웅진위인전기, 회원제 학습지 웅진아이큐 등을 잇달아 선보이며 국내 교육시장을 이끌어왔다는 평가를 받는다. 1995년 웅진씽크빅으로 통합 브랜드를 변경했다.

전 세계 에듀 테크 시장 규모
단위 억달러

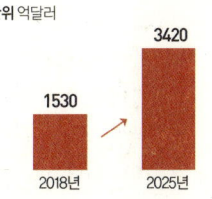

2018년 1530
2025년 3420

자료 Holon IQ

SECTION 3 *Innovation awards*

DOT HEAL

01 도트힐

헬스케어 로봇 기반의 서비스로
사용자 맞춤 훈련 알고리즘을 개발했다.

대표	홍보람
주요 서비스	헬스케어 로봇
수상 부문	로보틱스, 컴퓨터 주변 기기 & 액세서리, 피트니스 & 스포츠

코로나19 사태 여파로 전자제품을 사용하는 시간이 늘면서 '거북목 증후군'을 호소하는 환자들이 늘고 있다. 매년 1억 명 이상이 이 증후군을 겪고 있는 것으로 알려졌다. 잘못된 자세가 굳어져 생기는 거북목은 목 디스크로 이어질 수 있어 주의가 필요하지만, 비용과 투자한 시간 등을 따져보면 거북목 예방에 효과가 있는 제품은 보기 어려웠다.

2019년 중소벤처기업부가 운영하는 판교 입주기업으로 창업한 도트힐은 헬스케어 로봇 기반 모니터 거치대가 거북목을 예방하는 데 도움을 줄 수 있을 것이라고 봤다. 사용자가 무의식적으로 거북목으로 모니터를 보더라도 로봇 거치대가 모니터를 움직여서 자세를 교정해줄 수 있다면 거북목 증후군을 예방할 수 있다는 설명이다. 도트힐이 '도트스탠드 V1'을 선보인 까닭이다.

사용자 데이터로 맞춤 케어 시스템 제공

도트스탠드 V1은 모니터의 움직임에 따라 사용자 자세가 변화되는 원리를 활용한다. 제품은 정면의 3차원(3D) 거리센서를 통해 사용자 자세

1.2.
도트스탠드 V1.

를 인식한다. 이후 자세가 올바르지 않거나 한 자세가 장시간 고정될 때 모니터를 위와 아래로 들어 올려 사용자가 자세를 바르게 움직이도록 유도한다.

도트힐 관계자는 "제품의 견인 속도는 사용자가 인지하기 어려운 속도로 천천히 작동하며, 사용자는 모니터를 사용하면서 자신도 모르게 반복적인 자세 훈련을 하게 된다"고 했다.

도트스탠드 V1은 이런 과정을 통해 인식한 사용자 체형과 자세 습관 등을 데이터로 축적한다. 인공지능(AI)을 통해 데이터를 자동으로 분석한 뒤 사용자의 움직임을 주기적으로 조정하는 방식으로 12주 이상 맞춤 훈련을 제공한다. 회사 관계자는 "하루 4시간 이상 모니터를 사용하는 직장인 등에겐 효과가 두드러질 것"이라고 설명했다.

기술 혁신으로 세계 시장의 문을 두드리다

도트스탠드 V1은 이런 성능을 인정받아 'CES 2022 이노베이션 어워즈'에서 3개 부문(로보틱스, 컴퓨터 주변 기기 & 액세서리, 피트니스 & 스포츠)을 동시 수상했다. 도트힐은 제품 성능을 개선하기 위해 인간공학회, 강북삼성병원 등과 연구를 진행하며 자세 훈련 유도 궤적과 속도, 사용자 맞춤 훈련 알고리즘을 개발했다.

도트힐은 도트스탠드 V1을 미국을 비롯한 글로벌 시장에 내놓을 계획이다. 주요 타깃은 기업 간 거래(B2B) 시장이다. 2021년 11월 미국 식품의약국(FDA)에 등록했고, 최근엔 일본 업체와도 수출 협약을 체결했다. 홍보람 도트힐 대표는 "지속적인 기술 혁신을 통해 삶을 건강하고 풍요롭게 하는 헬스케어 로봇과 서비스를 선보이겠다"고 말했다.

LetinAR

02 레티널

독자 개발 기술 '핀 미러'를 통해 차별화된 기술력을 인정받고 있다.

대표	김재혁
주요 서비스	AR 스마트안경용 광학계
수상 부문	컴퓨터 주변기기 & 액세서리

증강현실(AR) 스마트안경은 현실 세계와 메타버스의 가상 세계를 체험하는 데 필요한 핵심 디바이스로 꼽힌다. 얼굴에 직접 착용하는 장비인 만큼 가벼우면서도 인체 구조에 최적화된 디자인이 요구된다. AR 스마트안경 스타트업 레티널은 플라스틱 소재를 적용한 AR 스마트안경용 광학계(빛의 반사, 굴절 등의 현상을 이용해 물체의 상을 만드는 장치)를 세계 최초로 개발해 AR 스마트안경의 활용도를 대폭 끌어올렸다는 평가를 받는다. 레티널은 지난해 11월 세계 최초의 초경량 양안 플라스틱 AR 광학계인 'T-글래시스를 개발했다. 이 제품은 기존 유리 광학계에 비해 무게가 54% 이상 가벼우면서 대량생산이 편리한 게 특징이다. 일반 안경에도 쓰이는 플라스틱 소재가 적용됐기 때문에 유리 광학계가 파손되면서 발생할 수 있는 부상도 걱정할 필요가 없다. 레티널은 AR 스마트안경의 편의성과 활용도를 크게 개선한 공로를 인정받아 CES 2022에서 혁신상을 수상하고, 이 행사에서 T-글래시스 제품 실물을 최초로 공개했다.

레티널의 핵심 기술은 독자 개발한 '핀 미러'다. 작은 구멍을 통해 물체를 볼 때 비교적 선명하게 상이 맺히는 '핀홀 효과'를 응용한 기술이다. T-글래시스를 착용한 사용자는 현실 세계와 AR 기술로 선명하게 구현된 가상 물체를 동시에 볼 수 있다. 투명한 렌즈 안에 탑재된 핀 미러가 렌즈 위쪽에 부착된 유기발광다이오드(OLED) 디스플레이 화면을 반사해 가상 물체의 시각 정보도 동시에 전달하는 원리다.

네이버·카카오서 동시 투자 유치

2016년 10월 설립된 레티널은 AR 스마트안경 관련 광학계를 독자 기술로 개발해왔다. 회사 설립 초기부터 핀 미러를 통해 차별화된 기술력을 인정받으면서 시리즈B 투자 유치에도 성공했다. 이 업체의 누적 투자금은 약 148억원으로 국내 가상현실(VR)·AR 하드웨어 업체로는 드물게 네이버와 카카오의 투자를 동시에 받았다는 게 업체 측 설명이다. 양상환 네이버 D2스타트업팩토리(D2SF) 리더는 "시드 단계에서부터 레티널에 후속 투자를 이어오면서 핀 미러 기술의 독창성과 가능성을 높게 평가해왔다"며 "코로나 팬데믹으로 세계 산업이 어려운 상황 속에서도 생산 라인 설립과 공정 자동화를 마무리하는 등 큰 성과를 거두고 있다"고 평가했다.

레티널은 핀 미러 기술을 적용한 제품을 추가로 개발하는 한편 글로벌 메타버스 산업에서 영향력을 높여갈 방침이다. 김재혁 레티널 대표는 "AR 광학계는 플라스틱으로 만들어야 한다는 확신을 가지고 기술 개발에 매진해왔다"며 "이번 CES 2022 혁신상 수상을 통해 그 성과를 입증해 고무적"이라고 말했다.

1. 레티널 플라스틱 AR 광학계 렌즈 모듈.
2. 세계 최초의 초경량 양안 플라스틱 AR 광학계 'T-글래시스'.

SECTION 3 *Innovation awards*

03 매크로액트

로봇 자율제어 솔루션을 앞세워 적응형 로봇 개발의 선도 기업으로 발돋움하고 있다.

대표자	강의혁
주요 서비스	AI 로보틱스 기술
수상 부문	스마트 홈

소니가 세계 최초의 반려로봇 아이보를 선보인 건 1999년이다. 초창기엔 "반려동물도 로봇이 대체하는 시대가 온다"는 평가가 나왔다. 하지만 아이보는 판매 부진으로 2006년 절판됐다. 이 어려운 시장에 도전장을 내민 국내 스타트업이 있다. 2019년 설립된 매크로액트다. 매크로액트는 창업 2년 만인 지난해 인공지능(AI) 고양이 로봇 '마이캣' 개발에 성공했다. CES 2022에선 하드웨어·기능을 대폭 개선한 마이캣을 선보였다. 마이캣은 기술 성과가 높다는 평가와 함께 CES 2022 혁신상을 수상했다.

반려로봇 대중화의 관건은 AI에 있다는 지적이 많다. 반려로봇은 사람과 끊임없이 교감해야 한다. 사람의 말을 듣고 이해하는 데는 음성인식, 자연어처리 기술이 필요하고 사람 표정을 읽는 데는 영상인식 기술이 들어간다. 실제 로봇이 고양이의 행동 양식을 배우고 내재화하는 데는 딥러닝(심층학습) 기술이 필수다. 다양한 AI 기술의 종합 예술이라 할 만하다. 그간 반려로봇이 대중화에 실패한 주요 원인도 AI에 있다. 반려로봇의 AI가 고도화하지 못한 탓에 사람의 말에 적절한 반응을 보이지 못하거나 한정된 행동만을 반복해 사람들이 금세 싫증을 낸 것이다.

AI 고도화로 개인화된 경험 제공

매크로액트는 이런 점을 감안해 마이캣을 개발할 때 AI 고도화에 집중했다. 그 결과 기존 제품보다 다양한 상호 작용이 가능한 반려로봇을 만드는 데 성공했다. 마이캣은 주인을 맹목적으로 따르지 않는다. 사람이 얼마나 잘 대해주는지에 따라 호감도를 달리 축적하는 기능이 있다. 평소 무관심한 주인이 부르면 모른 척한다. 자신을 잘 아껴주는 주인에겐 살갑게 '야옹'하고 '꾹꾹이'도 한다. 꾹꾹이는 앞발로 어떤 대상을 누르는 행동으로 고양이의 대표적인 애정 표현이다. 마이캣은 실제 고양이처럼 자체 바이오리듬도 갖고 있다. 바이오리듬이 안 좋을 때면 새침한 모습을 보인다. 이처럼 호감도, 바이오리듬, 주인의 현재 감정 상태 등에 따라 실제 고양이처럼 다양하고 때로는 예측 못 할 행동을 보여준다. 강의혁 매크로액트 대표는 "마이캣의 차별화된 강점은 고도화된 감성 지능 AI 알고리즘에 있다"며 "이것이 마이캣과의 상호 작용을 재미있고 매력적인 경험으로 만들어준다"고 말했다. 그는 "올 하반기 한국과 미국, 유럽 시장에 마이캣을 정식 출시할 계획"이라고 덧붙였다.

매크로액트는 다른 기업의 AI 로봇 개발을 지원하는 솔루션 '마이다이맥스'도 보유하고 있다. 로봇과 주변 환경 간 상호작용을 시뮬레이션하고, 로봇이 구현하고자 하는 행동을 AI로 학습하는 과정 등을 지원한다.

1.2.3.
AI 고양이 로봇 '마이캣'은 다양한 상호작용이 가능해 개인화된 경험을 제공한다.

VERSES

04 버시스

AI 기반의 음성 합성 기술로 사용자가 음원을 변형·제어할 수 있게 했다.

대표자	이성욱
주요 서비스	참여형 음악 감상 프로그램
수상 부문	스마트 시티, 지속 가능성, 에코 디자인 & 스마트 에너지

"음악을 감상하는 것에서 한 발 나아가 음악을 가지고 놀 수 있는 방법을 고민하다가 사업을 구상하게 됐습니다."

이성욱 버시스 대표는 기존의 음악산업이 음원을 재생하는 스트리밍 서비스에 그친다는 점에 주목했다. 사용자가 원하는 대로 음원을 변형할 수 있다면 보다 능동적으로 음악을 감상할 수 있는 길이 열릴 것이라고 판단해 버시스를 창업했다.

버시스는 사용자가 음악을 게임처럼 갖고 놀 수 있는 앱이다. 사용자가 조작하는 방식에 따라 자유롭게 음원을 변형할 수 있다. 예를 들어 스마트폰 화면을 터치하거나 끌면서 기존 음원의 재생 속도, 리듬을 바꿀 수 있다.

특정 악기 소리를 없애거나 추가할 수 있고 목소리 성별을 바꾸는 것도 가능하다. 여기에는 인공지능(AI) 기반의 음성 합성 기술과 자동 생성 기술이 적용됐다. 머신러닝을 통해 음원 데이터를 학습하고 음악의 각 요소를 분해한 뒤 재조립하는 방식이다.

이 대표는 "단순한 스트리밍에서 벗어나 사용자가 능동적으로 즐길 수 있는 참여형 음악을 제공하는 것"이라며 "모든 디지털 매체가 사용자와 상호작용하는 방향으로 발전하고 있기 때문에 음악 역시 가능할 것이라고 생각했다"고 설명했다. 이 기술로 버시스는 이번 CES에서 혁신상을 수상했다.

버시스는 이 대표가 카네기멜런대 컴퓨팅 석사 시절 연구했던 프로젝트를 발전시킨 것이다. 당시 "이미 완벽한 음악을 굳이 바꿀 필요가 있느냐"는 담당 교수의 회의적인 반응이 오히려 이 대표와 동료들의 반항을 일으켰고 기술을 완성해내는 동력이 됐다. 이 기술을 기반으로 현지에서 엔젤투자도 유치했던 이 대표는 2019년 귀국해 버시스를 설립했다.

1. 싱어송라이터 수민과 협업해 출시한 음원 'Fightman'.

2. DJ 히치하이커와 협업해 출시한 메타버스 기반 음원.

음반·게임회사 '러브콜'

버시스는 지난해 싱어송라이터 수민, SM의 대표적인 프로듀서 히치하이커와 함께 음원을 출시했다. 특히 히치하이커와 협업해 만든 서비스는 메타버스에 기반을 두고 있다. 어느 행성에 불시착한 사용자가 우주복을 입은 히치하이커 캐릭터가 돼 메타버스 공간 곳곳에 놓인 아이템을 사용해 자신만의 음악을 만들고 재구성하는 방식이다.

버시스는 최근 세계적인 음반회사와 게임회사 등 다양한 기업으로부터 러브콜을 받고 있다. 게임회사와의 제휴를 통해 게임 플랫폼에 버시스의 참여형 음악 감상 기술을 접목하는 방안 등을 논의하고 있다.

이 대표는 "기존의 메타버스 버전이 '공간에서의 음악'이라는 개념이었다면 다음 버전은 '멀티 유저'에 중점을 두고 있다"며 "여러 사람이 동시에 메타버스 공간에 들어와 함께 음악을 만들고 감상하는 프로젝트를 계획하고 있다"고 말했다.

SECTION 3 *Innovation awards*

breezm

05 브리즘

XXS부터 XXXL까지 다양한 사이즈와 8가지 색상으로 맞춤형 안경을 제작한다.

대표	박형진
주요 서비스	3D 커스텀 안경
수상 부문	헬스 & 웰니스

CES 2022 헬스 & 웰니스 혁신상 부문에선 다소 특이한 업체가 수상 명단에 이름을 올렸다. 주인공은 3차원(3D) 커스텀 안경 브랜드 '브리즘'을 운영하는 콥틱이다. 그간 AR 글라스 등 안경 산업과 관련된 디지털 디바이스 기술이 수상한 경우는 있었지만, 개별 안경 제조 유통 브랜드가 혁신상을 받은 것은 처음이었다.

브리즘은 국내 최초 3D 커스텀 안경 전문 브랜드다. 박형진 콥틱 대표를 비롯해 안경 유통과 생산, 3D 프린팅과 정보기술(IT) 소프트웨어(SW) 전문가가 한데 뭉쳐 2017년 창업했다. 각 분야 전문가들이 합심해 회사를 만든 이유는 맞춤형 안경을 제작하기 위해서다.

회사 관계자는 "의류의 경우 상의, 하의, 신발, 모자까지도 여러 가지 사이즈가 있는데 안경은 한 사이즈밖에 없다"며 "사람의 얼굴은 형태와 크기가 모두 제각각이지만, 기존 안경은 선택할 사이즈가 없었다는 점이 창업 배경이 됐다"고 말했다.

브리즘은 '나만의 안경'을 만든다. 일반적으로 새로운 안경 1개를 제작하려면 공장 최소 제작 수량, 디자인 등을 고려하면 수백~수천 개의 안경을 만들어야 한다. 이 과정에서 재고가 쌓이지 않도록 색상과 사이즈를 제한적으로 만들어 안경의 크기와 디자인이 한정적이었다.

브리즘은 이러한 기존 안경 생산 체계에서 벗어났다. 브리즘 관계자는 "안경을 만들 수 있는 3D 프린팅 기술을 접목해 색상과 사이즈가 다양한 안경을 만들 수 있다"고 강조했다. 브리즘 3D 커스텀 안경은 XXS부터 XXXL까지 총 8가지 사이즈로 준비되며, 8가지 색상을 자유롭게 선택할 수 있다는 설명이다.

고객에게 꼭 맞춘 커스텀 서비스

브리즘은 3D 스캐닝과 3D 프린팅, 빅데이터 등 IT 기술로 고객에게 가장 잘 맞는 스타일, 사이즈 및 컬러의 아이웨어를 추천한다. 이와 함께 고객의 코 높이, 귀 높이를 비롯한 얼굴의 불균형과 특징에 따라 안경을 편안하게 맞추는 커스터마이징 서비스도 제공한다. 전 세계에서 유일하게 3D 커스텀 안경에 대해 생산부터 판매까지 책임지는 '올인원 서비스'가 CES 2022 혁신상을 받을 수 있었던 요인이었다고 회사는 분석했다. 브리즘은 2018년 12월 서울 역삼동에 첫 매장을 연 이후 여의도와 서울시청, 삼성동과 판교 등에 매장을 연이어 오픈했다. 회사 측은 지금까지 총 1만2000여 명의 고객에게 커스텀 안경을 제공했다. 브리즘은 국내에서의 성공적인 제품 론칭에 힘입어 2022년 상반기엔 미국 시장에 진출할 계획이다.

박 대표는 "브리즘은 혁신적이고 과감한 IT 기술을 활용해 폐쇄적이고 낙후됐던 안경 산업에 혁신을 불어넣었다"며 "CES 혁신상 수상을 계기로 브리즘을 '안경 업계의 테슬라'로 키우겠다"고 말했다.

1. 브리즘 제품을 착용한 모습.

2. 3D 프린팅이 진행되고 있는 모습.

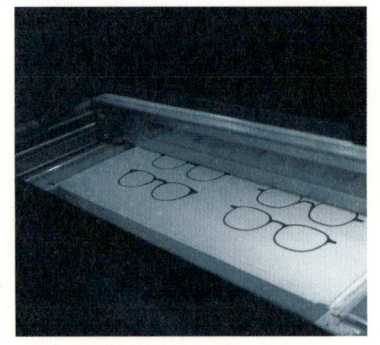

visual camp

06 비주얼캠프

스마트폰 카메라로 사용자의 동공 움직임을 파악해 학습태도와 집중도 등을 분석한다.

대표	석윤찬
주요 서비스	시선 추적 기술
수상 부문	소프트웨어

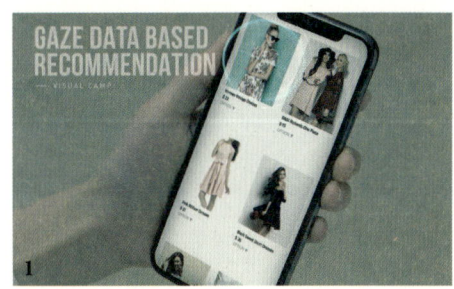

스마트폰이나 태블릿으로 전자책을 읽으면서 시선의 움직임만으로 책장을 넘기거나 스크롤을 내린다. 온라인 수업을 하는 학생들의 시선을 분석해 집중력과 학습 태도를 확인한다. CES 2022에서 혁신상을 받은 비주얼캠프의 시선 추적 기술 '시소(SeeSo)'를 활용한 기능이다. 시소의 핵심은 사용자의 시선을 쫓아 분석하고 데이터화하는 것이다. 시선 추적 기술은 몇몇 해외 기업에서도 개발하고 있지만 모두 별도의 하드웨어를 필요로 한다. 시소의 최대 장점은 다른 장비가 필요 없다는 점이다. 비주얼캠프는 스마트폰에 달린 카메라만으로 사용자의 동공을 추적해 분석하는 인공지능 알고리즘을 개발했다. 전 세계에서 비주얼캠프만이 가진 원천 기술인 셈이다.

가장 먼저 관심을 보인 곳은 교육업계였다. 온라인 수업에 시선 추적 기술을 적용해 학생들이 실제로 화면을 얼마나 오랫동안 응시하는지 분석할 수 있기 때문이다. 학생 스스로 집중도가 떨어졌던 부분을 확인해 다시 학습할 수 있다. 메가스터디와 교원, 비상 등 국내 주요 교육업체들이 이미 시소 기능을 자사 온라인 학습 프로

1.
고객의 시선을 분석해 맞춤 상품을 추천해준다.
2.
비주얼캠프의 시선 분석 기술 'SeeSo'가 적용된 애플리케이션.

그램에 적용해 활용하고 있다. 온라인 쇼핑 플랫폼에서도 반응이 좋다. 사람들의 집중도가 높아질 때 할인 쿠폰을 팝업으로 띄워 구매를 유도하거나 고객의 시선이 오래 머무는 제품을 파악해 맞춤 상품을 추천해주는 식으로 시선 추적 기술을 활용하고 있다.

시선 추적 기술로 치매·ADHD 여부 진단

비주얼캠프는 최근 국제 행사에서 잇따라 수상하며 업계의 관심을 한몸에 받고 있다. 비주얼캠프는 지난해 모바일월드콩그레스(MWC)에서 모바일 최고 혁신상을, CES에서 혁신상을 받은 데 이어 싱가포르 혁신기술주간에 열리는 슬링샷에서도 디지털 테크놀로지 부문 'TOP3'에 선정됐다. 올해 역시 CES에서 혁신상을 받은 비주얼캠프는 MWC에서도 추가 수상이 예정돼 있다. 국내 중소기업 중 올해 CES와 MWC에서 모두 상을 받는 곳은 비주얼캠프가 유일하다.

시소의 시선 추적 기술은 헬스케어 분야에서도 가능성을 인정받고 있다. 석윤찬 대표는 "시선의 움직임을 분석해 치매 증상이나 ADHD 여부 등을 진단할 수 있다"며 "정신적인 문제가 있으면 눈의 반응도 정상인과 다르기 때문에 우울증 같은 정신 질환도 판별해낼 수 있다"고 설명했다. 비주얼캠프는 ADHD와 관련된 연구를 아주대병원과, 치매 등 인지 기능과 관련한 연구는 이대목동병원과 협업해 하고 있다.

SECTION 3 *Innovation awards*

supertone
Intelligent Audio for Creativity

07 수퍼톤

목소리를 학습해 원하는 음성으로 변환해주는
AI 음성합성 기술을 보유하고 있다.

대표	이교구
주요 기술	AI 음성합성 솔루션
수상 부문	소프트웨어 & 모바일 앱

부스 참관객이 마이크에 대고 10여 문장을 읊는다. 얼마 지나지 않아 스피커에서 똑같은 문장이 다른 목소리로 흘러나온다. 단순히 빠르기를 다르게 한 음성변조가 아니다. 인공지능(AI)이 목소리를 실시간으로 학습한 뒤 화자의 발음과 운율은 그대로, 목소리는 다르게 새 음성을 합성했다. CES 2022 전시장에서 국내 AI 오디오 스타트업 수퍼톤이 선보인 기술이다. 수퍼톤은 이 같은 자체 음성합성 솔루션 NUVO로 CES 2022 혁신상을 수상했다.

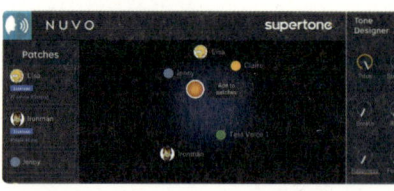

수퍼톤은 2020년 3월 설립한 3년차 스타트업이다. 이교구 서울대 융합과학기술대학원 교수를 비롯해 AI와 음악 등에 관심있는 사람들이 모여 기업을 꾸렸다. 글로 적힌 문장을 노래 등 감성 표현이 필요한 음성으로 바꿔주는 기술을 개발해 고도화하고 있다. 자체 개발한 가창 합성 기술(SVS), 음성합성기술(CVC), 실시간 음성 향상 기술(RTSE) 등이 대표적이다.

문장을 평이한 음성으로 합성하는 기존 음성합

1.
수퍼톤의 음성합성 솔루션 NUVO 인터페이스.

2.
수퍼톤은 작년 초 음성 AI 기술로 고(故) 김광석의 음성을 재현했다. 가수 옥주현이 김광석의 재현 음성에 맞춰 노래를 부르고 있다.

성기술(TTS)은 이미 자동안내서비스(ARS) 등에 쓰이고 있다. 하지만 대부분이 기계 말투를 쓴다. 억양이나 음의 강약·길이·크기 등 내용과 상황에 따라 달라지는 음성 요소를 반영하지 않은 탓이다. 수퍼톤은 이를 보완하기 위해 AI에 음정·어조를 비롯한 '감성 정보'를 학습시킨다. 이를 바탕으로 AI가 '미안해' '고마워' '저리 가' 등을 각각 다른 어조로 구현하는 식이다.

하이브도 반한 기술

수퍼톤은 각종 음성 데이터를 대용량으로 사전 학습시켜둔 AI 모델을 쓴다. 적은 양의 새 음성 데이터만 확보해도 합성 음성을 만들어낼 수 있는 배경이다. 1996년 세상을 뜬 가수 고(故) 김광석 씨의 목소리를 작년 초 재현했을 때도 이 같은 방식을 썼다. 약 1000곡 분량의 음원 파일을 학습한 기본 AI 모델에다 김광석 씨의 노래 9곡을 학습시켰다. 시간으로 치면 약 18분 분량의 음성이다.

이 기술을 통하면 가상의 AI 가수·성우·연기자도 나올 수 있다. 한 사람이 대본을 죽 읽은 녹음본만으로도 마치 성우 10명이 나눠 읽은 것처럼 음성을 구현할 수 있어서다. 여러 사람이 따로 말한 것을 하나의 목소리로 합성하는 것도 가능하다. 영화나 드라마의 경우 원작 배우의 목소리를 그대로 유지한 채 다국어 더빙을 할 수도 있다. 콘텐츠 기업, 버추얼휴먼(가상인간) 운영 기업 등이 수퍼톤의 기술에 관심을 갖는 이유다. 작년 2월엔 엔터테인먼트 기업 하이브(옛 빅히트)가 수퍼톤에 40억원을 투자해 지분을 사들였다.

08 쓰리디준

기존 3D 모델링 기법과는 차별화된 자체 3D 모델링 솔루션은 95% 이상의 재현율을 보인다.

대표	장준희
주요 기술	3D 모델링
수상 부문	디지털 이미징 & 사진

쓰리디준은 이미지·비디오 데이터를 활용한 3차원(3D) 모델링 솔루션을 개발·제공하는 기업이다. 수력발전소, 통신 송신탑, 석유 정제시설 등 주로 대형 시설물에 대한 3D 모델을 구현해준다. CES 2022에선 시설 안전진단 3D 모델과 지리지형정보(GIS) 맵 솔루션을 선보였다.

쓰리디준의 3D 모델은 안전진단을 비롯한 시설물 관리에 쓰인다. 현실 원형을 3D로 옮겨두고, 이를 꾸준히 실제 건물과 비교하면서 노후·파손 지점을 파악하고 보수 계획을 짜는 식이다. 단순히 사진을 찍어 비교하는 것보다 훨씬 정확하게 문제점을 파악할 수 있다는 게 쓰리디준 측 설명이다. 특정 각도의 정보만 알려주는 사진과 달리 모델을 360도로 돌려가며 전방위에서 따져볼 수 있어서다.

2019년 쓰리디준을 설립한 장준희 대표는 대학에서 사진을 전공했다. 대학원에 진학해 사진측량 관련 과제를 하던 중 기존 3D 모델링 기법은 실제 재현율이 낮다는 점에 착안해 직접 솔루션 개발에 나섰다. 드론이 찍은 사진을 바탕으로 3D 모델을 만드는 그간 방식은 빛 반사에 따라 정확도가 낮아지기 십상이다. 곡선으로 설계돼 빛을 난반사하거나 유리창이 빛을 투과하는 경우 물체를 제대로 재현하기 어렵다. 픽셀 구현 과정에서 그래픽 테두리가 작은 단위로 각지게 보이는 '계단현상'이 나타나기도 한다.

자체 기술을 바탕으로 첨단 관리 솔루션 제공

쓰리디준은 이를 해결하기 위해 사진과 인공지능(AI), 공학, 지리 정보 등을 두루 접목했다. 쓰리디준의 자체 3D 모델링 솔루션은 가시광선 이미지와 적외선 이미지를 활용한다. 이를 통하면 빛을 난반사·반사·투과하는 물체도 높은 재현율로 3D 모델을 만들 수 있다. 대형 시설물의 경우 3000장에서 1만5000장가량의 실사 이미지를 자료로 쓴다. 여기에다 AI를 활용해 이미지 선명도를 높인다. 고해상도로 보정된 이미지로 미세한 균열까지 탐지할 수 있다는 설명이다. 장 대표는 "0.1~0.3㎜ 미세 균열까지 95% 이상 신뢰도로 판독한다"고 말했다. 지리지형정보도 활용한다. 이미지에 위치 좌표 정보를 합치면 모델링 정확도가 더 올라가기 때문이다.

쓰리디준은 각종 기관과 기업에 솔루션을 제공하고 있다. 한국도로공사, 한국수력원자력, 현대건설, SK에너지 등이 고객사다. 장 대표는 "데이터 서버는 중앙 집중식으로 운영하고, 그래픽 처리는 전 단계를 자동화했다"며 "단시간 내에 효율적으로 안전 점검을 할 수 있는 것이 장점"이라고 말했다. 쓰리디준은 자체 기술을 바탕으로 기반시설 첨단 관리 솔루션 개발에 나설 계획이다. 3D 모델과 영상을 활용해 교량·도로 등 통합 안전 점검 관리를 할 수 있게 한다는 구상이다.

1

1. 쓰리디준의 솔루션을 활용해 만든 3D 모델.

2.3. 쓰리디준이 만든 3D모델 시설물.

2

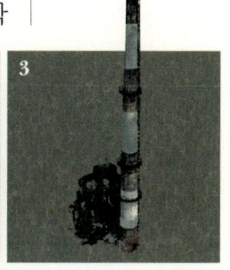

3

EVAR

09 에바

에바의 제품군은 공간 및 전력 효율 개선으로 전기차 인프라 확산에 기여할 것으로 기대된다.

대표	이훈
주요 서비스	전기차 충전기
수상 부문	스마트 시티, 지속 가능성, 에코 디자인 & 스마트 에너지

전기차를 구매하는 소비자가 우선적으로 고려해야 할 점은 전기차 충전시설의 유무다. 집이나 직장 주변에 전기차 충전시설이 없다면 충전소를 찾아 멀리까지 이동해야 하는 불편을 겪을 수 있다. 전기차 충전 솔루션 기업 에바는 설치 비용이 저렴하면서 전력 효율을 대폭 끌어올린 전기차 충전기를 개발해 전기차 인프라 보급에 앞장서고 있다.

에바의 전기차 완속 충전기 '스마트 EV 차저(충전기)'는 한정된 전력 자원 내에서 여러 대의 충전기가 전기를 효과적으로 나눠 사용하는 '다이내믹 로드 밸런싱' 기능을 갖추고 있다. 이 기능을 통해 충전 설비 구축 및 운영 비용을 최대 80%까지 절감할 수 있다. 단지 내 여유 전력만으로 전기차 충전소를 설치하는 게 현실적으로 어려운 아파트, 빌라 등 공동 주거시설에서도 전기차 충전시설을 만들 수 있어서 전기차 인프라 확산에 이바지할 수 있다.

스마트 EV 차저는 단일 제품으로는 최초로 CES 2022의 2개 부문에서 동시에 혁신상을 수상했다. 수상 부문은 '스마트 시티'와 '지속 가능성, 에코 디자인 & 스마트 에너지'다. 스마트 시티 부문에서 전기차 충전기로 혁신상을 받은 업체는 에바가 처음이다. 에바 관계자는 "우리 제품은 글로벌 시장에서 공간과 전력 효율 측면으로 큰 주목을 받았다"며 "스마트 EV 차저를 도입하면 공동 주차장에서도 다수 주차면에 저렴한 비용으로 충전 인프라를 구축할 수 있다"고 설명했다.

에바는 최근 전기차 충전 플랫폼 기업 플러그링크와 전략적 제휴 관계를 맺고 아파트 전기차 충전 인프라 보급에 직접 나섰다. 이 업체는 지난해 전국 아파트에 1000여 개의 충전기를 보급한 데 이어 올해는 2019년 전기차 충전기 전체 보급 물량에 버금가는 1만 대 구축을 목표로 하고 있다.

종합 충전 솔루션 기업 목표

에바는 운반이 편리한 근력증강 기술 기반의 이동식 충전기, 자율주행 기반의 충전 로봇 등 한층 더 고도화된 제품군을 연내 선보일 예정이다. 이 업체의 이동형 전기차 충전기는 제주 규제자유특구의 실증사업을 통해 실용성과 안정성 검증을 마쳤다.

삼성전자 출신인 이훈 에바 대표는 삼성전자 C-랩 사내벤처를 통해 자율주행 충전 로봇 솔루션을 기획·개발한 것을 계기로 2018년 11월 에바를 설립했다. 이후 잠재성을 인정받아 삼성벤처투자, 네이버 D2스타트업팩토리(D2SF), 현대자동차, 신한금융그룹, DSC인베스트먼트 등의 투자를 유치했다. 최근에는 55억원 규모의 시리즈 A 투자를 유치하는 데도 성공했다.

이 대표는 "CES 2022 혁신상 수상 및 참가를 계기로 글로벌 시장에 본격 진출할 계획"이라며 "전기차 충전 솔루션 라인업을 확대하고 전기차 배터리를 재사용한 친환경 충전소 구축에 나서는 등 종합 충전 솔루션 기업으로 거듭나겠다"고 말했다.

1. 에바의 전기차 완속 충전기 '스마트 EV 차저'.

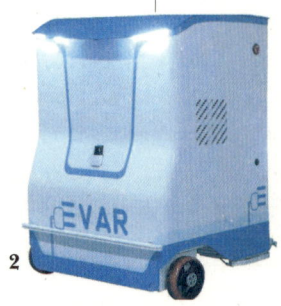

2. 에바의 자율 주행 이동형 충전기.

klleon

⑩ 클레온

사진 한장만으로도 아바타를 만들고 영상 속 인물의 언어를 바꿀 수 있는 기술을 선보였다.

대표	진승혁
주요 서비스	AI 기반 가상인간 개발 솔루션
수상 부문	소프트웨어 및 모바일 앱 부문

클레온은 이미지와 음성 합성 기술이 뛰어난 인공지능(AI) 스타트업이다. 이번 CES에서 '소프트웨어 & 모바일 앱' 분야에서 혁신상을 받았다. 2019년에 설립된 클레온은 사진 한 장과 30초의 음성 데이터만으로 특정 인물의 얼굴과 목소리를 실시간으로 바꾸거나 생성할 수 있는 '딥휴먼' 기술을 보유하고 있다. 정면 사진 한 장만 있으면 아바타를 생성할 수 있다. 32가지 매개 변수 설정으로 눈이나 코 등을 조정해 특정 인물을 더 정확하게 표현한다는 평가를 받고 있다.

클레온은 설립 후 세 개의 서비스를 내놨다. '카멜로(KAMELO)'는 영상 속 주인공을 다른 사람으로 바꾸고 기존 목소리에 다른 음성도 입혀 이용자가 원하는 콘텐츠를 만들 수 있는 소셜네트워크서비스(SNS)다. '클론(KLONE)'은

1. 입모양까지 변경 가능한 자동 영상 더빙 SaaS 솔루션 '클링'.
2. 사진 한 장으로 움직이는 가상인간을 만들 수 있는 클레온의 SNS 플랫폼 '카멜로'.
3. 가상 인물과 대화하는 AI버추얼 챗봇 서비스 '클론'.

가상 인물과 얼굴을 보면서 대화할 수 있는 AI 챗봇이다. 이용자는 여러 얼굴을 합성해 가상 얼굴을 만들거나 기존 사진 속 인물을 적용해 대화할 수 있다.

'클링(Klling)'은 특정 영상 속 인물이 말하는 언어를 한국어, 중국어, 일어, 영어로 바꿀 수 있는 서비스다. 원본 영상 인물의 음성을 살려 다양한 언어로 변환하고 그 음성에 맞게 입 모양도 바꾼다. 클레온은 이번 CES에서 카멜로와 클링으로 혁신상을 두 번 받았다. 클레온은 최근 AI 기술을 이용해 가상인간(버추얼 휴먼) 대학생 '우주'와 고3 수험생 '은하'를 선보여 화제를 모으기도 했다.

CJ·LG·카카오 등과 협업

클레온의 경쟁력은 인재다. KAIST 석·박사 연구원을 비롯한 40여 명의 각 분야 전문가들이 이 회사에 모였다. 지난해 11월에는 기술력을 인정받아 수앤파이낸셜인베스트먼트로부터 20억원 규모 투자를 유치했다. 기업가치는 400억원 안팎으로 평가받은 것으로 전해졌다. 작년 8월 카카오인베스트먼트가 주도한 20억원 규모 투자 라운드 이후 3개월여 만의 추가 투자 유치다. 클레온은 지난해 2월 블루포인트파트너스로부터 시드(초기) 투자를 받은 바 있다.

현재 클레온은 미디어, 교육, 엔터테인먼트 등 다양한 분야의 기업과 협업 중이다. 이미 CJ ENM, LG전자, 카카오 등에 딥휴먼 기술을 제공했다. 지난해 10월엔 스마일게이트의 AI센터, AI 스타트업 휴멜로 등과 '감성AI 아바타 챗봇 공동 연구 및 개발'을 위한 양해각서(MOU)를 체결했다. 클레온은 스마일게이트와 인간의 고유한 감성과 매력을 지닌 AI 아바타 서비스를 내놓을 계획이다. 스마일게이트의 아바타 모델, 휴멜로의 아바타 음성 합성기술, 클레온의 딥휴먼 기술을 융합하는 게 목표다.

SECTION 4
BRIEFING

코로나 전후 기술 패러다임 변화

코로나 이전	코로나 이후
모바일(인터넷·SNS·네트워크)	포스트 모바일(AI·로봇·메타버스)
규제 주도 헬스케어	혁신 선도 헬스케어
비용으로서의 탈탄소	기회로서의 탈탄소
국가 임무지향 우주	시장 확산지향 우주
빅테크·테크노글로벌리즘	스타트업·테크노내셔널리즘

① 기술 경쟁 시작된 우주테크

가장 주목받는 신규 테마는 우주테크다. CTA는 사상 처음으로 달과 화성, 기후 예측, 위성시스템과 원거리 통신 등 우주 관련 최첨단 기술 진보를 선보였다. 우주는 국가 영역의 임무 지향 프로젝트를 벗어나 시장 영역의 확산 지향 비즈니스로 빠르게 전환하고 있다.

② 더 커진 메타버스

메타로 사명을 바꾼 페이스북, 마이크로소프트(MS), 애플 등 빅테크들이 앞다퉈 메타버스에 뛰어들고 있다. CTA가 2022년 가장 주목해야 할 미래 트렌드 기술로 지능형 자동화(AI+로봇)와 메타버스의 진화를 꼽은 것도 같은 맥락이다.

⑤ 급부상한 헬스케어

헬스케어의 약진이 두드러졌다. 'CES 2022는 헬스케어 쇼'라는 말까지 나올 정도다. 코로나 솔루션, 디지털 치료, 웨어러블, 원격 의료 등 100개가 넘는 헬스케어 기업이 CES 2022 무대를 장식했다.

④ 스타트업 활약

진입장벽이 낮아진 AI 기술이 세계적인 스타트업 창업 붐과 맞물리면서 유니콘 기업(기업가치 10억달러 이상인 비상장사)이 곳곳에서 탄생하고 있다. '테크노내셔널리즘(기술 민족주의)'이 국가 간 유니콘 경쟁으로 표출되는 모양새다. CES 2022 참가 스타트업들 가운데 넥스트 유니콘이 나올 가능성도 점쳐진다.

③ 탈탄소 시대

친환경 경영은 한종희 삼성전자 부회장 등 CES 2022 주요 CEO들의 기조연설에서도 키워드였다. 비용 요소로 인식되던 탈탄소가 미래 경쟁력을 결정할 가치 요소로 전환되고 있는 것이다.

CES 2022 KEYWORD 5

SECTION 4 Keynote 1

한종희 삼성전자 DX부문장(부회장)

"친환경 기술로 지속 가능한 일상 만들 것"

삼성전자가 CES 2022 기조연설에서 기술을 통해 환경·사회 문제 등을 해결해 '지속가능한 일상'을 만들겠다는 비전을 내놨다. 제품 제조 과정에서 탄소와 폐기물 배출을 줄이고, 다른 기업과의 협업 시스템을 구축하겠다는 실천 방안도 밝혔다. 한종희 삼성전자 DX부문장(부회장)은 CES 2022 개막 하루 전인 1월 4일 '미래를 위한 동행(Together for Tomorrow)'을 주제로 한 기조연설에서 "앞으로 솔라셀 리모컨 등 친환경 기술을 누구나 활용할 수 있도록 개방하겠다"고 말했다.

기술의 목표는 '지속가능한 미래'

한 부회장은 "지속가능성을 갖춘 제품을 소비자들이 사용하면 일상에서 지속가능성을 추구할 수 있게 된다"고 설명하면서 이 같은 현상을 '지속가능한 일상(Everyday Sustainability)'이라고 명명했다. 지속가능한 사회를 구현하기 위해서는 업종을 초월한 협력이 필요하다는 주장도 내놨다.

한 부회장은 "지난해 삼성전자가 선보인 친환경 솔라셀 리모컨을 올해부터 TV 신제품과 생활가전에도 쓸 수 있다"며 "이를 통해 아낄 수 있는 건전지는 2억 개가량으로 라스베이거스에서 한국까지 이을 수 있는 수량"이라고 했다.

1.
한종희 부회장이 '미래를 위한 동행(Together for tomorrow)'을 주제로 CES 2022 기조 연설을 하고 있다.

2.
현지 직원이 폼팩터를 파괴한 휴대용 프로젝터 '더 프리스타일(The Freestyle)'을 소개하고 있다.

3.
사용자 간의 운동량을 체크할 수 있는 기능이 탑재된 '갤럭시 워치4'.

여러 글로벌 업체가 솔라셀 리모컨을 도입하면 절감할 수 있는 건전지가 더 늘어날 것이란 설명이다.

삼성전자가 제품에서 지속가능성을 구현한 사례는 이 밖에도 다양하다. 그는 "삼성전자는 한 해 5억 개의 다양한 기기를 제조하는데, 모두 반도체가 들어간다"며 "탄소 저감 인증을 받은 삼성 메모리 반도체 5종은 칩 생산 과정에서 탄소 배출량을 기존 대비 70만t 감축했다"고 말했다.

제품 외장재, 포장재 등에 쓰이는 플라스틱도 재활용 소재로 바꾸고 있다. 한 부회장은 "올해 TV 등 디스플레이 기기는 지난해보다 30배 이상 많은 재활용 플라스틱을 활해 제조하기로 했다"며 "2025년까지 모든 모바일·가전 제품에

> 친환경 솔라셀 리모컨으로 아낄 수 있는 건전지는 2억 개 가량으로 라스베이거스에서 한국까지 이을 수 있는 수량이다.

재활용 소재를 활용하겠다"고 강조했다.
친환경 의류업체 파타고니아와의 협업 프로젝트도 공개했다. 삼성전자와 파타고니아는 수질을 오염시키는 주요 원인 중 하나인 미세 플라스틱을 줄이기 위해 옷에서 떨어져 나오는 미세 플라스틱을 걸러주는 세탁기를 개발하고 있다.
현장에선 한 부회장의 기조연설에 대해 '파격'이란 반응이 나왔다. 개별 제품이나 기술이 아니라 회사 비전에 초점을 맞춰 진행해서다. 폼팩터(형태)를 파괴한 프로젝터 등 구체적인 제품에 대한 소개는 한 부회장과 호흡을 맞춘 현지 직원들이 담당했다.

조만간 대규모 M&A 소식 전할 것

한 부회장은 기조연설 다음날 연 기자간담회에서 구체적인 사업과 관련한 얘기들을 내놨다. 우선 마이크로LED TV 생산을 늘리기 위해 베트남뿐 아니라 멕시코와 슬로바키아에도 공장을 증설한다고 발표했다.
마이크로LED는 마이크로미터(㎛·1㎛=100만분의 1m) 단위의 LED 소자가 픽셀마다 빛을 내 화면을 표현하는 디스플레이다. 색상과 밝기를 정확히 표현할 수 있지만 110인치 기준 TV 가격이 1억7000만원에 달해 시장 규모가 커지는 데 한계가 있었다.

삼성전자는 레이저로 한 번에 LED 칩 여러 개를 기판에 정렬시키는 기술을 개발해 생산 속도를 1500배 높였다. 한 부회장은 "LED 칩을 하나씩 정렬시켜 제조하던 기존 '더 월'에 비해 원가를 4분의 1로 줄였다"며 "2400만 개 칩을 한 번에 정렬시키는 기술을 개발 중"이라고 말했다. 삼성전자의 최종 목표는 마이크로LED TV 가격을 1000만원대까지 낮추는 것이다.
올해를 기점으로 생산량도 본격 늘리기로 했다. 한 부회장은 "89인치 TV 출시가 늦어진 것도 생산능력이 부족했기 때문"이라며 "진행 중인 베트남 공장 증설을 차질 없이 마무리하고, 2021년 말 완공한 멕시코 공장과 올 3월 완공할 슬로바키아 공장의 마이크로LED 생산량을 지속적으로 늘리겠다"고 했다. 이어 "일정 생산능력이 확보되면 다양한 사이즈의 제품도 공개할 수 있을 것"이라고 덧붙였다.
삼성전자의 대형 인수합병(M&A) 체결이 임박했다는 소식도 밝혔다. 한 부회장은 "세트(가전·모바일)와 부품(반도체)에서 다양한 가능성을 열어두고 다수의 M&A 프로젝트를 진행 중"이라며 "단기적인 프로젝트와 중·장기적인 프로젝트를 모두 진행하고 있다"고 설명했다. 그러면서 "어디서 먼저 성사될지는 알 수 없지만 여러분 생각보다 우리는 훨씬 빨리 뛰고 있다"고 했다.

한종희 부회장 누구?

한종희 부회장은 1962년생으로 인하대 전자공학과를 졸업했다. 1988년부터 삼성전자 VD사업부(영상디스플레이사업부) 개발팀에서 일했다. 2011년 개발실 상품개발팀장, 2013년 차세대전략팀장, 2014년 글로벌운영센터장 등을 역임했다. 2017년 11월부터는 VD사업부장으로 TV 분야 등을 총괄했다. 그가 VD사업부장을 맡은 후 삼성전자는 매년 글로벌 TV 시장 세계 1위를 놓치지 않았다. 2021년 말 정기인사에서 대표이사 부회장으로 승진하며 TV와 생활가전, 스마트폰 사업을 총괄하는 DX(디지털경험)부문을 이끌고 있다. 사업부 간 시너지를 극대화하고 전사 차원의 신사업 및 신기술 등 미래 먹거리를 발굴하는 것이 한 부회장의 목표다.

SECTION 4 Keynote 2

메리 배라 GM 회장

"HW·SW 플랫폼 혁신 기업으로 변신"

"제너럴모터스(GM)는 자동차 제조회사에서 플랫폼 혁신 기업으로 변신하고 있습니다."
메리 배라 GM 회장이 CES 2022 영상 기조연설에서 밝힌 회사 비전이다. 자동차만 파는 전통 완성차 업체가 아니라 하드웨어 및 소프트웨어 플랫폼을 판매하는 회사로 변신하겠다고 선언한 것이다. 배라 회장은 "GM은 지난 10년간 선제적인 투자로 자동차 회사에서 플랫폼 혁신가로 전환하고 있다"며 "얼티엄 효과로 미래 모빌리티를 선도하겠다"고 말했다.

배라 회장은 이번 연설을 계기로 플랫폼 기업으로서 GM의 방향성을 명확히 했다. 더 낮은 비용으로 긴 거리를 주행하고, 빠르게 충전할 수 있는 전기차 전용 플랫폼 얼티엄이 핵심이다. 그는 "얼티엄은 소형 스포츠유틸리티차량(SUV)부터 트럭, 스포츠카까지 모든 전기차를 생산할 수 있는 혁신적인 플랫폼"이라고 소개했다. 대중 전기차부터 고가 차량까지 한 플랫폼으로 커버하겠다는 전략이다. GM은 얼티엄 플랫폼으로 전기 픽업트럭 허머, 프리미엄 브랜드 캐딜락 리릭을 함께 만들고 있다.

소프트웨어를 핵심 전략으로

GM이 CES 2022에서 공개한 실버라도 전기 픽업트럭도 얼티엄 플랫폼으로 제조했다. 2023년

> GM은 차량뿐 아니라 철도, 항공, 선박 등에서도 전동화 모빌리티를 선보일 계획이다. 이는 다른 완성차 업체와 구별되는 특징으로 GM 전기차 사업의 확장성을 보여준다.

출시 예정으로, 한 번 충전하면 644㎞(미국 기준)를 달릴 수 있다. 같은 해 SUV 이쿼녹스 EV, 블레이저 EV를 출시해 전기차 시장을 선점하겠다는 계획이다. 미국 신차 시장에서 픽업트럭이 차지하는 비중이 20%에 달해 실버라도는 GM의 전기차 전환에 핵심 차량으로 꼽힌다.

GM의 소프트웨어 플랫폼 얼티파이는 미래 성장 동력원으로 꼽힌다. 얼티파이는 차량 소프트웨어를 무선으로 업그레이드하는 기능(OTA)을 기본으로 한다. GM의 클라우드 시스템과 연결해 차량 데이터를 보관해 연구개발에도 활용할 수 있다. 기존 차량은 성능을 향상시키려면 신차를 출시해야 하지만 OTA를 통하면 인포테인먼트, 배터리 관리 시스템, 서스펜션 등 전자 제어 장치의 기능을 최신화할 수 있다. 배라 회장은 "GM의 얼티파이는 (기존처럼) 소프트웨어가 지원하는 게 아니라 소프트웨어로 정의하는 방식"이라고 설명했다. 소프트웨어를 보조 수단이 아니라 사업의 핵심 가치로 본 것이다. 하드웨어 경쟁력으로 수익을 남겼던 기존의 '레거시 코스트'에서 완전히 벗어났다는 평가다.

업계는 테슬라가 쏘아올

1. 메리 배라 GM 회장이 전기 픽업트럭 실버라도 옆에서 CES 2022 기조연설을 하고 있다.
2. GM은 CES 2022에서 전기 스포츠 유틸리티차량(SUV) 이쿼녹스를 공개했다.
3. 테크 스타트업 브라이트드롭이 고객사 월마트에 공급한 상용 전기차 EV600.

린, OTA를 통한 소프트웨어 업데이트 전쟁에 GM도 본격 참전했다고 분석하고 있다. OTA 기능이 활성화되면 기존 차량보다 잔존 가치가 올라간다. 게다가 소프트웨어 구독서비스를 통해 GM은 추가 수익을 올릴 수 있다. GM은 소프트웨어 기반 차량으로 연 200억달러(약 23조 8000억원)의 수익을 추가로 올리겠다는 계산이다. 이를 위해 반도체업체 퀄컴과 공동으로 개발한 '스냅드래곤 라이드'도 활용했다. 실버라도는 GM이 얼티파이를 적용한 첫 차량이다.

배라 회장은 GM의 전기차 전환 속도에 자신감을 드러냈다. 그는 "상용 전기 밴, 실버라도, 이쿼녹스, 블레이저, 볼트, 시에라, 허머, 리릭 등 GM의 전기차 포트폴리오는 다른 자동차 제조사들이 필적할 수 없다"고 말했다. GM은 2025년까지 전기차 및 자율주행차에 350억달러(약 42조원)를 투자해 30종 이상의 전기차를 출시할 계획이다.

철도, 항공, 선박에도 전동화 적용

배라 회장은 전기차 보급 전략도 소개했다. 충전기 등 전기차 인프라가 완전히 갖춰지지 않은 상황에서 원가가 비싼 전기차를 판매하는 것만으로는 안정된 수익을 내기가 쉽지 않아서다. 대형 물류·유통업체 페덱스, 월마트 등 기업고객을 대상으로 플랫폼을 통해 맞춤형 모빌리티를 판매하는 것을 주요 전략으로 삼았다. GM은 테크 스타트업 브라이트드롭을 통해 미국 운송업체 페덱스로부터 예약받은 상용 전기차 등 최대 2만 대를 공급한다. 미국 최대 유통기업 월마트도 브라이트드롭의 전기 밴 EV600 5000대를 이용하기로 했다. 기업들의 전기차 이용이 늘면 충전기 등 인프라 확보가 빠르게 증가한다는 장점이 있다.

GM은 차량뿐 아니라 철도, 항공, 선박 등에서도 전동화 모빌리티를 선보일 계획이다. 이는 다른 완성차 업체와 다른 특징으로 GM 전기차 사업의 확장성을 보여준다. GM은 미국 철도용 부품업체 왑텍과 기관차 생산을 위한 얼티엄 배터리 기술 및 연료전지시스템을 개발하고 상용화하기 위한 협력을 진행 중이다. 프랑스 항공기 시스템 공급업체 리브헤어-에어로스페이와도 계약을 맺고, GM 기술을 차세대 항공기용 전력 시스템에 활용하기로 했다. 또 전기 보트 제작사 퓨어워터크래프트와도 전기 선박을 공동 개발하고 상용화하겠다는 목표다. 이를 통해 GM의 사업 분야를 모빌리티 분야 전체로 확장하겠다는 포부다. GM은 전기차 전환을 통해 2030년까지 200억달러(약 23조8000억원)의 수익을 낼 것으로 기대하고 있다.

글로벌 전기차 판매량
단위 대

연도	판매량
2010년	7876
2015년	54만7474
2020년	297만7058
2025년	1134만755
2030년	2242만5087

※ 2020년 이후로는 전망치. 전기차, 플러그인하이브리드차, 수소전기차 포함

자료 국제에너지기구(IEA)

메리 배라는 누구?

GM 역사상 첫 여성 최고경영자(CEO)로 2014년 1월 선임돼 8년째 회사를 이끌고 있다. 배라 회장은 1980년 사내대학인 GM인스티튜트(현 케터링대)를 통해 GM에 입사했다. 1985년 GM인스티튜트에서 전기공학 학사학위를 취득한 뒤 1990년 스탠퍼드대 경영대학원에서 경영학 석사학위를 받았다. GM 생산직으로 근무한 아버지로부터 자동차 구조와 부품 등에 대해 배웠다. 말단 엔지니어로 시작해 2008년 글로벌 생산 담당 부사장으로 승진했다. 이후 글로벌 제품개발 수석부사장 등을 거쳐 지금의 자리에 올랐다. 강도 높은 구조조정, 수익성 위주의 사업 재편 등을 통해 2008년 금융위기 이후 경영난에 허덕이던 GM을 다시 일으켜세운 일등 공신으로 꼽힌다.

SECTION 4 *Keynote 3*

로버트 포드 애보트 회장

"'탈중앙화'된 헬스케어 미래 제시하겠다"

CES 2022는 헬스케어 기업이 CES 55년 역사 최초로 기조연설 무대에 올랐다는 점에서도 많은 주목을 받았다. 그 무대의 주인공은 애보트였다. 이 회사는 진단기기, 영양제 등을 공급하며 2021년 1~3분기 각각 100억달러가 넘는 분기 매출을 올렸다. 2020년 매출 346억달러에 이어 지난해 매출 400억달러 돌파가 유력하다. 기조연설 연사로 나선 로버트 포드 애보트 회장 겸 최고경영자(CEO)는 개발 중인 바이오 웨어러블 센서를 처음 공개했다. 의료용 제품이 아니라 일반인의 건강관리를 위한 제품이다.

혈당·케톤·젖산·알코올 농도 일상에서 확인

포드 회장이 공개한 신제품은 일반 소비자용 웨어러블 센서인 '링고'다. 링고는 혈당·케톤·젖산·알코올 등 4개 생체물질의 체내 농도를 실시간으로 측정하는 센서다. 이들 4개 물질의 농도를 동시에 포착하는 센서가 일반인용으로 상용화된 사례는 아직 없다. 애보트는 링고의 구체적인 출시 일정은 밝히지 않았다.

링고는 이 회사의 캐시카우(현금창출원) 중 하나인 '프리스타일 리브레'에 바탕을 두고 있다. 프리스타일 리브레는 팔뚝에 붙

웨어러블 의료기기 시장 규모
단위 억달러

- 2021년: 201
- 2026년: 839

자료 BCC퍼블리싱

이는 동전 크기만 한 혈당 측정 센서다. 이 센서를 부착하면 일일이 손끝에서 채혈하는 절차 없이 혈당이 자동으로 측정된다. 인슐린 투약에 참고하기 위해 혈당 농도를 검사해야 하는 당뇨병 환자들이 주 이용자다.

반면 링고는 일반 소비자를 대상으로 한 웨어러블 센서다. 그간 인간의 생체정보를 이용하는 바이오 웨어러블 제품은 의사가 사용하는 전문가용 제품 위주로 개발됐다. 당뇨병이나 고혈압 등 만성질환 관리에서 비의료인을 대상으로 한 제품들이 코로나19 유행을 계기로 비대면 의료 수요가 증가하면서 주목받은 정도다. 일부 기업이 스마트워치를 이용해 생체정보를 수집하는 시도를 하고 있지만 확인할 수 있는 정보가 제한적이거나 기존 의료기기 대비 정확도가 떨어진다는 한계가 있었다.

애보트는 링고를 개발하기 위해 혈당 관리 제품 사용자 350만 명으로부터 확보한 데이터를 활용했다. 포드 회장은 "링고를 통해 건강, 영양, 운동 수행 등에 관한 결정을 내릴 때 도움을 줄 수 있도록 사람의 신진대사에 대한 이해도를 전례 없는 수준까지 높이고자 했다"고 말했다. 식단 관리, 운동 수준 조절 등에 바이오웨어러블 센서를 접목해 의료기기 시장의 외연을 확장하겠다는 얘기다.

1. 로버트 포드 애보트 회장 겸 최고경영자(CEO)가 기조연설을 하고 있다.
2. 마라톤 세계 신기록 보유자인 케냐의 엘리우드 킵초게(오른쪽)가 애보트의 혈당 측정 센서를 착용하고 검사 결과를 확인하고 있다.
3. CES 행사장에 마련된 체크인 카운터에 애보트의 자가 항원진단키트인 '바이낙스나우'가 쌓여 있다.

링고가 측정하는 4개 생체지표를 보면 일반인을 대상으로 한 바이오웨어러블 센서의 파급력을 가늠해 볼 수 있다. 혈당은 세포가 이용하는 체내 에너지원이다. 당뇨병 환자뿐 아니라 적절한 열량 섭취를 원하는 이들에게도 혈당 수치는 유익한 지표가 될 수 있다. 케톤은 지방이 에너지원 형태로 바뀐 것이다. 케톤 수치가 높아졌다는 건 체내 탄수화물이 부족해지자 우리 몸이 지방을 연소하기 시작했다는 의미다. 체중 감소 목적으로 다이어트를 할 땐 케톤 수치를 확인해 식사 시점을 결정하는 데 참고할 수 있다. 젖산은 피로도 정도를, 알코올은 숙취 정도를 확인하는 지표로 쓸 수 있다.

"2030년 안에 세계 인구 3명 중 1명 돕겠다"

애보트는 상용화가 임박한 신기술을 소개하기보다는 헬스케어산업이 나아가고 있는 방향성을 보여주는 데 많은 시간을 할애했다. 신속 자가 항원진단키트 '바이낙스나우'를 1월 7000만 개 생산하겠다는 게 이 회사가 공개한 단기 목표다. 외상으로 인한 뇌손상 가능성을 확인할 수 있는 혈액 검사 제품인 '아이스탯 TBI 플라즈마', 식품산업과의 접목 가능성을 보여준 마이크로바이옴(장내 미생물) 연구 등도 주제로 다뤘지만 다른 구체적인 사업계획을 내놓은 건 아니었다.

애보트 연간 매출 추이
단위 억달러

연도	매출
2018년	306
2019년	319
2020년	346
2021년	316

자료 애보트
※ 2021년 매출은 1~9월

포드 회장은 연설 서두에서 "2030년까지 세계 인구 3명 중 1명꼴로 도움을 주겠다"고 말했다. 이 말처럼 그는 의료인이 아니라 일반인이 의료기기 기술로 새 삶을 얻게 된 사례를 주로 소개했다. 혈당 센서로 당뇨병 관리에 성공한 미국 배우 셰리 셰퍼드, 심부전증으로 6개월 시한부 선고를 받았다가 이 회사의 인공심장과 심장 모니터링 기기, 이식형 제세동기를 착용해 건강한 삶을 되찾은 타이론 모리스의 사례가 대표적이다.

포드 회장이 강조한 표현인 '탈중앙화'와 '민주화'를 되짚어보면 애보트가 이번 기조연설을 통해 드러내려 했던 바가 더 명확해진다. 그는 "탈중앙화, 민주화된 진단의 미래는 우리가 적재적소에서 적절한 검사를 할 수 있도록 해줄 것"이라며 "모든 사람이 (검사를) 수행할 수 있도록 하겠다"고 말했다. 기존 진단 방식은 의료 현장에서 채취한 검체를 검사기관 한 곳에 모아 검사하는 '중앙화' 방식이었다. 이와 달리 검체를 한데 모으지 않고 현장에서 바로 결과를 확인하는 게 탈중앙화다. 민주화는 기술 접근성이 높아지면서 전문가를 중심으로 쓰이던 기술이 일반인에게 보급되는 현상이다.

정기훈 KAIST 바이오및뇌공학과 교수는 "애보트뿐 아니라 다른 헬스케어 기업들도 현장 진단 제품을 내놓으려 하고 있다"며 "현장 진단을 통해 풍부한 의료 데이터를 확보한 기업은 디지털치료제 쪽으로도 사업 확장이 쉬울 것"이라고 말했다.

애보트는 어떤 기업?

애보트는 1888년 내과 의사이자 약사이던 월리스 애보트가 미국 시카고에서 세운 의료기기 기업이다. 직원 약 11만 명을 두고 160여 개국에 혈당측정기, 심혈관 관련 의료기기, 진단키트, 영양제 등을 공급하고 있다. 2013년 제약 사업부문은 분사해 제약사 애브비가 됐다. 2014년 손가락 채혈 없이도 혈당 측정이 가능한 제품인 '프리스타일 리브레'를 출시했다. 이 회사에 약 25년 근무한 로버트 포드가 2020년 3월 최고경영자(CEO), 지난달 회장 자리에 올라 애보트를 이끌고 있다.

SECTION 4 *Keynote 4*

에릭 캘더론 아트블록스 CEO

"블록체인 기반의 NFT로 신세계 보여줄 것"

CES 2022에 처음 등장한 NFT는 우주기술, 푸드테크 등과 함께 새로운 화두로 떠올랐다. 특히 CES 2022는 그간 다뤄왔던 주제인 '암호화폐&블록체인'을 '암호화폐&NFT'로 변경했다. 기반 기술인 블록체인은 계속 다루면서 세부 영역인 NFT를 주요 주제로 신설한 것이다.
NFT는 디지털상에 존재하는 예술품과 게임 아이템 등 가상자산에 블록체인 기술을 이용한 고유값을 부여하는 방법으로 소유자의 권한과 독점권을 명확히 하는 기술이다. 주요 토픽으로 선정된 만큼 CES 2022에선 NFT와 관련한 다양한 세션이 열렸다.

"NFT, 예술산업 뒤흔들 것"

최근 NFT를 활용한 예술품 거래가 늘면서 NFT가 예술 세계에 미칠 영향에 대한 다양한 이야기가 나왔다. NFT는 예술 작품과 수집품 같은 디지털 상품의 소유권을 블록체인에 저장하는 방식의 디지털 인증서 역할을 하고 있다. NFT는 소유권이 누구에게 있는지 명확히 할 뿐 아니라 예술품 구매의 진입장벽도 허물었다는 평가를 받는다.
사람이 아니라 컴퓨터가 운영하는 것인 만큼 NFT에 기반한 거래는 가장 확실하게 수익을 보장할 수 있을 것이라는 의견도 있었다. NFT 거래 플랫폼 아트블록스의 최고경영자(CEO) 에릭 캘더론은 'NFTs, WTF' 세션에 패널로 참석해 "NFT에 기반한 표준화된 스마트 계약(Smart Contract)은 블록체인 공간의 취소 불가능하고 변경할 수도 없는 시스템 안에서 사람들이 상호 작용하는 것"이라며 "세상에서 가장 무자비한 계약"이라고 말했다.

미디어산업에 열린 새로운 르네상스

엔터테인먼트산업도 NFT를 통해 새로운 기회를 얻을 것으로 기대된다. 엔터테인먼트 공간에서 NFT는 블록체인에 저장된 디지털 수집품으로 예술작품부터 영화 및 영상 콘텐츠까지 아우를 수 있기 때문이다.
스콧 그린버그 블록체인 크리에이티브 랩스 CEO는 '크립토 환경에서의 크리에이터 이코노미(Creator Economy in the Context of Crypto)' 세션에서 "우리는 NFT를 미디어의 미래로 보고 있다"고 말했다. 블록체인 크리에이티브 랩스는 폭스엔터테인먼트가 론칭한 비즈니스 부문, 애니메이션회사 벤토박스엔터테인먼트와 함께 NFT 콘텐츠 제작부터 판매까지 할 수 있는 서비스를 개발하기 위해 협업하고 있다.
음성채팅 앱 '디스코드(Discord)'가 NFT 시장

NFT Non-Fungible Token

대체불가능토큰이라는 의미로 희소성을 지니는 디지털 자산을 대표하는 토큰이다. 블록체인 기술을 활용하지만, 기존 가상자산과 달리 디지털 자산에 별도의 고유한 인식값을 부여해 상호 교환이 불가능하다.

세계 NFT 거래량
단위 달러

시기	거래량
2020년 3분기	2800만
2020년 4분기	5280만
2021년 1분기	12억
2021년 2분기	13억
2021년 3분기	107억

자료 DappRadar

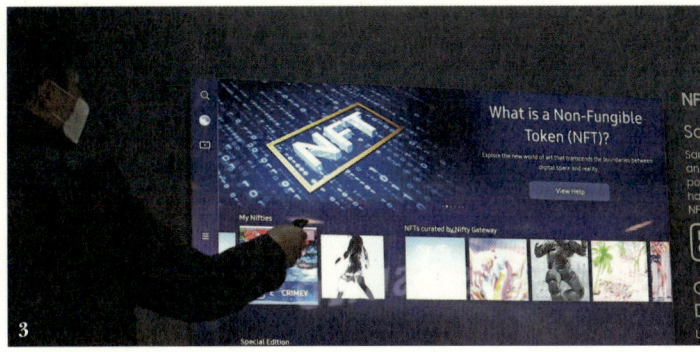

의 성장 동력이 될 것이라는 전망도 나왔다. 디스코드는 게임 유저가 가장 많이 사용하는 메신저로 최근 NFT 열풍을 타고 세계 사용자가 1억4000명까지 증가했다. 현재 대부분의 NFT는 디스코드를 통해 상호간 직접 대화가 이뤄지고 있다. 채팅방 개념의 개별 서버 코드를 배포하면 상대방이 곧바로 채팅에 참여하는 방식이다. 캘더론 CEO는 "디스코드가 없었다면 NFT 관련 사업들이 단기간에 성장하기 어려웠을 것"이라며 "정보와 커뮤니케이션 영역에서 새로운 르네상스가 열렸다"고 평가했다.

가전업계, 예술과 기술의 조화 선보여

CES 2022에서 NFT는 가전업계에도 진출했다. 삼성전자와 LG전자는 세계 최초로 NFT 기술을 적용한 가전제품을 공개했다. 삼성전자는 NFT 콘텐츠를 구매하고 편하게 감상할 수 있는 'NFT 플랫폼'을 선보여 'CES 최고혁신상'을 수상했다. 삼성전자의 NFT 플랫폼은 '마이크로 LED' 'Neo QLED' 등의 프리미엄 TV에 장착된다. LG전자도 올해 올레드 TV 라인업을 발표하면서 NFT 콘텐츠 거래 기능을 구현하겠다고 발표했다. 최근 올레드 TV에 유명 NFT 예술작품을 고화질로 구현하거나 디자인을 강조한 TV로 벽에 걸거나 놓기만 해도 공간을 갤러리로 만들 수 있도록 예술과 기술의 조화를 강조해왔다.

블록체인 데이터 플랫폼 댑레이더(DappRader)에 따르면 2021년 NFT 거래액은 230억달러(약 27조5000억원)를 돌파했을 것으로 추정된다. 2020년 9500만달러(약 1100억원) 대비 242배 가량 많은 수준이다. CES 2022에서 NFT를 조명했다는 것은 NFT가 일시적인 유행을 넘어 세계 산업의 주요 트렌드로 자리매김했음을 보여준다. 그동안 NFT 시장은 스타트업 주도로 성장했지만 이제는 업종을 불문하고 세계 각국의 기업들이 그동안 경험하지 못한 혁신적인 기술을 선보일 것으로 기대된다.

1. 에릭 캘더론 아트블록스 CEO가 'NFTs, WTF' 세션에 참여해 진행자와 토론하고 있다.

2. 디스코드 메신저는 NFT 커뮤니티가 주로 활용하는 플랫폼이다.

3. CES 2022 컨벤션센터에 마련된 삼성전자 부스에서 관계자가 NFT 콘텐츠 구매를 시연하고 있다.

4. 폭스엔터테인먼트는 크리에이티브 랩스에 1억달러를 투자하는 등 NFT 콘텐츠 제작을 위해 협업하고 있다.

에릭 캘더론은 누구?

이더리움 블록체인 기반의 주문형 콘텐츠 플랫폼인 아트블록스(Art Blocks)의 최고경영자(CEO)이다. 아트블록스에서는 우수 작품을 엄선해 NFT로 거래하게 한다. 그는 이번 CES 2022 'NFTs, WTF' 세션에서 "세상은 이제 서버 중심에서 블록체인으로 변화하고 있다"며 "인터넷도 기존 아이디와 비밀번호 방식에서 블록체인 주소 하나로 통용되는 웹 3.0 시대로 넘어가는 매우 중대한 시기"라고 강조했다.

TREND 1

연결·융합·확장이 CES 대세
AI·로봇·메타버스 뒤섞여 기술 빅뱅

: 한국경제신문사가 CES 트렌드를 한발 빠르게 분석하기 위해
'CES 2022 기술 및 비즈니스 트렌드 웨비나'를 열고 애널리스트들의 의견을 들었다.

CES 2021은 코로나19 확산 탓에 100% 온라인으로 열렸다. 기존과는 180도 달라진 변화였다. 코로나19 팬데믹이 이어지고 있지만 CES 2022는 작년과는 또 달라졌다. 현장 전시와 온라인 행사가 함께 열리고, 일부 기업은 원격 조종 로봇을 전시장 부스에 들이는 등 현장을 찾지 못하는 이들을 위한 대안을 내놨다. 코로나19가 끌고온 격변기 와중에도 각 기업이 새로운 시도로 갈피를 잡아가는 모습이었다.
한국경제신문사가 '애널리스트가 본 CES 2022 트렌드'를 주제로 주최한 CES 2022 기술 및 비즈니스 트렌드 웨비나에서 전문가들은 이 같은 현상이 각 기술·산업 분야에서도 나타나고 있다고 입을 모았다.

웨비나에는 노근창 현대차증권 리서치센터장을 비롯해 정원석 하이투자증권 연구위원, 임은영 삼성증권 수석연구위원, 정호윤 한국투자증권 연구위원, 김열매 NH투자증권 연구위원, 김충현 미래에셋증권 연구위원, 조희승 하이투자증권 연구원, 송용주 대신증권 책임연구위원, 김상국 KT경제경영연구소 수석연구원이 참석했다.

AI·5G, 기반기술로 녹아들다

전문가들은 기반 기술을 갖춘 기업들이 생존을 위해 사업을 재정의하고 있다고 진단했다. 단순히 다른 업종 기업과 제휴하는 게 아니라 새로운 영역에 직접 뛰어들고 있다는 얘기다. 이번

CES에서 현대자동차가 완성차 사업에 로보틱스와 메타버스를 접목할 계획을 밝히고, 전자회사인 소니가 전기차 시장에 출사표를 던진 게 그런 예다. LG전자도 미래 자율주행차 콘셉트 모델을 소개했다.

이는 AI와 통신 기술이 '테크 인프라' 역할을 해주고 있는 덕분이다. AI는 헬스케어, 블록체인, 모빌리티 등 미래 기술과 융합하는 경향이 더 뚜렷해졌다. 정호윤 한국투자증권 연구위원은 "인간의 고차원적 사고를 AI로 구현하기 위한 연구가 활발하다"며 "데이터 확보만 잘 이뤄지면 의료 분야 등 민감한 데이터를 다루는 각종 산업군에서도 혁신을 이끌 것"이라고 했다. 다만 아직 해결할 과제도 많다는 게 정 연구위원의 지적이다. 그는 AI 기술 과제로 데이터 활용, 모델 진보성, 상용화 세 가지를 들었다.

5세대(5G) 이동통신을 중심으로 한 통신 기술도 각 산업의 뼈대 역할을 하고 있다. CES 2022를 주최한 미국 소비자기술협회(CTA)의 스티브 코닉 리서치담당 부사장은 CES 개막 하루 전날 열린 '주목할 기술' 세션에서 "올해는 기업들의 5G 이용이 본격화하는 해가 될 것"이라며 '고도화된 연결'을 주목할 기술 트렌드 중 하나로 꼽았다. 5G와 통신 기반 사물인터넷(IoT) 기술의 중요성이 커지고 있다는 얘기다. 김상국 KT경제경영연구소 수석연구원은 "많은 기업과 조직에서 디지털 전환을 진행하고 있다"며 "5G와 IoT는 각 산업 분야 데이터를 연결하는 데 있어서 그 중요성이 계속 부각될 것"이라고 말했다.

합종연횡 이끄는 메타버스·NFT

올해 새롭게 기반 기술로 떠오른 분야도 있다. 메타버스다. 이번 CES에선 업종을 불문하고 다양한 기업이 메타버스 기술을 도입했다고 앞다퉈 발표했다. 삼성전자를 비롯한 여러 업체는 메타버스를 활용해 비대면으로 제품을 체험할

1.
안현실 한경 연구소장의 사회로 CES2022 기술트렌드를 조명하는 웨비나를 진행했다.

※웨비나 발표순서 기준

노근창
현대차증권 리서치센터장

정원석
하이투자증권 연구위원

임은영
삼성증권 수석연구위원

수 있게 하기도 했다. 송용주 대신증권 책임연구위원은 "이제 메타버스는 빅테크의 사업 항목이 아니라 온갖 기업의 범용 기반 기술이 됐다"고 분석했다.

송 연구위원은 메타버스가 각 시장에 성공적으로 자리잡기 위해서는 통신·컴퓨팅 인프라 기술과 확장현실(XR) 기술이 발달해야 한다고 지적했다. 그는 "메타버스용 새로운 기기(디바이스)도 계속 출시돼야 메타버스 생태계가 꾸준히 클 수 있다"고 분석했다. 기반 기술이 무르익고, 다양한 증강현실(AR)·가상현실(VR) 제품이 흥행에 성공해야 메타버스 소프트웨어(SW) 개발 생태계가 자연스럽게 구축될 것이라는 설명이다.

송 연구위원은 메타버스 시장이 커지면 블록체인, 대체불가능토큰(NFT) 등과 결합해 새로운 경제 시스템이 열릴 것이라고 예상했다. 그는 "4차 산업혁명이 진행되면서 이종 산업이 융복합하는 사례가 수없이 나왔다"며 "메타버스로 구현한 가상세계에서의 재화와 소유권을 NFT가 보장하고, 이를 암호화폐로 거래하는 세상이 펼쳐질 것"이라고 했다.

NFT 시장을 두고는 '합종연횡'이 화두에 올랐다. 김열매 NH투자증권 연구위원은 "가상자산이 메타버스 세상의 주요 축이 된다"며 "이에

따라 이종 산업 간 협력을 통한 윈-윈 비즈니스가 많아질 것"이라고 말했다. 이번 CES에서 삼성전자가 키노트를 통해 TV로 NFT를 사고파는 플랫폼을 도입하겠다고 선언한 게 대표적인 사례다. LG전자도 비슷한 계획을 갖고 있다.

산업 경계선을 넘나드는 협업도 늘어날 전망이다. 해외에선 이미 흔한 일이다. '크립토펑크(사람·동물 모양 NFT 이미지)'로 유명한 블록체인 업체 라바랩스는 올해 CES 콘퍼런스에 여러 번 등장한 글로벌 연예기획사 UTA와 협업하고 있다. 미국에선 할리우드 스타 패리스 힐튼이 NFT를 발행하고, 메타버스 게임 로블록스에서 전용 공간인 '패리스월드'를 열 정도로 NFT가 대중화됐다. 시장 변수로는 디파이(DeFi, 탈중앙화금융)와 NFT의 결합, 금리 인상, 각국 정부가 내놓을 규제 등을 꼽았다.

모빌리티산업의 개념도 재정의

전문가들은 모빌리티 분야는 산업 정체성과 가치를 새로 정의하는 대전환 시기를 거치고 있다고 진단했다. 로봇 기술을 접목해 물류 서비스를 하고, 차량에 게임·레저·엔터테인먼트 솔루션을 장착하는 등 단순 이동 수단을 넘어 라이프 서비스 수단으로 영역을 빠르게 확장하고 있다는 설명이다.

코로나19 장기화 영향이 이 같은 대전환을 촉진했다는 분석이다. 개인 안전 공간을 확보하려는 수요가 급증하면서 모빌리티산업이 공간 서비스로 확장할 기회가 새롭게 등장했다는 얘기다. 공유경제 성장세도 도움이 됐다.

전기차 확산도 새 비즈니스와 투자 기회를 열고 있다는 평이다. 임은영 삼성증권 수석연구위원은 "전기차는 한 번 충전할 때 20~30분가량이 소요된다"며 "이용자가 차량에서 보내는 비(非)주행시간이 늘기 때문에 자연히 차량이 라이프스타일을 담은 공간 가치를 더하게 된다"고

> AI와 통신 기술이 '테크 인프라' 역할을 해주고 있으며 이러한 기반 기술을 갖춘 기업들이 새로운 시도로 갈피를 잡아가고 있다.

했다. 그는 "충전하는 동안 게임을 하거나 영화를 볼 수 있는 인포테인먼트 솔루션을 장착한 차량이 늘고, 문화 공간으로서의 전기차 충전소가 등장할 것"으로 내다봤다.

일반 대중 찾아나선 헬스케어 시장

헬스케어 분야도 변곡점을 겪고 있다. 김충현 미래에셋증권 연구위원은 "올해 CES를 통해서 병원 밖 시장을 선점하려는 헬스케어 기업들의 도약을 엿볼 수 있었다"고 했다. 환자 진단·치료, 의료장비 공급 등에 치중했던 헬스케어 시장이 일반 대중 개인 삶 전반을 관리하는 라이프케어 산업으로 진화한다는 얘기다.

이번 CES에는 세계 최대 의료기기업체 애보트의 로버트 포드 CEO가 키노트 연설자로 나서 화제를 모았다. 헬스케어기업이 CES 기조연설을 맡은 첫 사례다. 올해 CES에 참가한 헬스케어 기업은 애보트, 리바이벌헬스, P&G 등을 포함해 100곳이 넘는다. 기업들의 주력 분야는 코로나19 관련 솔루션부터 디지털 치료, 웨어러블 기기 등으로 다양하다.

코로나19 이후 일반 대중의 활용도가 높은 헬

스케어 기술이 늘어난 것도 이번 CES의 특징이다. 피를 뽑지 않고도 혈당을 측정할 수 있는 연속혈당측정기 등 활용 부담을 낮춘 하드웨어 기기가 많아졌다는 설명이다.

헬스케어 분야 신시장 중엔 의료 데이터 분석 소프트웨어가 새 먹거리로 떠오를 전망이다. 김 연구위원은 이 분야가 미국을 중심으로 덩치를 키울 것으로 예측했다. 그는 "경제협력개발기구(OECD) 주요국의 국내총생산(GDP) 대비 의료지출 비용은 평균 7~8%인 데 비해 미국은 17%"라며 "의료비 지출이 큰 와중에 보험처리 심사를 거부당하는 의료 비용 규모만 해도 우리 돈으로 260조원에 달한다"고 했다. 데이터 분석을 통해 의료보험 업무를 효율화하는 것만으로도 큰 먹거리가 될 수 있다는 설명이다.

인간과 더 가까워진 로봇

전문가들은 CES 2021 대비 CES 2022에서 가장 큰 변화가 나타난 분야 중 하나로 로봇을 꼽았다. 그간 로봇은 물건 나르기, 청소 등 사람의 단순 노동을 대체하는 정도에 그쳤다. 하지만 이젠 일상 곳곳에서 복잡미묘한 일까지 대신할 수 있는 형태로 발전했다. IoT·AI·통신을 비롯해 몸체 제작과 구동 등 하드웨어 기술 발전을 집약한 결과다.

삼성전자는 이번 CES에서 사용자의 곁에서 함께 이동하는 인터랙션(상호작용) 로봇인 '삼성 봇 아이'를 최초로 공개했고, LG전자는 실내외를 두루 누비며 물품을 전하는 배송 로봇을 전시했다. 조희승 하이투자증권 연구원은 "지난해 각 사가 방역 로봇 등 단순 노동 대체 로봇을 선보인 것에 비하면 상당한 발전"이라고 평가했다.

CES 2022에선 국내외 대기업들의 로봇산업 진출 소식이 잇달아 나왔다. 조 연구원은 "AI 등 핵심 기술이 고도화하고, 각 기술이 서로 융·복합하면서 무인화 시장이 본격적으로 열

정호윤
한국투자증권 연구위원

김열매
NH투자증권 연구위원

김충현
미래에셋증권 연구위원

조희승
하이투자증권 연구원

송용주
대신증권 책임연구위원

김상국
KT경제경영연구소 수석연구원

렸다"며 "그 덕분에 여러 제조기업이 로봇시장에 뛰어들기 시작했다"고 했다. 물체 인식, 자율주행, 운동 제어를 비롯해 로봇의 판단·제어 전 과정에 적용되는 AI와 딥러닝 기술이 비약적인 속도로 발전한 영향이라는 설명이다.

"반도체·디스플레이·배터리 수요↑"

전문가들은 올해 CES를 통해 파악한 트렌드에 따라 수혜를 볼 시장으로 AI 반도체, 디스플레이, 배터리를 꼽았다. 여러 신성장 분야에서 꼭 필요한 부품이어서다.

반도체는 자율주행차 전기차 등 자동차용 프로세서, 로봇용 칩 등의 수요가 빠르게 커질 전망이다. 그래픽처리장치(GPU)를 비롯해 몰입형 콘텐츠를 더 실감나게 즐길 수 있게 하는 반도체 수요도 높다. 노근창 현대차증권 리서치센터장은 "저전력 고효율 반도체 수요가 늘어날 것"이라고 분석했다.

디스플레이도 마찬가지다. 코로나19 이후 메타버스와 게임 이용자가 많아지면서 고품질 디스플레이를 찾는 이들이 늘었다. 노 센터장은 소비자용 디스플레이 수요는 게임을 할 때 쓰는 게이밍 노트북, 콘텐츠 제작용 스튜디오 노트북 등 두 갈래 시장이 주도할 것으로 예상했다. 정원석 하이투자증권 연구위원은 "코로나19 이후 전통적인 백색가전이 아니라 새로운 맞춤형 가전기기 선호 현상이 뚜렷해졌다"며 "이 같은 트렌드에 따라 프리미엄 디스플레이 제품이 늘어날 것"이라고 했다. LG전자가 CES 전시장에 내세운 이동형 스크린 '스탠바이미'가 대표적인 신개념 디스플레이 제품이다.

로봇·모빌리티산업이 고도화하면 배터리 수요가 늘어날 것이라는 예상도 나왔다. 정 연구위원은 "배터리가 필요한 산업 분야가 계속 늘어날 것"이라며 "고밀도 에너지 배터리의 필요성이 높아질 것으로 보인다"고 했다.

TREND 2

오미크론에도 여전한 영향력
'V마이스'로 더 강해진 CES

팬데믹의 영향으로 작년부터 이어진 온·오프라인 하이브리드 전시는 이제 확실히 자리를 잡았다. 비대면이 대세로 굳어진 가운데, 앞으로는 온라인 전시가 뉴노멀이 될 가능성이 높다는 전망이다.

코로나19의 기세는 조금도 약해지지 않았다. 오미크론 변이의 습격은 세계 최대 정보기술(IT) 박람회를 2년 연속으로 움츠러들게 했다. 참가 기업은 크게 줄었고, 현장 관람객도 예년의 3분의 1 수준으로 뚝 떨어졌다. 많은 기업이 대면 행사 대신 온라인 전시를 택했다.

지난해 '디지털' 기술의 힘을 빌려 온라인으로 치러졌던 CES가 올해는 온·오프라인 병행으로 진행됐다. 2020년 1월 이후 처음 열린 대면 CES 행사지만 무게의 중심은 비대면으로 옮겨간 '뉴노멀'이 자리 잡은 행사라는 평가다.

작년 행사에서 구원투수 역할을 한 '디지털 마이스'는 올해 더욱 정교한 형태로 진화해 온·오프라인 관람객들에게 신제품 정보를 전했다.

1

2년 만의 대면전시…텅 빈 전시장

전염병의 위협 탓에 많은 기업이 CES에 동참하지 못했다. 특히 행사의 주역이라 할 수 있는 글로벌 기술기업 '거인'들은 대면 행사 대신 온라인 행사를 택했다. 마이크로소프트(MS)와 구글, 아마존, 인텔, 메타플랫폼스(옛 페이스북), AMD 등이 오미크론 변이 확산을 우려해 대면 행사 참가를 취소했다.

메리 배라 최고경영자(CEO)가 기조연설을 맡은 제너럴모터스(GM)를 포함해 벤츠, BMW 등 유수의 완성차 업체들도 연이어 전시를 취소하거나 최소한의 인력만 파견했다. 레노버, 파나소닉, 덴소 등도 홍보의 축을 온라인에 뒀다.

국내 기업 중에선 LG전자가 일찌감치 부스에 제품을 전시하지 않는 새로운 방식으로 전시에 참여한다고 발표했다. 매년 CES에 최대 규모로 참가했던 삼성전자도 출장자 규모를 대폭 축소했다.

1. CES 2022가 1월 5일(현지시각) 미국 라스베이거스에서 온·오프라인으로 개막했다.
2. SK그룹 부스 방문객들이 휴대폰 AR 앱을 통해 동영상 프레젠테이션을 보고 있다.

자연스레 주요 기업 경영자들의 방문도 크게 줄었다. 국내 4대 그룹 총수 중에선 정의선 현대자동차그룹 회장이 유일하게 전시장을 찾았다.

주요 외신들은 CES 2022가 예년보다 '더 작고, 더 조용한(smaller and quieter)' 행사였다고 입을 모은다. 큰 기대를 모으고 행사가 열렸지만 '소름끼치도록 조용했다'는 평이다.

전시장이 발 디딜 틈도 없었던 과거와 달리, 올해는 라스베이거스 도심에서 전시장까지 가는 대로에 교통정체가 없는 '기적'이 펼쳐지기도 했다.

여전한 대형 전시회의 가치

하지만 오프라인·대면 전시의 가치가 완전히 사라진 것은 아니다. 여전히 적지 않은 업체와 언론은 대면 행사 참가를 선택했다. 행사를 주최하는 미국 소비자기술협회(CTA)에 따르면 올해 2200여 개 업체가 대면 행사에 참가했고, 언론 역시 3300여 개사가 등록했다. 참가 기업 수가 예년의 절반 이하라지만, 절대 규모로는 무시할 수 없는 수다.

대회 참가 업체의 80%는 중견·중소기업이었다. 스타트업 관계자들은 대면 행사가 지속하길 바라는 경우가 많다. 인지도를 높이고, 사업 관계를 트는 데 직접 만나 교류하는 것만 한 게 없기 때문이다.

게리 셔피로 CTA 회장은 "스타트업을 비롯한 중소 업체들에는 대면 행사가 생사를 가르는

TREND 2

갈림길이 될 수 있다"며 "CES는 계속될 것이고, 그래야만 한다"고 강조했다.

코로나 시대 대면 전시 신풍속도

전염병 방지를 위한 신풍속도 등장했다. 참가자들은 모두 마스크를 착용하고, 백신 접종 증명서를 제시해야 했다. 증상이 의심되는 이들은 자가진단 키트도 제공받았다.

특히 많은 주목을 받은 것은 입장권. 전시장 방문자들은 신호등 색깔의 표식을 입장권에 붙이고 사람들을 만났다. 악수해도 괜찮다는 의사 표시를 한 사람은 녹색, 주먹인사를 하고자 하면 노란색, 대면 접촉을 꺼린다면 빨간색 표시를 달았다.

사람들이 몰리는 것을 피하기 위한 대책도 늘었다. 삼성전자 부스 옆에는 키오스크 단말기가 설치됐다. 입장권의 QR코드로 접수를 마치면 "약 20분 후에 입장이 가능합니다"라는 식으로 휴대폰 메시지나 메일이 오도록 했다.

온·오프라인을 병행한 하이브리드 전시는 대세로 자리 잡은 모습이었다.

부스 내부가 붐비지 않기 위해 취한 조치다.

대세 이룬 온·오프라인 병행

CES 2022 행사장 방문자가 예년보다 줄었지만, 참가 업체들은 눈길을 끌기 위해 다양한 방식을 동원했다. 특히 온·오프라인을 병행한 하이브리드 전시는 대세로 자리 잡은 모습이었다. LG전자는 화려한 구조물과 함께 각종 신제품을 시연하던 예년과는 달리 증강현실(AR)·가상현실(VR) 등을 활용해 부스를 꾸몄다. 명물로 손꼽히는 압도적 규모의 올레드 조형물은 사라졌지만 대신 곳곳에 마련한 뷰포인트에 주요 제품 설명과 QR코드를 부착해 관람객들이 자신의 스마트폰에 앱을 설치하고 가상의 전시를 체험할 수 있도록 했다.

SK그룹은 SK㈜, SK이노베이션, SK텔레콤, SK E&S, SK하이닉스, SK에코플랜트 등 6개 계열사와 함께 전시관을 꾸렸다. 관계사가 다양한 파트너들과 탄소 감축을 위해 기울이는 노력과 효과를 공동 주제별로 소개했다.

소니도 하이브리드 전시를 택했다. 소니는 이번

전시에서 오프라인 전시관 운영과 동시에 온라인 전시 플랫폼인 '소니스퀘어'를 통해 각종 기술과 신제품을 발표하는 영상을 공개했다. 현장 부스에는 이번에 새롭게 공개한 전기 스포츠 유틸리티차량(SUV) '비전-S' 두 대와 드론, 자사 카메라 장비를 장착한 나노위성 '스타스피어'를 포함한 일부 제품만 전시했다.

파나소닉도 전시관을 무인으로 운영하며 실제 제품 전시 없이 빔프로젝터를 활용한 영상과 QR코드만을 활용해 주요 콘텐츠를 공개했다. '메타버스용 디지털 기기 제품 세 종류를 올여름까지 발매한다고 발표했다. 파나소닉은 경량

의 VR 관련 제품과 상황에 맞춰 체감 온도가 달라지는 소형 냉열 장치 등을 선보였다.

깊숙하게 뿌리내린 'V 마이스 시대'

전체적으로 하이브리드 전시를 통해 지난해 선보였던 'V(버추얼)마이스 시대'가 보편화하고 있다는 평이다. AR과 VR을 활용한 전시로 '오프라인' 대면 중심으로 성장해온 마이스(MICE: 기업회의·포상관광·컨벤션·전시회)산업의 디지털 전환이 가속하고 있다는 설명이다.

줌과 미트, 팀즈 등을 이용한 화상회의부터 인공지능, 가상현실, 증강현실, 홀로그램 등이 접목된 각종 회의 기술(미팅 테크놀로지)을 이용한 전시 박람회 컨벤션은 더는 낯선 풍경이 아니다.

팬데믹 이후 일상에서 비대면이 '뉴노멀'로 자리 잡은 것처럼 앞으로도 시간과 공간에 제약이 없는 온라인 전시가 뉴노멀이 될 가능성이 높다는 전망이다.

한편에선 포스트 코로나 시대의 오프라인 전시 부활에 대한 기대도 작지 않다. 내년 CES에선 사람들이 줄을 서서 신제품을 살피고, 상담을 할 것이라는 것. 현대차 전시관에서 보스턴다이내믹스가 개발한 4족 보행 로봇 '스폿'이 방탄소년단(BTS) '아임 온 잇(I'm On It)' 음악에 맞춰 군무를 춘 것처럼 전통적인 오프라인 행사만의 높은 주목도는 여전했다. 그렇지만 전염병이 완전히 사라지더라도 한번 접한 디지털 기술을 완전히 떨치기는 힘들 것이란 시각이 많다.

CES에 참가한 국내 한 업계 고위 관계자는 "온·오프라인 전시가 갖는 장점이 각각 명확한 만큼 올해는 두 방식을 적절하게 병행하는 하이브리드 전시가 처음으로 시도되며 새로운 트렌드를 형성한 것으로 보인다"고 말했다.

3. CES 2022의 공식 팟캐스트 'C Space' 스튜디오.
4. 메타버스 렌더링으로 구현한 '생명의 나무' 존을 조성한 SK그룹의 참가 부스.
5. 일론 머스크 테슬라 CEO가 설립한 보링 컴퍼니가 구축한 지하 터널.
6. CES 2022 삼성전자 전시관을 찾은 관람객들이 차세대 게임용 디스플레이인 '오디세이 아크'를 살펴보고 있다.
7. 지속된 팬데믹 상황에 온·오프라인을 병행한 하이브리드 전시 형태가 대세로 자리잡았다.

한국기업 참가 현황
단위 개

연도	참가 수
2019년	298
2020년	390
2021년	341
2022년	500

자료 CTA

제품 없는 디지털 부스 체험해보니

: LG전자가 꾸린 '디지털 부스'는 그야말로 파격적이고 신선했다.
전통적인 방식에서 벗어나 IT를 활용한 혁신적인 경험을 선사한 것이다.

LG전자가 미국 라스베이거스에서 열린 CES 2022 현장에 제품 실물을 하나도 가져다 놓지 않는 파격 실험을 했다. 메타버스 트렌드에 맞춰 전시 공간을 가상의 세계로 바꾸겠다는 게 LG전자의 노림수였다. 주요 CES 참가 기업 중 이 같은 시도를 한 곳은 LG전자가 유일했다. 관람객 반응은 엇갈렸다.

전시 첫날 관심 집중

LG전자 부스는 2000㎡ 규모로 상당히 넓지만 다소 휑하다는 느낌도 있었다. 행사장 곳곳에는 QR코드가 새겨진 나무 기둥이 자리했다. 각각 다른 제품 사진과 설명을 나무 기둥마다 배치해놓은 LG전자의 가상현실(VR), 증강현

> 행사장에는 QR코드가 새겨진 나무기둥이 자리해 관람객의 가상 체험을 도왔다.

실(AR) 전시관 기본 모습이었다. 기자가 당황해하자 현지 직원이 다가와 "이곳에는 그 어떤 제품이나 조형물도 없다"며 "QR코드가 붙은 기둥 앞에서 앱을 설치하고 LG전자 제품을 감상하면 된다"고 설명했다.

바닥에 발자국 모양이 찍힌 뷰포인트에서 스마트폰 등 모바일 기기로 QR코드를 인식해 연결되는 전용 앱을 깔아야 가상 체험이 가능했다. 해당 앱으로 뷰포인트에 있는 이미지를 인식하면 스마트폰 화면에 제품과 서비스들이 소개되는 방식이다. LG전자가 CES 혁신상을 받은 제품부터 과거 CES에서 선보였던 초대형 OLED(유기발광다이오드) 디스플레이 조형물 등까지 가상으로 체험할 수 있었다. 허공에 TV와 냉장

고 등이 하나씩 떠오르는 것이 체험의 핵심 포인트다. 넓은 공간에 실물 전시가 없다 보니 다른 기업들의 시끌벅적한 부스와는 분위기가 사뭇 달랐다. 그럼에도 관람객들은 여기저기에서 스마트폰으로 QR코드를 찍으며 감탄사를 연발하는 등 호기심을 나타냈다.

환경까지 생각한 디지털 부스

LG전자가 오프라인 전시관을 이 같은 방식으로 꾸민 것은 '모두가 누릴 수 있는 더 나은 삶(The Better Life You Deserve)'이라는 CES 2022 참가 슬로건처럼 관람객이 어떤 공간에서도 실제 부스에 온 것과 같이 제품을 경험할 수 있게 하기 위해서다. 이번 CES의 테마 중 하나인 '지속가능성(sustainability)'을 실천하겠다는 의미도 있다. LG전자는 접착제를 사용하지 않고 나무 찌꺼기를 압착해 만든 OSB 합판과 페인트 니스 등을 칠하지 않은 대나무 합판 등 재활용 자재로 부스를 지었다. 전시가 끝나면 바로 재활용할 수 있다는 게 회사 측 설명이다.

체험 과정에서 가장 큰 애로는 앱 다운로드였다. 앱의 용량이 500MB에 달하다 보니 설치에 소요되는 시간이 길었다. 한국이라면 큰 문제가 없겠지만 통신 사정이 열악한 미국에서 500MB의 앱을 다운로드하기 위해서는 적지 않은 시간이 소요된다. 전시장에 전용 와이파이를 두 개 마련했지만 밀려드는 관람객들로 제 속도가 나지 않았다. 일부 관람객은 LG전자 부스에서 발길을 돌리기도 했다.

하이브리드 전시 계속될까?

기다림 끝에 연결된 LG전자의 VR, AR 체험은 다른 기업들과 분명한 차별성을 지녔다. 앱을 설치하고 QR스캔을 구동하자 이내 나무 기둥 위로 3D 형식의 제품 이미지가 떠올랐다. 해당 이미지는 손으로 조절이 가능해 360도 각도로 돌려 볼 수 있고 크기 조절도 됐다. 관람객의 반응은 긍정적이었다. 곳곳에서 "이색적이다" "신선하다" 등의 반응이 쏟아졌다. 스페인에서 왔다고 밝힌 한 기자는 "내 스마트폰을 통해 VR·AR로 제품을 볼 수 있어서 굉장히 놀라웠다"며 엄지손가락을 치켜세웠다. CES 주최 기관인 미국 소비자기술협회(CTA)도 LG전자 부스를 "혁신 기술을 체험할 수 있는 곳"이라고 소개하며 관람을 추천했다. VR·AR로만 꾸려진 메타버스 부스에 대한 한계는 LG전자의 숙제로 남을 것으로 보인다. CES 개막 첫날 LG전자 부스에는 많은 인파가 몰렸지만 시간이 지나면서 관심이 조금씩 줄어드는 모습이었다. 제품 실물이 없다 보니 관람객들이 머무는 시간도 상대적으로 짧았다. 이 때문에 관련 업계에선 LG전자가 내년부터는 하이브리드 전시를 시도할 것으로 보고 있다. 실제 제품을 어느 정도 전시하는 동시에 메타버스 체험도 제공할 것이란 관측이다. 올해 LG전자가 제품 없는 부스를 꾸민 것은 메타버스 친화 기업임을 강조하고 코로나19 오미크론 변이 바이러스 확산을 최소화하기 위해서였다. 코로나19가 누그러지면 다시 실물을 전시할 가능성이 높다.

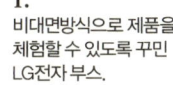

1. 비대면방식으로 제품을 체험할 수 있도록 꾸민 LG전자 부스.
2. LG전자 전시관을 찾은 관람객이 QR코드를 찍고 있다.
3.4.5. VR·AR로 보는 LG전자 제품들.

TREND 4

가상공간 뛰어넘은 카멜레온 메타버스

: CES 2022에 선보인 다양한 브랜드의 메타버스 체험을 통해 그 흐름을 짚어봤다.

지난해 산업계를 뜨겁게 달군 메타버스 열풍이 올해 본격적으로 구체화될 전망이다. CES 2022에서 세계 기업들은 개인용부터 업무용까지 다채로운 메타버스 기술을 선보였다. 그동안 메타버스가 PC, 스마트폰, 태블릿PC 등 화면 안쪽 '가상공간'에서 이뤄졌다면 올해에는 실제로 손과 몸을 움직여 체험하고 그 반응까지 느낄 수 있게 됐다는 점이 달랐다. 이는 가상공간에 놓여 있는 물건의 크기와 무게를 가늠하거나 외부 충격을 몸으로 전달해주는 웨어러블 기기들이 개발되면서 가능해진 일이다.

국내 기업의 메타버스

삼성전자 LG전자 등 가전회사들은 메타버스를 가전제품과 소비자를 연결하는 데 우선 활용하고 있다. 플랫폼을 직접 개발하는 대신 네이버 제페토 같은 기업들과 손잡고 이미 조성돼 있는 메타버스 공간에 자신들의 버추얼(가상) 매장을 입점시키는 방식이다. 이곳에선 삼성, LG TV 제품의 두께, 후면, 질감을 볼 수 있고 자유롭게 인테리어를 변화시켜 소비자에게 가구·가전제품 배치에 도움을 줄 수 있다.
현대차는 이번 CES에서 산업계가 어떻게 메타버스를 활용할 수 있는지 앞장서 보여줬다. 올해 말 현대차그룹 싱가포르 글로벌혁신센터 완공에 맞춰 디지털 가상공장을 함께 만드는 데 메타버스를 활용하기로 했다. 실시간

76.9%

글로벌 시장 조사 기관 IDC는 2024년까지 글로벌 XR 시장규모가 연평균 76.9%씩 성장할 것으로 전망했다.

3D 메타버스 플랫폼에 현실의 스마트팩토리 공장을 그대로 얹어 디지털 가상공장을 구축하는 식이다. 이렇게 되면 물리적 방문 없이도 해외 공장에서 발생한 기계적 문제를 국내에서 원격으로 실시간 해결할 수 있다. 신차 양산을 앞둔 공장은 실제 공장을 시범 가동하지 않고도 최적화된 공장 가동률을 산정할 수 있게 된다고 설명했다.
롯데는 메타버스를 쇼핑과 공연에 활용할 수 있는 가능성을 이번 CES에서 보여줬다. VR헤드셋을 착용하고 메타버스 내 '롯데' 매장에 들어가 TV, 세탁기, 옷 등을 보고 구매할 수 있다. 나중에 촉감을 느낄 수 있는 웨어러블 기기를 개발하게 되면 옷의 질감을 확인하거나 아바타가 대신 옷을 입어 핏과 사이즈를 맞춰보는 것도 가능하다고 한다. 또 방 안에서 VR헤드셋을 착용면 K팝 아이돌의 공연을 함께 춤추며 즐길 수 있다.
한글과컴퓨터는 메타버스 플랫폼에서 온라인 수업, 콘퍼런스 등을 할 수 있게 만들었다. 교육자료를 교실 칠판에 띄우는 것은 물론 문자, 음성, 화상 채팅을 가능하게 해놨다. 한컴은 메타버스를 활용한 선거방송도 준비 중이다. 선거에 나온 후보가 자신과 닮은 아바타를 만들어 가상세계에 등장해 또 다른 아바타를 만든 시민들과 메타버스 안에서 자유롭게 의

사소통하도록 한다는 구상이다.

해외 브랜드의 가상현실세계

이번 CES에 참가한 해외 기업 중에선 독일 자동차부품 기업 보쉬와 프랑스 엔지니어링 기업 다쏘시스템 등이 메타버스 기술을 선보였다. 보쉬는 우주정거장의 기계 작동음만으로 고장이 났는지 알 수 있는 센서를 선보였다. 모터와 펌프 등 기계는 작동 중 특정 음파를 내보내는데 인공지능(AI) 알고리즘을 통해 미묘한 음향 변화를 분석해내는 원리다. 이 원리로 산불도 미리 감지할 수 있다는 설명이다. 메타버스 플랫폼에 우주정거장이나 국립공원의 '디지털 트윈'을 만들면 물리적 거리를 뛰어넘어 부품을 수리하고 불을 끌 수 있게 된다. 다쏘시스템은 건강진단과 의료수술 등에서 메타버스를 활용할 계획이다. 이번 CES에선 카메라로 사람의 얼굴과 신체를 인식시킨 뒤 3D LED 안에 가상의 뇌와 신체를 띄워 이리저리 돌려보고 건강 상태를 파악할 수 있는 버추얼 트윈을 선보였다.

메타버스가 단순 가상현실과 차별화된 부분은 '공유'와 '소통'이다. 스마트폰으로 가상현실 속 포켓몬을 잡는 '포켓몬Go' 게임이 메타버스로 진화하려면 이에 맞는 고차원 기기(디바이스)가 필수적인데 글로벌 기업들이 한창 개발 중이

1.
디지털 트윈을 구축해 공장을 운영·관리할 수 있는 현대자동차의 메타팩토리.

2.
현대차가 그리는 '메타 모빌리티' 가상도.

3.
메타의 마크 저커버그 최고경영자가 메타버스 속 자신의 아바타와 대화하고 있다.

다. 이번 CES에는 참가하지 않았지만 지난해 메타버스 사업에 올인하겠다고 선언하고 사명까지 바꾼 메타는 올해 새로운 VR헤드셋 제품을 내놓는다. 2020년 출시해 세계에서 1000만대가량 팔린 VR헤드셋 오큘러스 퀘스트2의 후속작이다. 메타의 새 헤드셋은 VR(가상현실)·AR(증강현실)을 결합한 MR(혼합현실)을 구현할 수 있는 것으로 알려졌다. 이번 CES에 참가한 메타버스 관련 기업 대부분이 메타의 오큘러스 제품을 사용했다. 메타는 이용자의 얼굴 표정과 눈동자 움직임으로 기기를 조작하는 기능도 추가할 계획이다. 애플도 아이폰을 잇는 차세대 기기로 MR헤드셋을 개발 중이다. 구글도 지난해 다시 AR 조직을 꾸리고 인력을 충원하고 있다. 업무용 메타버스에서 가장 앞서가고 있는 마이크로소프트는 최근 AR헤드셋 '홀로렌즈'를 미 국방부에 납품했는데 올해 야전에서 시험을 거칠 것으로 알려졌다.

메타버스 시장 규모에 대한 전망은 천차만별이다. 블룸버그 인텔리전스는 메타버스 시장 규모가 2024년까지 7833억달러(약 923조원)로 커질 것으로 내다봤다. 글로벌 투자은행 모건스탠리는 "메타버스가 차세대 소셜미디어와 스트리밍, 게임 플랫폼이 될 것"이라며 시장 규모를 최대 8조달러(약 9434조원)로 예상했다.

TREND 5

도심서도 운전대 놓는 시대 왔다

: GM, 스텔란티스, 현대자동차 등 글로벌 완성차 업체들이 한 단계 진화한 자율주행 기술을 선보이며 앞으로 기업 간 경쟁이 더 치열해질 것임을 예고했다.

CES 2022는 자율주행의 최신 기술을 보여주는 경연장이었다. 글로벌 완성차 업체들은 전기차에 자율주행 기술 도입을 서두르겠다고 발표했고, 자율주행 업체들은 이전보다 섬세하게 도로 상황을 파악하는 라이다 센서 등을 공개했다. CES에 참가한 제너럴모터스(GM), 스텔란티스 등은 자율주행 기술 도입 일정을 구체적으로 내놨다.

자율주행 기술 단계

레벨1
조향 또는 감·가속 지원

레벨2
자동 조향 및
감·가속 지원(핸즈 온)

레벨3
핸즈 오프
(비상시 운전자 개입)

레벨4
비상시에도
시스템이 대응

레벨5
운전자 불필요

1 라이다를 적용한 G90 예상도

GM의 첨단운전자보조시스템(ADAS)

GM은 슈퍼크루즈, 울트라크루즈 등 자율주행에 필요한 첨단운전자보조시스템(ADAS)을 조만간 차량에 도입한다. GM은 1000만 마일(1609만3440km) 이상 쌓은 주행 데이터를 바탕으로 2023년 GM 차량 22개 종에 슈퍼크루즈를 적용할 계획이다. 주행 정보가 갈수록 축적되는 만큼 자율주행 기술도 지속적으로 개선될 것으로 전망된다.

GM은 주행 부문의 '게임 체인저'로 꼽는 울트라크루즈를 내년부터 럭셔리 브랜드 캐딜락의 플래그십 세단 셀레스틱에 적용할 계획이다. 미국과 캐나다 전역 95% 지역에서 운전대를 잡지 않고 운전할 수 있다는 게 GM 측 설명이다. 배라 회장은 "울트라크루즈는 업계 최고의 ADAS가 될 것"이라고 자신감을 드러냈다. 내년부터 도심 전역에 레벨3 이상의 기술로 자율주행 시대를 열겠다는 포부다.

> 미국에서
> GM만이
> 레벨5 차량을
> 시운전하고 있다.

GM의 울트라크루즈는 테슬라처럼 무선으로 소프트웨어를 지속적으로 업데이트(OTA)해준다. GM은 이를 위해 반도체 업체 퀄컴과 공동으로 개발한 '스냅드래곤 라이딩' 시스템을 적용했다. PC 수백 대의 프로세싱 능력을 갖췄지만 노트북 두 대 크기에 불과하다.

스텔란티스, 전기 콘셉트카 '에어플로' 공개

이번 CES에 처음 참가한 스텔란티스도 발표 중 자율주행에 많은 내용을 할애했다. 스텔란티스는 2021년 1월 피아트크라이슬러와 푸조시트로엥이 합병하면서 출범한 회사다. 스텔란티스는 크라이슬러 전기 콘셉트카 에어플로를 공개했다. 이 차량엔 레벨3 자율주행을 할 수 있는 'STLA(스텔란티스) 오토 드라이브'가 적용됐다. GM, 테슬라처럼 OTA로 프로그램을 계속 업데이트해준다. 크라이슬러는 2025년 첫 전기차를 출시할 계획이다.

을 높이기 위해 협력하고 있다. 폭스콘은 디지털 플랫폼인 'STLA 스마트콕핏'에 개인 맞춤형 커넥티드 서비스를 제공한다. 또 아마존과 STLA 스마트콕핏의 소프트웨어 솔루션 제공을 위해 협업에 나선다. 세계 최대 전자상거래 업체 아마존과의 협업은 향후 사업 확장성 측면에서 자동차업계뿐 아니라 많은 산업계의 이목을 끌었다.

현대자동차와 루미나테크놀로지스의 반격

현대자동차는 올 하반기 레벨3 자율주행 기술을 적용한 제네시스의 플래그십 세단 G90를 내놓을 계획이다. 현대자동차는 자율주행의 눈으로 꼽히는 라이다를 차량에 적용할 계획이다. 또 서울 도심 자율주행차 시범운행지구에서 무인택시 로보라이드로 올 상반기 레벨4 자율주행 시범서비스를 시작한다.

미국 라이다 전문 스타트업 루미나테크놀로지스는 자사 라이다 센서가 들어간 볼보 전기 콘셉트카 '콘셉트 리차지'를 전시했다. 루미나의 라이다 센서는 기존 제품보다 가격을 크게 낮춘 50만원대다. 얇은 형태로 이뤄져 있어 완성차에 적용하기도 편하다. 미국 자율주행 전문기업 앱티브는 레이더 성능을 크게 높인 기술을 선보였다. 앱티브는 현대자동차와 자율주행 합작법인 모셔널을 통해 2023년 자율주행 로보택시를 상용화할 계획이다. 전파로 물체를 측정하는 레이더는 레이저를 이용하는 라이다보다 정밀함은 부족하지만 악천후에도 활용할 수 있다.

CES에 참가한 다른 자율주행 스타트업들도 기술력을 뽐냈다. 발레오는 기존 라이다보다 먼 거리를 탐지할 수 있는 3세대 라이다를 선보였다. 220야드(201m) 밖의 장애물을 감지해 시속 80마일(약 128km)로 자율주행할 수 있다. 라이다가 적용된 위치뿐 아니라 360도 방향으로 물체를 탐색하는 근거리 라이다도 공개했다.

시트로엥 스케이트는 전용 차로에서 완전 자율주행으로 움직이며 전기차의 배터리를 무선으로 충전할 수 있다. 전기 트램의 자율주행 버전으로 해석할 수 있는데, 공유 모빌리티로 활용도가 높을 것으로 예상된다. 다만 크라이슬러 전기차의 출시 시기가 늦고 시트로엥은 전용 차로에서만 자율주행을 할 수 있다는 점에서 스텔란티스보다 GM의 자율주행 기술 개발 속도가 더 빠르다고 업계에선 평가하고 있다.

스텔란티스는 기술 개발이 늦은 만큼 글로벌 기업들과 손잡고 판세 뒤집기에 나선다. 우선 자율주행 기술을 빠르게 향상시키기 위해 BMW, 웨이모와 손을 잡았다. BMW는 STLA 오토드라이브에 레벨3 자율주행을 제공하고, 최신 기술을 보유한 웨이모와 레벨4 이상의 자율주행 차량을 개발하기로 했다. 웨이모 기술을 장착해 자율주행 배달까지 사업을 확장할 계획이다. 폭스콘, 아마존과는 소프트웨어 기술 수준

1.
라이다를 적용한 현대자동차의 '제네시스 G90' 예상도. 자율주행 레벨3을 적용할 예정이다.

2.
자율주행 레벨3을 적용할 스텔란티스의 '크라이슬러 에어플로' 콘셉트카.

3.
볼보의 자율주행 콘셉트카인 '콘셉트 리차지'. 루미나의 라이다 센서를 적용했다.

TREND 6

운전자 없이 시속 270km 질주

: KAIST 팀이 세계 명문대 연구팀이 참가한 자율주행 카레이싱 대회에서 4위를 해 경쟁력을 입증했다. 아시아 국가 팀으로는 유일하게 출전해 독일과 이탈리아 등 유럽의 레이싱 강국 연구팀과 기술력을 겨루며 대등하게 경쟁했다.

1월 7일 미국 라스베이거스 중심가에서 차로 20여 분 걸리는 곳에 있는 라스베이거스모터스피드웨이(LVMS). 주황색 차량이 먼저 트랙을 돌기 시작했고, 푸른색 차량이 뒤를 따랐다. 세 번째 바퀴를 돌던 중 푸른 차가 관중의 눈앞에서 속력을 내어 앞지르는 데 성공했다. 관중 사이에서 함성과 박수갈채가 터져나왔다.

4위
자율주행 레이싱에서 KAIST 팀 순위.

무인 자율주행 레이싱

이날 열린 자동차 경주는 특별했다. 지금까지 LVMS에서 열린 모든 경기는 사람이 차를 타고 속도를 겨뤘지만, 이 경기는 사람이 아무도 타지 않은 채 오직 코딩으로 작동하는 무인 자율주행차 간의 경기, '인디(INDY) 자율주행 챌린지'였다. 라스베이거스 컨벤션센터 등에서 열린 CES 2022의 마지막 행사다. 인디 자율주행 챌린지는 각자 개발한 자율주행 소프트웨어로 누가 더 빠르게, 정확하게, 통제력을 잃지 않고 달릴 수 있는지 겨룬다. 자동차는 모두 주최 측에서 제공한 똑같은 것을 쓴다. 레이더와 라이다가 각각 세 개, 카메라가 5대씩 들어갔다.

이 행사에는 주로 미국과 유럽 대학들이 참가했다. 이날도 이탈리아 밀라노공대(PoliMOVE), 독일 뮌헨공대(TUM), 이탈리아와 아랍에미리트 대학들의 연합팀(TII 유로레이싱), 미국 오번대(오토노머스 타이거) 등이 참가했다. 아시아에서는 KAIST 팀이 유일하게 참가해 4위에 오

> 빠르고, 정확하게, 통제력을 잃지 않고 달리는 것이 자율주행의 핵심이다.

르는 성과를 거뒀다.
심현철 전기전자공학부 교수가 이끈 이 팀은 대기업들의 후원을 받은 다른 팀과 달리 자력으로 참가했다.

이번 대회는 지난해 10월 인디애나주 인디애나폴리스 모터스피드웨이에서 열린 자율주행 챌린지에서 참가 자격을 얻은 팀들 간의 경쟁이었다. 10월 경기는 두 대 간의 경쟁이 아니라 서로 한 번씩 트랙을 돌고 속력을 재서 가장 빠른 팀이 이기는 방식으로 진행됐다. 주최 측은 3개월 만에 다시 2차 경기에서 두 대 간의 경쟁(head to head race)으로 규칙을 바꿨다. 2차 경기에 진출한 팀들이 그러한 방식을 감당할 수 있다고 본 것이다. 먼저 한 팀이 출발해서 경기장을 돌 때마다 시속 60마일, 80마일 식으로 시간당 20마일(32km) 단위로 속도를 높여가면 상대 팀도 속도를 함께 높여가면서 따라잡는 식이다. 시속 100마일(160km)을 넘어가면 차량 제어가 쉽지 않기 때문에 상대 차량을 따라잡는 데만 몰두하다 보면 차량이 전복되기 쉽다.

2차전 참가 자격을 얻은 것은 9개 팀이었지만 이날 실제로 트랙 위에 오른 차량은 5대에 불과했다. 미국 버지니아대 팀이 경기를 앞두고 막판 연습 과정에서 차량이 손상돼 불참했다. 하와이대, 퍼듀대, MIT와 피츠버그대 연합팀 등 3개 팀은 주최 측이 요구한 자격을 행사 전까지 갖추지 못해 트랙에 나서지 못했다.

온전한 자율주행을 꿈꾸며

자율주행차들의 속력은 유인 레이싱 못지않게 빨랐다. '부아앙~' 하는 스피드카 특유의 굉음이 계속 경기장을 뒤덮었다. 본 경기에 앞서 치러진 테스트 과정에서 밀라노공대의 폴리무브

300km
자율주행차가 낼 수 있는 최고 시속.

1. 인디 자율주행 챌린지를 준비한 심현철 KAIST 교수팀이 레이싱카 앞에서 기념촬영을 하고 있다.
2. KAIST 팀의 자율주행차가 레이싱을 준비하고 있다.
3. 트랙 결승선을 통과하는 KAIST 팀의 자율주행차.
4. 인디 자율주행 챌린지 공식 레이싱카 'Dallara AV-21'.

(PoliMOVE) 팀은 최고 시속 170마일(270km)을 기록하기도 했다. 심 교수는 "사람은 차량의 상태, 주변 상황 등을 감(感)으로 받아들여서 빠르게 차량을 조작하지만 자율주행차는 모든 상황을 코딩으로 대응해야 한다"고 설명했다.

실제 이날 챌린지는 예상치 못한 상황의 연속이었다. 낮 12시 30분께 첫 경기에 나선 오번대 팀은 세 번째 트랙을 돌 때 KAIST 팀에 추월당한 데 이어 다섯 번째 트랙에서 갑자기 운행을 멈췄다. GPS 장치가 불안정하게 움직여 주행을 중단한 것이다. 이로 인해 KAIST 팀 차량도 충돌을 막기 위해 서야 했다. 앰뷸런스에 실린 환자처럼 견인돼 실려 온 두 대의 차량을 보는 관중은 아쉬운 표정이었다.

1차 경기에서 KAIST 팀의 승리가 선언됐지만, 이번엔 2차 경기에 나설 예정이던 밀라노공대 팀 차량에서 라이다에 문제가 생겨 다시 경기가 중단됐다. 라이다 문제를 해결하고 나선 밀라노공대 팀의 차량이 125마일까지 속력을 높여갔지만, KAIST 팀은 115마일에서 더 속력을 내지 못했다.

통제된 서킷 안을 돌면서도 코딩 한두 줄에 사고가 나는 상황은 아직 무인 자율주행에 이르기까지 갈 길이 멀다는 것을 보여줬다. 지멘스 관계자는 "경기 전날 단 한 줄의 코딩 내용을 수정했다가 오타를 내는 바람에 차량이 고장난 경우도 있었다"고 전했다. 이날도 오번대 팀의 GPS 문제, 밀라노공대 팀의 라이다 문제에 이어 이탈리아·아랍에미리트 대학 연합팀도 차가 통제력을 잃고 벽으로 튕겨나가는 문제가 발생했다.

그러나 이와 같은 노력을 통해 자율주행 기술이 향상될 것이라는 점은 분명했다. 경기를 마친 뒤 심 교수는 "아주 재미있는 경기였다"고 평가하며 "자율주행으로 고속도로에서 빠르게 이동할 수 있다면 운전으로 인한 스트레스가 크게 줄어들 것"이라고 말했다.

〈CES 2022〉를 만든 스페셜리스트

Specialist...

김민준 KAIST 전기 및 전자공학부 교수
로보틱스 분야 전문가다. 고려대 기계공학과를 졸업하고 포스텍에서 기계공학 박사학위를 받았다. 독일항공우주연구소(DLR) 연구원을 거쳐 2020년부터 KAIST에 재직 중이다. 주요 연구 분야는 로봇 시스템 개발 및 제어다. 최근에는 비행 시스템 및 로봇의 손과 팔 등으로 사물을 조작하는 지능형 매니퓰레이션으로 연구 범위를 넓히고 있다.

김성민 KAIST 전기 및 전자공학부 교수
무선 네트워크와 사물인터넷(IoT) 분야 전문가다. 고려대에서 학사와 석사학위를, 미국 조지메이슨대에서 컴퓨터사이언스 박사학위를 받았다. 2019년부터 KAIST 교수로 재직 중이다. 주요 연구 분야는 무선 및 저전력 임베디드 네트워크와 IoT다. 2018년 열린 제38회 분산컴퓨팅학술대회(ICDCS)에서 최우수 논문상을 받았다.

김용대 KAIST 전기 및 전자공학부 교수
블록체인을 비롯해 자율주행, 드론, 의료기기, 이동통신 등과 관련한 보안 분야 전문가다. 연세대 수학과에서 학사와 석사학위를, 서던캘리포니아대 컴퓨터과학과에서 박사학위를 받았다. 미네소타대 교수를 거쳐 KAIST 전기 및 전자공학부 교수, KAIST 정보보호대학원 겸임교수를 맡고 있다. 한국블록체인협회 정보보호위원장을 지냈고 삼성전자 자문위원, 네이버 개인정보보호위원회 위원 등으로 활동하고 있다.

박용철 KAIST 창업원 초빙교수
KAIST 1랩 1창업 비전을 구현하기 위해 학생과 교수의 창업을 돕고 있다. 영남대 경영학과 출신으로 성균관대에서 경영학석사(MBA) 학위를 받았다. SK텔레콤 SME 솔루션 사업을 론칭, 투자와 사업관리를 했고 대전창조경제혁신센터에서 SK그룹, KAIST, INNOPOLIS, 한국전자통신연구원(ETRI) 등과 함께 기술사업화를 추진했다. 한국스마트데이터협회 부회장으로서 데이터 기반 스마트공장 사업을 주관하며 데이터 전 주기 관점의 사업모델을 정립한 공로 등을 인정받아 대통령 직속 4차산업혁명위원회의 유공 표창을 받기도 했다.

심현철 KAIST 전기 및 전자공학부 교수
자율주행 자동차, 무인항공기, 로보틱스 분야에서 손꼽히는 전문가다. 서울대 기계설계학과에서 학사 및 석사학위를 받고, 미국 UC버클리 기계공학과에서 박사학위를 취득했다. 현대자동차 연구원, 미국 맥스터 연구원, 버클리공대 수석연구원을 거쳐 2007년 KAIST로 자리를 옮겼다. 논문을 300편 이상 발표했고 세계경제포럼(WEF), 국제민간항공기구(ICAO), 유엔 관련 분과 등 다양한 분야에서 활동 중이다.

우운택 KAIST 문화기술대학원 교수
국내에서 손꼽히는 가상현실(VR)·증강현실(AR) 분야 전문가다. 경북대 전자공학과를 졸업하고 포스텍 전자전기공학과에서 석사학위를 받았다. 미국 서던캘리포니아대(USC)에서 전기공학과 시스템 전공으로 박사학위를 받았다. GIST(광주과학기술원) 문화콘텐츠기술연구소장 등을 지냈다.

유승협 KAIST 전기 및 전자공학부 교수
디스플레이 기술 분야 전문가다. 다양한 차세대 디스플레이 기술을 연구개발했다. 2016년 1000번을 구부려도 깨지지 않는 플렉시블 OLED(유기발광다이오드) 기술을 개발한 주역이다. 2021년에는 OLED 효율을 LED(발광다이오드) 수준으로 끌어올리는 등의 OLED 효율 향상 연구 공로를 인정받아 한국머크의 머크어워드 수상자로 선정됐다. OLED와 유기전자소자 응용 분야를 헬스케어까지 확대할 수 있는 의료기술 융합 연구를 수행 중이다.

이동환 KAIST 전기 및 전자공학부 교수
AI 강화학습 및 기계학습 분야 전문가다. 건국대 전자공학과를 졸업하고 연세대 전자공학과에서 석사학위를 받았다. 미국 퍼듀대에서 수학으로 석사, 전기 및 컴퓨터 공학으로 박사학위를 받았다. 일리노이대 연구원을 거쳐 KAIST 전기 및 전자공학부 교수를 맡고 있다. 정보기술(IT) 분야 세계적인 학술지 '국제전기전자공학회(IEEE) 트랜잭션스 온 퍼지시스템'의 부편집장을 지냈다.

장영재 KAIST 산업 및 시스템공학과 교수
스마트팩토리와 지능형 물류 및 자동화 시스템이 주요 연구 분야다. 미국 보스턴대 우주공학과를 최우수 성적으로 졸업하고, 매사추세츠공대(MIT)에서 기계공학 석사 및 박사학위를 받았다. KAIST 부임 전 미국 메모리 반도체 제조업체인 마이크론테크놀로지에서 4년간 공장 자동화 및 운영 관련 업무를 맡았다. 2020년엔 인공지능(AI) 기반 스마트팩토리 스타트업인 KAIST 연구소기업 다임리서치를 설립했다. 대표 저서로는 〈경영학 콘서트〉가 있다.

정기훈 KAIST 바이오 및 뇌공학과 교수
의광학 영상시스템과 광학 바이오센서 전문가다. 미국 UC버클리에서 기계공학 박사학위를 받았다. 지난해 나노 크기의 금속 구조 기판을 이용해 5분 안에 코로나바이러스 검출이 가능한 기술과 신경질환 조기 진단에 쓰이는 분광 기술을 개발했다. 한국바이오칩학회 학술위원장과 마이크로나노시스템학회 이사를 역임했다.

Analyst and more...

김상국 KT경제경영연구소 수석연구원 / **5G·6G·사물인터넷**
김열매 NH투자증권 연구위원 / **블록체인**
김충현 미래에셋증권 연구위원 / **헬스케어**
노근창 현대차증권 리서치센터장 / **반도체**
송용주 대신증권 책임연구위원 / **메타버스**
임은영 삼성증권 수석연구위원 / **모빌리티**
정원석 하이투자증권 연구위원 / **디스플레이**
정호윤 한국투자증권 연구위원 / **인공지능**
조희승 하이투자증권 연구원 / **로봇**

And...

한국경제신문
안현실 AI경제연구소장, 정종태 편집국 부국장, 이심기 산업부문장, 이관우 IT과학부장, 황정수 실리콘밸리 특파원, 류시훈 송형석 박신영 도병욱 김일규 강경민 이수빈 황정환 김형규 남정민(이상 산업부), 이해성 김주완 서민준 선한결 구민기 이시은 배성수(이상 IT과학부), 김병근 김동현 민경진(중소기업벤처부), 김동욱 조희찬(이상 문화스포츠부), 임현우 박진우(이상 금융부), 전설리 박종관(생활경제부), 김병언(영상정보부), 정지은(지식사회부), 허세민(국제부), 박시은(마켓인사이트부), 이주현(바이오헬스부), 노정동 강경주(이상 한경닷컴) 기자

CES 2022

펴낸 날	초판 1쇄 발행 2022년 1월 10일
	2쇄 발행 2022년 1월 12일
발행인	김정호
편집인	유근석
펴낸 곳	한국경제신문
기획 총괄	정종태
편집 총괄	이심기
제작 총괄	이선정
편집	이진이·강은영·윤제나·손유미·문지현
글	한국경제신문 × KAIST CES 2022 특별취재단
	자문단장 안현실 한경 AI경제연구소장
	취재팀장 송형석
디자인	박명규·송영·표자영·배자영·권지혜
판매·유통	정갑철·선상헌
인쇄	Books 북스
등록	제 2006-000008호
주소	서울시 중구 청파로 463 한국경제신문
구입문의	02-360-4859
홈페이지	www.hankyung.com

값 25,000원
ISBN | 979-11-85272-68-9(93320)

한국경제신문 X KAIST CES 2022 특별취재단 및 자문단은 전 세계 IT·가전 메가트렌드를 짚어보고, 인사이트를 제시하기 위해 꾸려졌습니다. 한국경제신문 산업부와 IT과학부, 국제부, 바이오헬스부, 미국 특파원 등이 현지에서 'CES 2022' 핵심 기술을 취재하고 안현실 한경 AI경제연구소장을 필두로 KAIST 교수진과 국내·외 기술 투자 자문단이 전체 트렌드 분석과 미래 전망을 심층 분석했습니다.

- 잘못 인쇄된 책은 구입하신 곳에서 교환해드립니다.
- 이 책은 저작권법에 따라 보호받는 저작물이므로 무단 전재와 복제를 금합니다.